"医林怪杰"宋大仁学术年谱长编

(1907—1985)

王国忠 编著

上海科学技术出版社

图书在版编目（CIP）数据

"医林怪杰"宋大仁学术年谱长编：1907—1985 / 王国忠编著. -- 上海：上海科学技术出版社，2022.1
ISBN 978-7-5478-4950-7

Ⅰ. ①医… Ⅱ. ①王… Ⅲ. ①宋大仁（1907-1985）—年谱 Ⅳ. ①K826.2

中国版本图书馆CIP数据核字(2020)第094545号

"医林怪杰"宋大仁学术年谱长编（1907—1985）
王国忠　编著

上海世纪出版股份有限公司
上海科学技术出版社　出版
（上海市闵行区号景路159弄A座9F—10F）
邮政编码 201101　www.sstp.cn
上海盛通时代印刷有限公司印刷
开本 787×1092　1/16　插页 4　印张 16
字数：200千字
2022年1月第1版　2022年1月第1次印刷
ISBN 978-7-5478-4950-7/ R·2105
定价：148.00元

本书如有缺页、错装或坏损等严重质量问题，请向工厂联系调换

内容提要

本书采用年谱长编的传统体裁，在有关档案、文献及大量图片等众多史料基础上，对谱主的一生事迹作了梳理，记述了"医林怪杰"宋大仁的一生行迹与医学、文化成就。

宋大仁是我国现代著名医史学家、书画家及文博学家。宋氏早年习绘画及中医，极具天赋。学习中医时受丁甘仁赏识，曾与程门雪、朱振声、陶可箴、钱乃振、刘佐彤等一起协助丁济万编辑出版《丁氏医案》。又协助丁济万主编《卫生报》，编辑《上海中医专门学校毕业纪念刊》。先在上海开设胃肠病医院，从事胃肠病研究。后进入医史研究领域，与王吉民交情笃厚，1956年7月两人作为医史学界人士同时出席中国科学院中国自然科学史第一次科学讨论会，曾受到周恩来总理接见。宋氏长于考证医家事迹，绘制医史人物画，尤其是《中国医史四杰图》《中国药史四杰图》，斐声海内外。先后著有《胃肠病饮食指南》《国父与医学》《艺林医人录》《中国上古医学史》《中国本草学发展史略》等，著作颇丰。20世纪50年代，宋大仁先后协助江苏、广东、福建三省卫生厅策划了中医药展览会工作，并提供大量珍贵展品，积极普及医药知识。他十分注重与国外汉学家的学术交流，留下不少与英国科学家李约瑟、日本汉医学家矢数道明等的交流资料，具有重要学术价值。晚年将其毕生所藏80箱文物捐赠广东中医药博物馆，以表桑梓之情，名垂医史。

作者通过多年的资料发掘与积累，在对宋大仁有关档案、文献及历史图片等大量史料进行细致梳理和研究的基础上，以年谱长编的传统体裁真实地再现了这位"医林怪杰"从医的坎坷历程及其在医药、医史、书画、文博、诗词及会展等方面的非凡才智与成就，堪为后人借镜。

本谱选录诸多重要学术著述、书信及序跋等内容，大都为全文收入，少部分收入摘要，或予概述，并对一些具体问题作了考证。故本谱超越了一般年谱单纯写谱主行事之意义，而具有学术史与思想史之意义与价值。

全书史料丰富，图文并茂，可供中医医史研究人员、中医院校师生及中医、美术、文史爱好者阅读参考。

1935年时的宋大仁

1943年时的宋大仁

晚年时的宋大仁

1935年12月，宋大仁好友、日本汉医大师、东亚医学协会理事长矢数道明（右三）等与中国访日医学代表团团长岳美中（左三）等合影

宋大仁七律二首遗墨（由宋振奋医师提供，李德辉摄）

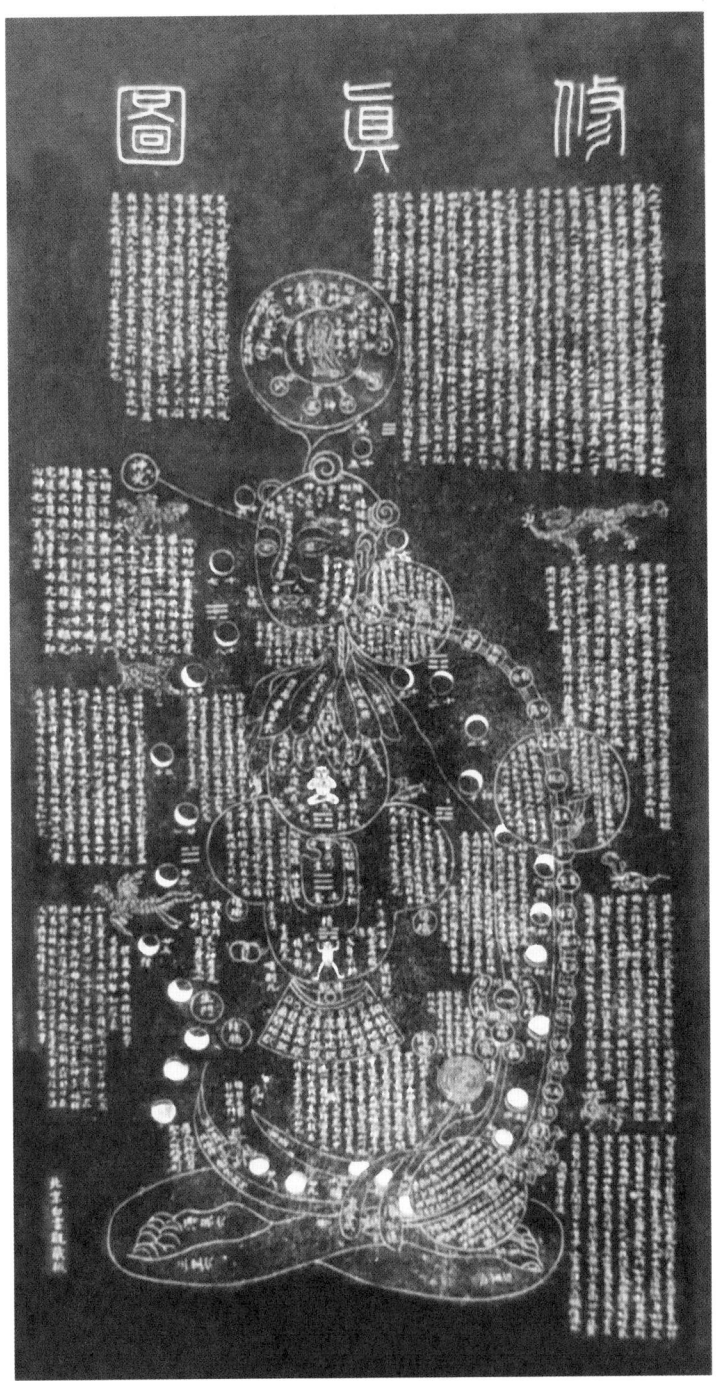

北京白云观藏道教《修真图》拓本

以上文物均藏广东中医药博物馆

伏羲像

神农像

黄帝像　　岐伯像

扁鹊像

张仲景像

华佗像

王叔和像

海煦楼杰主收藏之明清人痘接种术图

凡 例

一、本年谱收入谱主平生有关医药著述、书画作品、学术争鸣通信、诗词创作以及家庭要事等诸多内容，以反映其毕生的学术事迹。

二、本年谱所收重要的学术著述、序跋等内容，大多为全文收入，少部分节录，或予概述。

三、随文附入谱主各时期的有关中医药史、典籍、医史人物、文物及艺术作品等图片160余幅，以供印证参考。

四、本谱以谱主于1958年8月31日撰写的以其日记为主的长篇自传《宋大仁自传》为基础。该自传共分家庭情况、年表、自我批判、对祖国医学遗产的态度、社会关系五部分，凡40页，内容丰富翔实，足资参证。为免繁琐，凡出于《宋大仁自传》之事迹，出处一律从略，其余皆一一标明。

五、除《宋大仁自传》外，本谱尚参考谱主撰写的三份个人资料：一是宋大仁履历书（1953年7月12日），本谱简称"履历书"；二是宋大仁学历、经历表（1958年8月8日），简称"两历表"；三是宋大仁简历表（1964年5月21日），简称"简历表"。

六、本谱引用原文时，使用符号：[ ]为纠错符号；□为无法辨识者。

纪念著名医史学家、书画家及文博专家宋大仁一百十岁华诞

(代 序)

广东香山是岭南的明珠,历史悠久,物产丰富,人杰地灵,尤其是近代以降,名人辈出,涌现了以革命先行者孙中山(名文,字载之,号日新,又号逸仙)为代表的一大批历史名人。作为香山名人之一的宋大仁(1907—1985)是一位著名的医史学家、书画家、文博专家,在中国医学史上占有重要的一席之地。

宋大仁,名泽,别署海煦楼主、医林怪杰,以字行。原籍广东香山县。宋大仁天性聪慧,刻苦好学,心细手巧,早年师从澳门名中医郑昭然,后又师从澳门著名画家吴松涛研习丹青,同时他深受独特的澳门文化的环境熏陶,为日后的全面发展奠定了厚实的基础。对于这位医史界及书画界的通才,许多有关的史料及具体史实尚待深入发掘和研究。

一、妙手回春,著述等身

1925 年 9 月,宋大仁从澳门赴上海中医专门学校学习,深得校长、著名医家丁甘仁器重与厚爱。在校期间,他参与编辑出版《丁甘仁先生医案》,还协助丁济万编辑《卫生报》,直至 1927 年 7 月从该校毕业。在校学习期间,宋大仁"成绩优秀,师友雅相器爱,于胃肠消化器病,尤有独到之研究"。同窗叶劲秋称其"吾国医家,博通新旧而具有中西医校毕业资格者,君为第一人"[1]。1932 年至 1935 年,他先后任上海东南医院和世界医院实习医师和医师,潜心研究胃肠病。

---

[1] 叶劲秋:《海煦楼主略传》,宋大仁《国父与医学及其肝病经过》,中西医药研究社,1943,第 65 页。

当时日本在胃肠病研究领域居世界领先水平，为进一步深研，宋大仁于1936年赴日本，在杏仁堂医院学习。在短短的数月里，宋大仁成绩卓著，并获得有20年历史的日本国消化器病研究会特别会员称号，同年5月回国。当时上海尚缺胃肠专科医院，宋大仁为发挥自己的专长，全力专攻胃肠病，遂于1937年8月，经上海工部局专家注册，设立上海胃肠病医院及上海消化器病研究所。宋大仁医术高明，故凡胃疡、胃膈、泄痢、肠瘘及肝胆疾病，"经君之手，莫不霍然，声誉卓卓，播腾人口"。宋大仁不但医治、研究胃肠病，而且还编写普及胃肠病防治知识的指南，并在胃肠病的理论研究方面取得巨大成果。宋大仁著述的《胃肠病丛书》共有27种，凡数百万言，其中收有《中国消化器病史》《胃肠病全书》《胃肠病检查法》《胃镜摄影术》等。据上海中医学院医史博物馆编《中文医史文献索引（1792—1980）》统计，该书收录宋氏论著达64篇。他除创办胃肠病医院、研究所及药局外，于1935至1950年，先后发起成立了中西医药研究社、中华医学会医史学会、上海美术考古学社，并担任重要职务。由于宋氏精湛的学术造诣及众多的研究成果，他还是日本及中国近20个学术团体的会员、顾问和理事。

二、文博天赋，丹青高手

宋大仁杰出的天赋不但体现在对胃肠病的研究与医治上，而且还继承了我国古代文人集诗、书、画于一身的优秀传统。他一生创作了大量的诗词，内容涉及民族前途、医史研究、会议感言、本草考证等，抒发了诗人忧国忧民、振兴医史事业的赤子之心。1947年，宋大仁根据中外文献撰写发表《灵芝考》一文，但其余意未尽，又在文末缀以灵芝诗一首歌咏之，堪与植物学家胡先骕的《水杉歌》相媲美。诗曰："莫因野菌赞灵芝，底事争传绝世奇；几见神仙真不死，独输实验味先知。朱柯翠羽珊瑚干，赤箭丹葩玛瑙枝；药石养生应有据，沉迷千载笑庸医。"[1]

宋大仁的绘画作品也不同凡响，这自然归因于早年澳门名家吴松涛对他的亲炙。他先后创作的《中国医史四杰图》《中国药史四杰图》《中国伟大医药家画像》等十种，所绘人物形神兼备，线条流畅，继承了中国传统绘画的白描风格，

[1] 《中华学艺社社报》1947年第14卷第3期。

可谓推陈出新，功不可没。宋大仁还在疗病之余，搜集了众多的胃肠病标本、寄生虫标本、胃肠病病理文献，连同他的书画作品，多次在上海展出，当时在社会上引起很大的反响。宋氏绘中国医史四杰图及药史四杰图草案，乃史笔而出于画笔者，将整部中国医史及药史揭提特点绘之于图，据此可知中国医药之大概，足以了解我国文化之精粹[1]。宋氏对医史普及之功和丹青技艺，于此可见一斑。

三、海内知己，声名远播

宋大仁的医史研究及艺术造诣声名远播，在欧美及东南亚有着广泛的影响。1945年，著名国际医史专家、美国医史研究所所长辛格斯特（H. Sigrest）博士曾将其《世界医学史》第一册赠给宋大仁。1947年，马来亚医药之声社聘其为名誉撰述主任。1948年，美国《医学史》杂志第5期发表了维思（Ilza Veith）的书评，介绍了宋大仁出版的《中国医药八杰图》的内容，并予以高度评价。1956年，苏联医史学家、莫斯科纪念列宁医学研究院的契利法科夫获悉了宋大仁在中国科学院第一次自然科学史会议上宣读的《中国法医学的伟大贡献》的论文后，十分重视，并将其收入《法医学史》一书中，次年，还赠书给宋大仁。

此外，宋大仁的学术造诣同样受到英国著名科学家、中国科学史与医学史权威李约瑟博士（Dr. Jeseph Needham；1900—1995）的赏识和器重。作为国际著名生化学家的李约瑟，十分钟情于源远流长的中国医学史，他在众多的论著及系列巨著《中国科学技术史》中，对本草学、经络学、针灸学、营养学及中医名词的英译等问题，与其助手鲁桂珍博士一同作过深入研究，取得令人瞩目的成果。1964年李约瑟第三次访华，在上海提出要会见宋大仁，并在锦江饭店的便笺上亲自用中文书写了要会见上海朋友的名单，宋大仁是其中之一。由于当时的政治气候，宋大仁不可能与外国人会面，李约瑟也无法如愿，对此他一直耿耿于怀。在当年的历史档案中有这样的记载："李约瑟提出要见宋大仁（长宁区周家桥地段医院医生，不宜和李约瑟会面，已安排去外地）。我们告诉他宋大仁不在上海。他说对这个消息很惊奇，因为他在北京时已与宋通信，约好这几天来上海见面的，

---

[1]《申报》，1942年4月15日。

怎么会不在？又问一二天内能否回来。"[1] 急切之心，溢于言表。及至次日，"李约瑟对会见宋大仁事念念不忘，今天又问宋什么时候能回来"[2]。直至"文革"后的1978年5月6日上午，李约瑟的这一愿望方才实现。这天上午，李约瑟终于见到了这位心仪已久的中国朋友、"医林怪杰"。那天，李约瑟邀他的上海故友、著名农史专家胡道静、著名动物学家张孟闻及宋大仁三人，在锦江饭店会面畅谈[3]，终于了却了他多年思念故友之苦，也就在那天，李约瑟热情聘请宋大仁为他的东亚科学史图书馆中国医史名誉顾问，使这位"医林怪杰"深感荣幸。

1985年11月19日，宋大仁自广州抵沪，突发脑溢血逝世后，次月，日本友人、汉医学博士矢数道明先生在《汉方之临床》杂志上发表了悼文，介绍了宋大仁的医史业绩以及他们之间的诗词唱和，并刊登了宋大仁于1984年12月15日写作的《奉赠老友医学博士矢数道明先生七言四章》，宋大仁的国际影响于此可见。

四、国父医迹，金匮文献

宋大仁鉴于世人不详孙逸仙精深独到的医学造诣，作为孙的同邑，又以医为业，且好医学史事，虽其缔造民国以及奋斗经过，各家早有专著记述，但于医事却语焉不详。另医学史家陈邦贤虽也注意于此，曾纂辑成册，后不幸毁于兵燹。于是宋大仁广访乡邑父老，从报章杂志上搜集有关资料，并访问了汪精卫、褚民谊、孙科、德国柏林大学许百德博士、上海雷士德医学研究院英国著名药物学家伊博恩博士等，获得大量材料[4]，于是撰写了《国父与医学》一书，作为《海煦楼丛书》之一，1943年2月由中西医药研究社出版。

《国父与医学》一书广采博收，资料丰富，作者参考了孙逸仙的导师英国康德黎的《孙逸仙与新中国》、伍连德与王吉民的英文版《中国医史》、李涛的《医学史纲》、王吉民的《学医时期之孙逸仙》等26种文献资料，为系统介绍

---

[1] 上海社科院接待办公室：《接待英中友好协会会长李约瑟等情况简报》（二）（三），1964年9月2日、9月3日。
[2] 上海社科院接待办公室：《接待英中友好协会会长李约瑟等情况简报》（二）（三），1964年9月2日、9月3日。
[3] 胡道静致上海古籍出版社党支部"汇报"，1978年5月17日，上海新闻出版局档案室藏档。
[4] 宋大仁：《国父与医学及其肝病经过·自序》，中西医药研究社，1943，第8页。

孙逸仙的医事史迹奠定了坚实的史料基础。该书简明扼要，图文并茂，对孙逸仙的学医及行医的经历作了全面介绍，从医学与革命的关系，医名孙逸仙之由来，到博济医校、香港医校的学习经历，以及在澳门、广州两地行医的生涯，并收录了孙氏关于饮食卫生学说的论著。与该书合为一辑的孙氏"病中经过，以及中医处方及讨论、逝世后之纪念及遗物、关于遗体之肝脏"等，为后人了解其罹患肝癌的经过、治疗过程及逝世前后的有关事宜提供了翔实的历史资料，同时也是进行人道主义及爱国主义教育的一份生动的教材。

综观本书，《国父与医学》具有以下医学文化史价值及多项史学价值。

其一概括地介绍了孙逸仙的医学实践及医学思想。该书对孙氏的学医、行医的业迹作了全面且集中的介绍，书中所述的孙氏早年从医的细节、香港西医书院文凭及执照、行医广告、鸣谢广告、东西药局告示等史料是研究孙氏医疗实践的第一手材料。该书所收的孙氏《心理建设》中之饮食卫生学说，言简意详，他认为人间之疾病多半从饮食不节而来，强调饮食卫生对防病的重要性，集中反映了孙氏的营养学及饮食卫生思想。

其二为近代中国医学史、民国史与地方史保存了珍贵的史料。《国父与医学》作为《海煦楼丛书》之一种，是研究宋大仁医史成就、孙逸仙医学实践及医学思想的代表作，时至今日，尚无他书可与之相伯仲，因此，具有重要的史料价值。

其三为医治肝癌提供典型病例，具有医学参考价值。该书记载了孙逸仙罹患肝癌的经过，在津京诊断、治疗的始末、医生报告、陆仲安等中医处方及讨论意见，以及所附《肝癌概说》一文，均从诊断、检验、治疗等方面反映了当时我国医界对肝癌顽疾的认识水平及治疗技术水平，可资同类病症的诊断、治疗参考。

其四附录部分是研究宋大仁医学实践、医史研究、书艺成就及目录学的重要资料。该书所附叶劲秋的序言及《海煦楼主略传》、宋氏自序、中西医药研究社"征求医史古物"启事、"宋大仁医师编著图书"广告、宋大仁处方胃肠名药广告，以及宋氏的《华佗剖腹图》及其补白，具有重要的医学史研究价值及目录学价值。《国父与医学》一书不但具有重要的医学史价值，而且从中也可洞悉宋大仁对孙逸仙这位革命先行者、同邑及同业的一片无限崇敬之情。据有关史料记载，宋氏在该书出版后并未一劳永逸，他继续四处搜寻孙氏的医学资料。1947年5月，宋氏的《中华医学会大会谒中山陵》一诗中云："予也忝乡邑，医学探明灯；忆向党史馆，搜采独竞竞（赴党史馆摄取国父与医学史料），金陵葱郁地，松柏翠相凝。"[1] 对孙逸仙的敬仰之情，跃然纸上。

  由上可知，宋大仁医师在中西医学、医史研究与普及、诗词书画及文博等领域造诣精湛，多才多艺，为我国的胃肠病研究及治疗作了奠基性的工作，为中国传统医学的普及献出了毕生的精力，彪炳于中国医学史及香山地方史的史册。他对革命先行者孙逸仙先生充满感情，对其少人问津的医事经历和医学思想作了深入的研究和总结。他的《国父与医学》是医界进行科研的一个翔实的案例，并为民国史研究提供了一份宝贵的信史。

王国忠

2016 年 12 月

---

[1]《中华学艺社社报》1947 年第 14 卷第 3 期。

谱主略传

宋大仁先生名泽,别署海熙楼主、医林怪杰,以字行。粤之中山县人,神形俊逸,秉性强毅,富思想,有干才。幼喜美艺,尝从其乡人吴松涛前辈研习丹青,稍长秉其太夫人庭训。以其先翁得胃肠病,为庸医所误,愤而研医。始问业于镜湖郑氏,继负笈上海中医专门学校,第一名卒业,年才弱冠耳。复感中医仅凭片断之经验,殊尠科学根据,欿然不足,旋入东南医科大学,君既具夙慧,复刓于学,成绩斐然,师友雅相器爱,于胃肠消化器病,尤有独到之研究,终膺医学士之学位以归。吾国医家,博通新旧而具有中西医校毕业资格者,君为第一人。

时京沪沪杭甬铁路局,慕君之名,聘为医官,君以局促一隅,未能展其长才,越二年辞归,自行开业,并为各医校教授。廿四年春,又与好友创设中西医药研究社,组织严格,社员入社,必须提出论文,故为正式社员者,皆为学有专长之士,得教育部核准立案,并得司法行政部特准为中医处方鉴定之机关。该社经济擘划,皆在君穷蹙之时,一人独任,盖君于文化事业,每不惜肝脑以赴,而该社在学术上贡献之巨,歆动国际,则君苦心亦不虚矣。君擅胃肠病科,以日本消化器病研究会,创办有廿年历史,为世界胃肠病研究之先河,遂加入研究,以沪上尚缺是科之专门病院,乃展其所长,首创上海胃肠病院及上海消化器病研究所,曾得工部局专家注册。查该局条例甚为严格,须以专门学术而开业五年执有凭证者,方为合格。得蒙核准,君为首屈,故凡胃疡、胃膈、泄痢、肠痨及肝胆诸痼疾,经君之手,莫不霍然,声誉卓卓,播腾人口。君又鉴于中日事变后,西药踊贵,奚翅倍蓰,思谋以抵塞漏卮,乃纠合同志,组成怡康药行,并推君为该行董事长。

君尤笃嗜于学,雅好书画,医史考证,刀圭余暇,不废笔墨,著述甚富,约分四类。

一、画艺作品有:《中国医史四杰图》《中国药史四杰图》《历代医哲画像》《医俗图》《百草图》、仿宋李唏《古灸背图》、韩康《卖药图》《鹰松图》《古今消化器图一览》《医学博古图》等。

二、编译有：《华人病症篇》《中华民国医药卫生状况》《影印医籍考》（附书名人名索引）、《中西医药月刊》汇编三卷、《中医科学化论战》《中医教育讨论集》。

三、《海熙楼丛书》有：《国父与医学及其肝病经过》《建设本位文化与中国医学问题》《中医艺术论讨论集》《中国医史研究概略》《中国法医学史》《中国化学制药法》《宋大仁医学论丛》《医药书画题名录》《海煦楼读画记》《海煦楼医药书画题跋》《海煦楼医药画影集》（原底照片百种）等。

四、《胃肠病丛书》有：《中国消化器病史》《辟肝胃气痛说》《胃肠病全书》《胃肠病检查法》《胃镜摄影术》《胃肠病类症鉴别诊断学》《胃肠病理纲要》《消化器病理图谱》（原底照片三百种）、《三十年来消化器病论文中文目录》《世界消化器病学论文索引》《世界消化器病学图书目录索引》《胃肠病历代名医验案汇编》《胃肠病单方汇编》《胃肠病丸散膏丹汇编》《消化器病中外药物制剂引得》《胃肠大出血及其治疗》《胃癌肠癌之早期诊断》《膈症治疗心得》《胃肠病最新文献摘要》《痢疾刍言》《怎样防治泻痢》《疫痢之正确疗法》《第一届胃肠病展览及医药书画展览提要》《上海胃肠病院六周纪念册》《胃肠病常识》《腹痛之分析》《胃肠病饮食指南》等书，凡数百万言，其他散见于《中华医学杂志》《现代医学》等，不胜枚举。

叶劲秋
1942 年 10 月 1 日
（附于宋大仁《国父与医学及其肝病经过》）

目录

1907年（丁未）1岁 …… 001	1942年（壬午）36岁 …… 073
1915年（乙卯）9岁 …… 001	1943年（癸未）37岁 …… 081
1918年（戊午）12岁 …… 001	1944年（甲申）38岁 …… 103
1919年（己未）13岁 …… 001	1945年（乙酉）39岁 …… 106
1921年（辛酉）15岁 …… 001	1946年（丙戌）40岁 …… 109
1922年（壬戌）16岁 …… 001	1947年（丁亥）41岁 …… 117
1923年（癸亥）17岁 …… 002	1948年（戊子）42岁 …… 128
1925年（乙丑）19岁 …… 002	1949年（己丑）43岁 …… 130
1926年（丙寅）20岁 …… 003	1950年（庚寅）44岁 …… 136
1927年（丁卯）21岁 …… 003	1951年（辛卯）45岁 …… 140
1928年（戊辰）22岁 …… 004	1952年（壬辰）46岁 …… 141
1929年（己巳）23岁 …… 005	1953年（癸巳）47岁 …… 144
1930年（庚午）24岁 …… 006	1954年（甲午）48岁 …… 150
1931年（辛未）25岁 …… 006	1955年（乙未）49岁 …… 151
1932年（壬申）26岁 …… 010	1956年（丙申）50岁 …… 162
1933年（癸酉）27岁 …… 011	1957年（丁酉）51岁 …… 169
1934年（甲戌）28岁 …… 011	1958年（戊戌）52岁 …… 178
1935年（乙亥）29岁 …… 012	1959年（己亥）53岁 …… 193
1936年（丙子）30岁 …… 030	1960年（庚子）54岁 …… 196
1937年（丁丑）31岁 …… 051	1961年（辛丑）55岁 …… 199
1938年（戊寅）32岁 …… 062	1962年（壬寅）56岁 …… 200
1939年（己卯）33岁 …… 062	1963年（癸卯）57岁 …… 202
1940年（庚辰）34岁 …… 066	1964年（甲辰）58岁 …… 204
1941年（辛巳）35岁 …… 067	1965年（乙巳）59岁 …… 206

1966年（丙午）60岁 …… 209	1978年（戊午）72岁 …… 212
1967年（丁未）61岁 …… 209	1979年（己未）73岁 …… 214
1968年（戊申）62岁 …… 210	1980年（庚申）74岁 …… 215
1970年（庚戌）64岁 …… 210	1981年（辛酉）75岁 …… 222
1971年（辛亥）65岁 …… 210	1982年（壬戌）76岁 …… 224
1973年（癸丑）67岁 …… 211	1983年（癸亥）77岁 …… 227
1974年（甲寅）68岁 …… 211	1984年（甲子）78岁 …… 231
1976年（丙辰）70岁 …… 211	1985年（乙丑）79岁 …… 232
1977年（丁巳）71岁 …… 212	

附录

附录一　〔日〕矢数道明：沉痛悼念中国医史学家宋大仁先生…… 234

附录二　郭秀梅：关于宋大仁与三木荣通信的回忆…… 236

1907年（丁未）1岁

5月8日

出生于澳门。幼名泽，字海熙。

谱主谓其家境云："原籍广东香山，世居澳门，祖父名和联，为招商局轮船职员，早已逝世。父名伯谦，香港英文书院毕业，任香港某洋行翻译员，因传染痢疾不治去世，这时候，我才四个月，依靠慈母黄氏劬劳养育，她今年已77岁了（1958年）。长兄孝彝，自小学毕业后，在香港怡记五金号任会计员，21岁那年（大概1924年），传染脑膜炎而夭逝，这时候我在上海学医，他死了多时，我才知道这个惨痛的消息。"

1915年（乙卯）9岁

本年，入澳门崇实小学求学。

1918年（戊午）12岁

冬，在崇实小学毕业。

1919年（己未）13岁

1月

肄业于澳门求是中学。

1921年（辛酉）15岁

12月

在澳门求是中学毕业。

1922年（壬戌）16岁

1月

入澳门陆电明所办电明书院肄业，进修数理化及英文等课程。

1923年（癸亥）17岁

7月

　　从澳门名中医郑昭然习中医两年；晚上从吴松涛老师学国画。（据"两历表"）

1925年（乙丑）19岁

1月

　　从郑昭然习中医毕。（据"两历表"）

2月

　　从澳门赴上海。（据"两历表"）

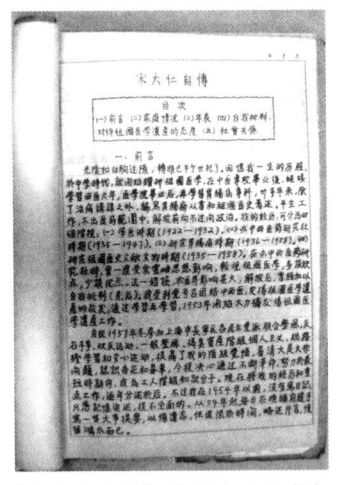

《宋大仁自传》首页（1958年）

上海中医专门学校总理、上海中医学会会长丁甘仁（采自张文勇等主编《上海中医药文化史》）

9月

　　考入丁甘仁创办之上海中医专门学校学习。（据"两历表"）

　　自谓"当我（在）中学读书时，就想到学医，始初在澳门学一个时期，后来到上海来，进中医专门学校，继续学习祖国医学五年"。（据"自传"[1]）

---

[1] "自传"（即《宋大仁自传》，后同）称"在18岁的那年（1924年），离开了澳门，来到上海，继续深造"。

其时长兄已病逝，经济来源中断，获同乡、友人程耀枢相助；在校学习成绩优良，获准学费全免。（据"履历书""自传"）

本年，通读程耀枢赠《古今图书集成》医部全录五十一卷。（据"自传"）

1926年（丙寅）20岁

1月

任上海南市放生局（善堂）主任中医师（至1927年6月）；在中医专门学校课余时，与程门雪、朱振声等编辑校对《丁氏医案》四册。（据"两历表"）

自此，"开始了边学习、边诊病、边写作的生涯，养成习惯，三十年来如一日，未尝中辍"。（据"自传"）

1927年（丁卯）21岁

7月

从上海中医专门学校毕业[1]；考试成绩第一名。（据"自传""简历表"）

9月

考入上海东南医学院习西医；并参加勤工俭学。（据"两历表"）

自谓"在中医专门学校毕业之后，觉得我们生于二十世纪时代，如果能有现代的科学医疗学识，那么对于祖国医学，更能发扬广大，于是立志再学西医。我出身于贫苦人民，半工半读，在医科大学苦学六年"。（据"自传"）

12月

与程门雪、朱振声、刘佐彤一起任丁济万创办之《卫生报》编辑[2]。

---

[1] "自传"谓1924年（18岁）考入上海中医专门学校，1927年7月在上海中医专门学校毕业。而"经历"又谓1926年上海中医专门学校毕业，相互矛盾。据上《名医摇篮》大事记载，谱主与巢一飞等十人为该校1928年7月第八届本科毕业生较为合理。周明忻《宋大仁年谱》（载于《中华医史杂志》1999年第4期）作"1924年2月—1926年7月"，误。

[2] 上海中医药大学，上海中医文献馆编：《名医摇篮——上海中医学校（上海中医专门学校）校史·大事记》，上海中医药大学出版社，1998。

1928年（戊辰）22岁

夏

参加上海医界春秋社二周年纪念，并与同仁合影。

上海医界春秋社二周（年）纪念合影。前排（自右至左）：《医界春秋》主编张赞臣、方公溥、许半龙、朱振声。后排杨志一、虞舜臣、宋大仁、沈仲圭、姚兆培、时逸人（采自《医界春秋》）

10月

《中医学者应抱之宗旨》在《医界春秋》第25期10月号上发表，云：

> 甚哉中医之失坠也，纵气化之空谈，而不求实验，一也；不问病之大小轻重，而概用轻剂，名为慎重，实则误人，二也；不问病家贫富，诊金务从划一，三也；不论见地之高下，胜己则相忌，异己则相攻，四也；中药尚不能用，而妄用

《医界春秋》书影

金鸡纳霜、阿司匹林等，以为趋时，卒为西医所笑，五也。然则为今之计，中医之学者，应抱之宗旨，以何者为最先，曰：今西医所以攻击中医者，以辟六经为最荒谬。西医之言曰：人之一身，惟有静脉、动脉二种，无所谓六经者，不知以中医旧说求之，其中实有至理，而不可移易，大凡六气之病，皆从表受，故仲师《伤寒论》中，风寒湿，痓湿暍，皆冠以太阳病，则温病由少阴逆传之说，已属不轻，惟易于化燥，不当汗下温针耳。至如六经正病，所出方治，无不效如桴鼓。是故凡病项强痛者，属太阳；口苦咽干，胸胁支满，或痛者，属少阳；汗则热不解，渴饮不大便者，属阳明；腹满而吐，食不下，下利益甚者，属太阴；脉微细但欲寐者，属少阴；消渴热气上撞心，心中热痛，不欲食者，属厥阴；太阳则汗之，阳明则下之，少阳则清之，太阴则温之，少阴则从寒水化者当温，从君火化者当清，厥阴则本气为寒，中气为热，故治法亦寒热间出。杂病之视伤寒，惟太阳不可治，故仲师于《杂病论》，太阳为独详，若既传阳明，伤寒方即可通治，而特于痓症，大承气汤一方，为起例。近世知其意者，吴又可而外，正无几人焉。则六经不可不辨也。由此观之，学者应抱之宗旨，要以明理为最先耳，若夫识解不真，吾未见其能愈疾也。

本年，《从病理上谈魂魄》及《蛊毒之研究》先后在《卫生报》发表。

1929年（己巳）23岁

10月10日

在《医界春秋》第40期刊登《征求药品效能》启事：云"近阅抄本治麻风专书，所用之药多偏僻，或用药品别名，本草书中检查不易。兹特录后，敬请海内同志，将其中已试验者，或于书中考得其详细者，报告本社发表，以便研究为幸"。并附石六轴子、黄芽、江柔、江霜、车米等57种药名。

11月10日

《白癜风之研究》在《医界春秋》第41期发表。

本年，《水肿病诊断法》《痈疽发背治法》先后在《卫生报》发表；始绘《中国医药八杰图》[1]；当选为全国国医代表会议代表、中央国医馆第一届理事。

1930年（庚午）24岁

9月

兼任京沪沪杭甬铁路医院中医师[2]；任中央国医馆第二届理事；被聘为中央国医馆上海分馆学术委员。

本年，《伤寒提要》《麻风治疗之研究》先后在《卫生报》第63、第89期发表；译英国马雅谷著《华人病症篇》在1930—1931年《医药评论》发表。

1931年（辛未）25岁

5月

《中药之科学的研究》在《医界春秋》第59期第11号及第60期第12号发表，云：

"疾病是细胞对于外敌，举全力与之争斗的现象，治疗是因为要把这种争斗的胜利归之于细胞，而加以努力的事情。治疗的方法，并不是使用药剂，便可直接把病毒除去，除去病毒的，仍旧是细胞，药剂是帮助细胞，而发挥它的机能的物质，不论中药和西药在这一点是相同的……其实西药和中药，全是治疗剂，从这个场合看来，两者决定没有相并之处，西药以减轻病人的痛苦为目的，而用注射等法。所以有人把它当作暂时镇压痛苦的药剂。中药以镇压目前的痛苦为第二种事情，用药的方法，第一要增进细胞机能，所以有人以为中药是根本治疗的药品，然而西药不必全是暂时镇压痛苦，汉药不必全非暂时镇压痛苦的。"对中西医的治疗方法、中西药的相异之处作了比较，

宋大仁绘《中国医药八杰图》之一——《仲景著书图》

---

[1] 宋大仁：《张仲景画像考》，《浙江中医》1957年第5期。
[2] "简历表"为1933年至1934年兼任京沪沪杭甬铁路医院中医师。

并引述日本板仓博士区分中药作用的七个种数。
6月
　　《细菌学发达小史》在《自强医刊》第15、第16期6月号发表。
8月
　　译日人多佑芳久《日本医学之过去及将来》一文，在《自强医刊》第18期发表。
10月
　　《中西治疗方法之比较》在《医界春秋》第64期10月号发表：
　　不论洋之东西，不问时之古今，在治疗疾病的时候，须要诊断疾病，诊断得十分确实，然后可以决定所投的药剂。中西医学之间，投药的方法，在根本的方面，是有差异的。但是，这两种医学，却各自向着相异的方面进行发达，所以从表面看来，似乎在根本的方面，也有差异一般。
　　西医之诊断的意味，乃是病名的诊断。病人告诉的，是自觉的症候；医生用观察检查的方法而得着的，是他觉的症候。依据这两种症候，便可以诊断病名，病名既然诊断确实了，便容易决定药剂。在西医方面，医者的巧拙，是在于诊断病名是否确实，既然把病名决定了，便容易从内科书所记载的药剂中间，选择适用的药剂。不论是医学博士的处方，或是乡村医生的处方，从诊断而得的病名，既然相同，用药的结果，必然也没有很大的差异。照这样看来，可以知道，西医对于处方，并不把它当作重要的事情，对于把病名诊断得十分确实，方才把它当作重要的事情。因为这个缘故，所以类症鉴别的事情，是医师最当注重的，在诊断病名的时候，往往遇着相异的疾病；而有类似的症候，医师把它鉴别清楚，名为类症鉴别。例如，肠室扶斯和肺炎，急性喇叭管炎和虫样突起炎等，症候虽然有若干类似之处，然而依据诊断的如何，却有时要施行正反对的处置，所以对于症候类似的相异的疾病，须要有正确的鉴别。
　　在医学校中所习得的，乃是病名的诊断，而不是处方的方法。病人请求医师的事情，也是以确实指教疾病为主。治疗长久患病的人，若不诊断得十分确实，便不能把疾病治愈。根据以上的理由，可以知道，在西洋医学方面，诊断病名确是重要的事情。把病名诊断得十分确实，然后可以给予处方；倘若病名相同，那么，不论是那个医师的处方，所用的药，必然大同小异。

其次，在中国医学方面，所说的诊断是，把应用那种汤头，作为诊断的事情，详细的说来，就是不依据自觉的并他觉的症候，诊断病名，却把处方的事情，作为诊断。中医看了疾病的症候，便直接把处方写了出来，至于诊断病名的事情，却被省略了。在西洋医学方面，把类症鉴别的事情，看得很重。但是，在中国医学方面，却注重数方鉴别，因为中医的处方，是用复杂的方法组织而成，所以有这种结果。例如，《伤寒论》中，记载着"头痛、发热、出汗、恶风，为太阳病，应用桂枝汤"。太阳病的说明是头痛、发热、出汗、恶风，其他又加入脉浮缓的症候。但是，其备这几种症候的时候，在西洋医学方面，究竟是什么病名呢？中医却称它是桂枝汤证，而用桂枝汤的处方。

其次，再看葛根汤的记载如下："太阳病，项背强，无汗、恶风者，用葛根汤。"桂枝汤和葛根汤，全是发汗剂，也就是相类的处方，其鉴别的要点是，桂枝汤是治有汗的，葛根汤是治无汗的，就是治有汗的太阳病；用桂枝汤治无汗的太阳病。用葛根汤，乃是依据汗的如何而加以鉴别的。桂枝汤和麻黄汤的鉴别，也是相同，乃是依据汗的有无、脉的缓紧、筋骨疼痛的有无，而加以鉴别的。

在中国医学方面，把数方鉴别的事情，看得很重，所以同是用发汗剂，却有应当用麻黄汤和应当用桂枝汤的分别。在应当用麻黄汤的时候，若是使用桂枝汤，那么，在实际方面，近于无效，症重方轻，便有病不受药的结果。在反对方面，对于应当用桂枝汤的症候，而使用麻黄汤，那么，发汗过度，必然要身体违和，因为药的缘故，反而发生新的疾病，症轻方重，便有误治的结果。《伤寒论》对于这种误治，特别加以严重的警戒。《伤寒论》的第一卷，几乎全是说明误治的处置之法。这就是，中医的数方鉴别之法。

根据上边所说的事实，可以知道，西洋是对于病名的治疗，中医是对于病症的治疗。但是，在西洋医学方面，虽然重视诊断病名的事情，却也对于治疗病症的事情，毫不忽略。在中医方面，是省去了诊断病名的手续，而直接选择适宜的处方。在西洋医学方面，选择处方的时候，所注意的方向却是和中医不同的。西医治疗相同的子宫癌，却也要依着癌的进行程度（病症），而决定是否可用手术，治疗相同的肺炎，也要考察心脏的情形，而用相异的治法。对于疼痛剧烈的病症，要用"柏恩托朋"；对于呼吸困难的病症，要用吸入酸素的治法，仍旧是要依着病症而讲究处置的方法，所谓对症疗法，就是这种方法。尤其是在施行手术的时候，因为要确实知道病症，所以使用许多的方法，故在西洋医学方面，对于考查病症，决定治法的事情，也是看得很重的。在西洋医学方面，因为有许多特殊的疗法，所以必须诊断病名。代表特殊疗法的，有"瓦克清"或是血清注射。"季扶台利亚"的血清注射是对于白喉病虽然是特效药，然而对于其他一切的疾病，却是有害无益的。因为有这种有害无益的事情，所以必须把病名诊断得十分正确。

在中国医学方面，虽然也有病名，但是，对于诊断病名的事情却不重视。因为中医没有对于病名的特殊疗法，所以不注重病名。所以知道病名的事情，对于中医的处方并无何等影响。在西洋医学方面，有对症疗法。这种对症疗法和中国医学方面的治疗方法却是相仿，也把病症作为问题；但是前者的病症是单一的病症（例如疼痛、不眠、咳嗽等），后者的病症是指一群症候而言。若是把中医的治疗方法作为对症疗法，那么，这种对症疗法和西医的对症疗法，在内容方面却是大不相同。

在中医方面，并不思考特殊疗治，所以同一的处方，可以通治流行性感冒、肠窒扶斯、梅毒、中耳炎等病症，像这种治病方法，却是西医所没有的。又在实际上，西医对于同一的病名，也要依据病症的变化、病势的如何而处方。至于中医的处方，却不是特殊的。

总而言之，中西两医学界，治疗的出发点全是从病症开始。在西医方面，是从一群病症，诊断病名，对于病名，有特殊疗法，对于单一的症候，有对症疗法。在中医方面，是从一群症候，诊断处方，虽然也要诊断病名，却不把它当作重要的事情。至于特殊疗法，却是没有想着（在针灸方面，却是常有特殊疗法），对于病症的态度，两者之间很多相异之点：西医方面的应当注意之点，中医却置之不问；中医方面的重要病症，西医却多不把它省略。这种情形，究竟是从处方的性质发生的。

中西医学的治疗方法，在根本的方面不是相异的，因为发达方面相异，所以结果便不同了。

在中医的处方中间，还有一种有趣味的事情，现在记述如下：中国医学的宝典，就是《伤寒》《金匮》，中国把《伤寒》《金匮》当作治疗的公式，藉此阐明处方的性质，并且在病人又藉此解释应用问题、处方的能力，依着经验而次第深广，深明这种处方的医生，便可应着性能而巧于应用，必然可以收得奇效。医生虽然尊重经验，然而西洋的医生，是依据经验，而使诊断十分确实。中国的医生是依据经验而得着巧妙的治疗方法，中国的医生因为伎俩进步，而所使用的处方之数逐渐减少，得着运用之妙的医生可以只用数十方，而能治疗万病。西医所竞争的是诊断病名的事情；中医所竞争的是处方之如何。

在西医方面，虽然也有运用处方的妙味，但是中医的处方的妙味却是特别的。依着上边所记的理由，便可把中西医的异同考察出来。

12月

辞京沪沪杭甬铁路医院中医师职。

本年，译日本同仁会调查部编《上海医界的现状》，以及国际联盟卫生部《中华民国医事卫生之状况》在《医药评论》第53~第61期发表。

1932年（壬申）26岁

7月

从东南医学院毕业，获医学士学位，为第六届毕业生；在东南医院任医师。

9月1日

获卫生部颁发医字第2600号医师证书。

是月，被聘为上海中医学院教授。

11月

译文《医学家之人生观》在《医界春秋》第73期连载（至1934年12月第96期）。

私立上海中医学院（采自张文勇等主编《上海中医药文化史》）

本年，由伍连德、褚民谊介绍加入中国科学社；由潘公展、李大超、殷木强介绍，加入中华学艺社，均为永久社员[1]。

中华学艺社三十周年暨三十六年度京沪杭区年会大会代表合影。理事长周昌寿（前排右八）、中国科学社社长任鸿隽（前排右四）、天文学家陈遵妫（前排左五）、宋大仁（后排右八）（采自《中华学艺社报》）

1933年（癸酉）27岁

本年，撰有《解剖生理学讲义》《中国医学史讲义》等。

1934年（甲戌）28岁

2月

被友人聘为上海世界医院院长。[2]

10月

译日本汉医学家矢数道明之《中西病名

宋大仁好友、日本汉医学大师矢数道明（1905—2002）[采自日本真柳诚供《中华医史杂志》照]

---

[1]《宋大仁先生加入中国科学社及中华学艺社》，《中西医药》1935年第1卷第2期。

[2]"两历表"上为医师。

对照考》在《光华医药杂志》连载（至1936年3月第5期）。

本年，与丁福保、褚民谊、叶劲秋、范行准等在上海筹备中西医药研究社；与同窗叶劲秋编辑《中西医药》月刊数期。

中华人民共和国成立前上海出版的部分科学期刊（王国忠摄）　　上海市教育局颁中西医药研究社立案证书（新证第四十七号）

1935年（乙亥）29岁

1月15日

接叶恭绰为影印日人丹波元胤著《医籍考》事致中西医药研究社等三函。

中西医药研究社出版部编辑股诸君大鉴：

顷见《中西医药纪念特刊》内载日本多纪氏《医籍考》出版消息，甚为嘉慰。按此书迭经鄙人访录，其时日本尚未付印，已详贵刊。但鄙人钞得以后，尚曾请数人认真校勘，谬正颇多。今贵社据日本版重印，不知日本付印时，曾否先加校勘，与敝藏校勘本有无异同。鄙意贵社付翻印之先，似有与敝藏钞本覆校之必要，鄙人亦深愿以所藏供贵社之参考。惟冀覆校时不损原本，及细为钩稽耳。鄙人所藏，曾经丁仲祜先生借阅，想尚能记忆大概。

专布，即颂

公安

《医籍考》（东京国本出版社）

　　　　　　　　　　　　叶恭绰　一月十五日

中西医药研究社大鉴：

　　顷因《医籍考》事，曾寄上一函，但系邮达永丰坊，不知能否收到。该函之意，系因舍间所藏钞本，中经多纪氏及我国江汉三氏、许宝蘅氏之校勘。尊处翻印日本刻本，似有与敝藏本再加覆勘之必要。鄙人亦深愿出供参考，故函达左右。兹又接一函，始知已迁云寿坊。承属题词，自当遵办，兹特附上二叶。惟鄙意甚望前者钞本之精英，能草入尊处覆印本内，故希诸公考量见示，是所至盼。至鄙处钞本，丁仲祜先生曾经借阅，其时日本尚未付刊也。

　　专布，即颂

大安

　　　　　　　　　　　　　　　　弟叶恭绰　一月十五日

　　再，陈援庵先生本习医，但不为医业，故世罕知之。并及。

大仁先生大鉴：

　　《医籍考》钞本前交由丁仲祜先生转送尊处，计已收到，不知何日校毕付印。兹有友人预订购四部，祈示可否优待，及总价若干，是荷。

　　此请

大安

　　　　　　　　　　　　　　　　　　　　恭绰上

1月26日

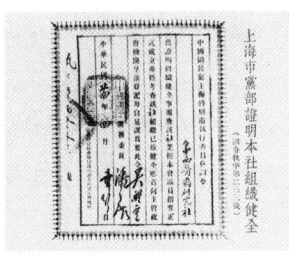

国民党上海市党部关于中西医药研究社组织健全的训令（采自《中西医药》）

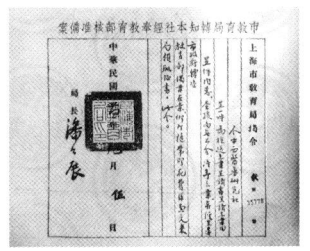

上海市教育局关于中西医药研究社核准备案的指令（采自《中西医药》）

　　中西医药研究社在上海正式成立，宗旨是"联合中西医药专门人才，以科学方法，整理中国医药文献，及研究医药学术，宣传卫生常识，以促进中国医药科学化、社会卫生化为目的"。该社下设总务部、学术部、出版部，谱主先后任理事、常务理事、出版部主任及医史委员会主席。同时创刊《中西医药》月刊，社址在北四川路永丰坊65号，后迁豫园路235弄33号[1~3]。

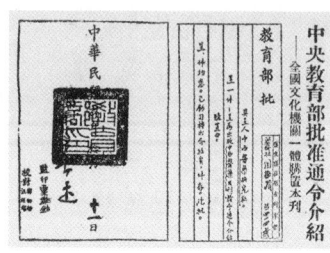

教育部关于通令介绍各文化机关一体购置《中西医药》月刊文（采自《中西医药》）

3月1日

广东汕头周济来访，商重印日人丹波元胤著《医籍考》事。[4]

5月

撰影印日人丹波元胤著《医籍考·缘起》：

余于中西医药研究社未成立前，同人中范行准先生闻日本江户医家多纪元胤氏著有《医籍考》一书，心仪久之，而欲购置，苦不知其出处。及民国十八年，同仁会《医药杂志》第二卷七八二期，有阚铎先生《影写〈医籍考〉纪事》一文，始知本书未曾梓行，而将有影印本可读矣。然其后亦未闻有是书出版消息者。去岁夏，始由范先生在上海市商会书馆内，见日本《帝国图书馆报》第二十六册十二期中，载有是书出版消息。时本社已在筹备中，乃由余斥资陆续购置，全书共八大厚册，约五千余页，书用橡皮版依富士川游博士家藏版原本影印。当时本社以此书不仅治我国医学文献者之贵重工具，即治我国文化史者亦为必备之书，未忍视为枕中秘，即议为之重印，以公同好。无如卷帙繁重，成本甚大，不易为力。况其时本社正致力于筹备工作，

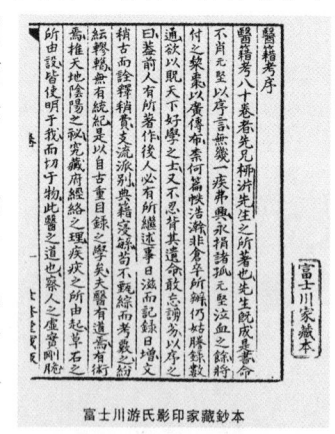

富士川游氏影印家藏钞本《医籍考》

---

[1] 宋大仁：《一年来的苦干》，《中西医药》1936年第1期。
[2] 中西医药研究社总务部：《中西医药研究社近况》，《中西医药》1945年第7期。
[3] 张文勇，等：《上海中医药文化史》，上海科学技术出版社，2015。
[4] 周济：《医籍考》序，影印本。

更无暇及此,以是遂致延搁。洎本社成立后,基础初定,即本介绍新知、整理旧有文献之旨,履行前议。遂在第二届理事会中,由余提议重印此书,当由理事会通过,交出版部计划进行。先拟用铅字,继思重印古籍,原以流传本来面目为原则,万不可因陋就简,草率从事。况活字排版,最易错误脱漏,虽请专家校雠,犹不免有几尘落叶之叹。是古书不因重刊而传,反因重刊而失矣。后从丁福保先生之议,采用石印缩小影印法,仍照原书,用十六开版,合四页为一页,字体尚有四号字之大,如此可将八大巨册收为二大巨册,不仅减却携带之繁累,且可予翻阅时以便利。

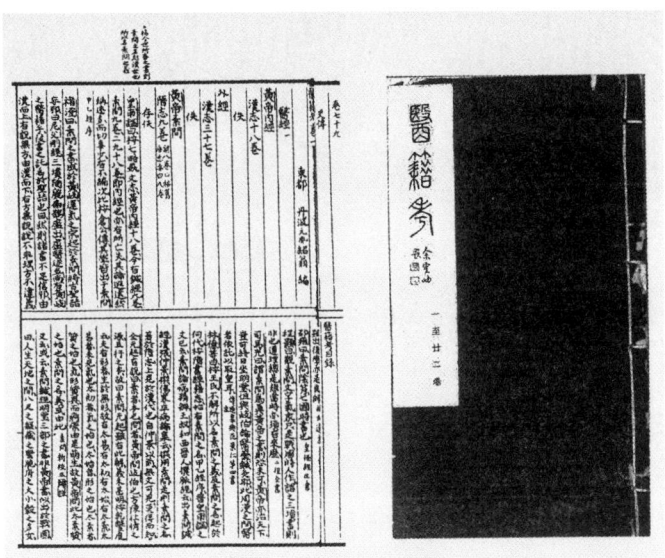

上海中西医药研究社影印本《医籍考》(1935年)

又原书共八十卷,仅分医经、本草、食治、藏象、诊法、明堂、经脉、方论、史传、运气专门,而核其全部所收古代医书不下三千数百余种,卒欲寻检,颇觉为难。兹由范行准先生与出版部同人任索引之责,将书名与撰人姓氏分作二处,按笔划先后排列,其下系以页码。如此读者可免翻检之劳,而有一索即得之便,即视为历代医目、历代医家姓氏录均无不可。同时本书与原本在量的方面虽减少八分之六,而质的方面并无出入,且末有附录索引,在功用方面言,实已超出原本之上。至以本书代价而言,原本价须一百二十元,今读者以不及原本百分之五之代价得之,亦影印医书之别开生面也。

尝谓我国目录之学,起源甚古,在西汉以前已有此名。自刘氏向、歆父子,以迄梁之阮孝绪后,目录之学每随时代之需要而日形发达。所谓儒家,固无论矣。若佛家,若道家,亦于六朝及宋代先后各立专书,以为识别经典之津逮。吾国释、道二家之盛,不仅踵武儒家,有时且有驾而上之之概,推厥原因,良由研究之工具不在儒家下也。

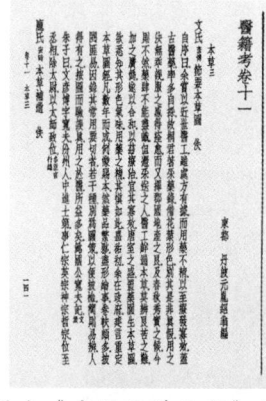 

重印《皇汉医学丛书》本　　陈存仁主编《皇汉医学丛书》1937年世界书局版
（1975年台北大新书局再版）　（采自张文勇等主编《上海中医药文化史》）

吾医古称济人之业,而末流所趋,亦不过各人心存糊口,执师传家授数卷之书,遂以为道在于是,无复他求。目录之学,既未前闻（明殷仲春虽有《医藏目录》一书,然纤仄小品,世亦不重）,而于历代医家渊源流派,更寡昧无知。此医术所以日趋衰歇,不能跻于各家以自强不息也。

虽然,我国典籍,因"五厄"之毒,多致丧乱。赤轴青纸,千不遗一。学者虽一生尽瘁于斯,终不能在劫灰蠹粉之余,复其旧观,吾人正不必苛责旧日医家矣。惟我国隋唐以后,医学与佛教,同时东渡,日本适于其时国运日隆,罕有兵燹之难,故宋后我已不见之书,彼至今犹有巍然独存者,宜访古籍者必东诣扶桑矣。

《医籍考》一书,盖萃我邦千百年来医籍之府库也。中多述我人未闻未见之书,或欲见而不得见之书,读之大可扩吾人之见闻。若以全部之系统而言,我国千百年来医学上变迁之迹,亦可藉此得窥其轮廓。吾医家读之，必有慨于过去文献学之不修，而警惕来兹，资为今后兴革医学之龟鉴矣。故本社影印此书意义之重大，固不能与其他书籍同日而语也。

至本书在我邦学术界，亦久被重视。前有杨惺吾守敬先生，于清末在日本已有迻录，惜后佚其前部。近有陈援庵（垣）、叶誉虎（恭绰）诸先生屡为此书而访问，且陈先生于二十年前已渴望此书出版，是不仅吾医家需要是书之急矣。付印在即，爰叙缘起如上。

7月

中西医药研究社创办民众识字学校[1]。

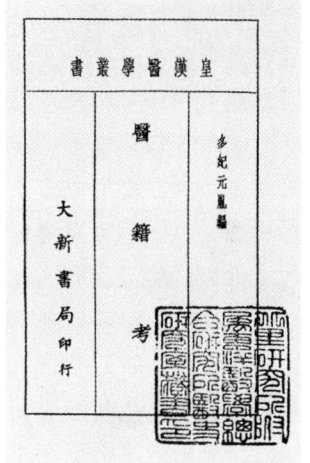

《医籍考》（皇汉医学丛书）

8月10日

撰《中西医药》创刊号"发刊词"，云：

在这新旧医学交争的中国，一般人都失去了判别优劣的能力；大概头脑陈腐与蛰居乡曲底[2]人民，他们对于医药的观念，多数还倾向中医而反对新医；仅有少数的受过新文化的人，是信仰新医，同时他们也如旧脑经［筋］的人一样反对新医者之反对中医。

其实以这样主观的态度来批判孰优孰劣，都是错误的。

我们现在且先分析上面二种人判别优劣错误的原因：

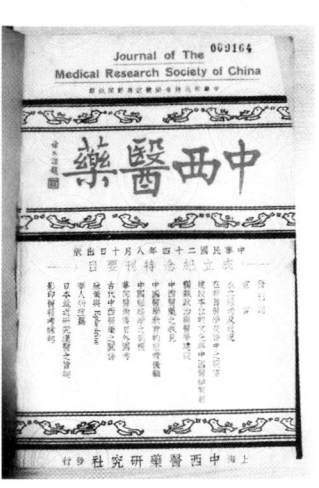

《中西医药》创刊号书影

关于前者他们对于中医好感，完全建于传统的主观，因为他们认中医有数千年悠久的历史，并说中国医药是上古时代圣人发明的。而新医则是外国人的医学，素有贱视"夷人"之我国人民，如何肯虚心

---

[1] 张文勇，等：《上海中医药文化史》，上海科学技术出版社，2015。

[2] "底"当据改"的"，后同。

去认识西洋文化的内在呢？所以他们认中医优于西医，亦势所然也。后者对于新医，却有具体的认识，不过对于中医，未免有些隔膜了。因为他们有许多根本没有研究过中医。

其实我们要使中国新医学的独立，不是这样两种人的拥护与排斥，就算成功的，我们应该平心静气，各忠实于学术的立场，检讨自己过去的是非，万不可用妥协的精神，来调和新旧的学说，应当同向真理之途推进，然后才有完成我们愿望的一日。

现在说起中西医药两个字，许多人都以为这是一个中西医学妥协的名词；其实在这新旧过渡时代，却是一种很重要的桥梁。譬如有许多人都说中医是很虚玄的，非科学的，这在中医理论上说，诚然是很对的，若以人类医药之本能上说，却不能一概抹煞了。所谓人类医药的本能者，就是说人类对于医药知识，由本能所获得的经验知识是也。我国医药，自有历史记载以来，已经有数千年了，以这数千年人类的医学知识，和偶然发现的技术，我们若能运用科学方法去研究，虽不能预先有怎样良好结果可以把握，但我相信也不致有怎样悲观的后果，我们只要不断地去研究，自然有相当的代价，来补偿我们底劳力的。譬如现在已经研究成功的麻黄、当归等中药，都是在治疗学上很有权威的药物。假如诸发明家没有我们古代本草上的记载，我们相信他们的成绩，或许没有这样的优异，即有这样优异的成绩，而他们或许没有这样的迅速。近代科学家李贝（Walter Libby）氏也说：“学问之事，如火炬然，自一人而递与他人。其人与人之相传，或藉书契，或凭言说，夫欲求学问而仅恃一己之观察者，虽以天赋特厚之伟人，亦必所获少而进步迟矣。古来才智特拔之士，要皆有吸收他人思想之能力，即最有创造能力之人，亦不过最善假借于人者耳。”又说：“各科学之发达，皆有一连续之线索。一时代之天文或化学、算学，莫不直接依赖于前朝，故科学之进步，常用'发达'或'演进'等词，意甚当也。”在十九世纪初，首唱[倡]生物进化论的达尔文氏自述他的成就："余之工作悉依据于培根之原理，未尝自立学说，惟采集事实，不厌繁多。"按培根科学之方法，以科学分类为中心，在他名著中的《新论理学》（Novum Organum）中拟定一百三十种专科史书目。西洋科学的发达，我们不得不归功善于应用培根的科学方法的达尔文了。不过我们对于古人药物的经验纪录,应该有鉴别的能力,否则,不论何种药物,如信宋艾晟序《大观本草》所说的"以至残衣破革,飞尘聚垢,皆可以愈疾者"那些话,以为研究资料,那不但事倍功半,却反而有以无益害有益了。因为以往的材料虽说繁多,却多无事实,研究时尚经过一番爬梳的工夫。

要想觅以往材料为研究,自然要注意古代医书文献的本身。但是我国自《内经》《本草》,仲景方书而下,能想在每部书中,找出一种系统,是很难的,我们也须用科学方法,去努力整理,使人知道我们中国古时医学究竟是怎么一回事,并且使人应用中国医学文献时,减少爬梳的工夫,以这些经济下来的工夫,再去研究其他的医学,我们相信这样地研究医学并非浪费的,却是一桩很重要的工作。

上面说的都是对于我国医书文献上整理的重要工作。我们在做这部工作时,绝不可作保存什么国粹之想,一概把它保留,我们应该顾到前面所说的那些话,从万分凌乱的古医书中去研究孰为国粹,孰为国滓,换句话说,孰是对于现在医学上有帮助的,孰是对于现在医学上有妨碍的。都要用客观的态度去分析、批判,然后对于整理古医书文献才有价值,才不虚糜我们宝贵的时间和精神及财力。

但是,整理医书文献,不过为促进辅助现代医学进步之一种帮助,

上海雷士德医学研究院伊培恩与中国助手在研究中药
(采自张文勇等主编《上海医药文化史》)

而非现代医学之极则,许多人都以为我国古代医药,有不少与新医相同和吻合之处,于是就生出种种强纳求同的论调,如援西入中与援中入西那些怪剧,其实他们这种行动,是很不合逻辑的,因为现代医学是进步的,决不与古时医学相同,既无相同之点,就没有沟通的可能,这是任何人都不能否认的定律,假使硬要牵强附会去折衷沟通,那必至强牵前路之捷足使之后退而后已。试问以这样研究中西医学的态度,在医学上究竟有多大裨益?

我们现在研究中西医药所殷求的,除介绍西洋学说和研究西洋学说之外,就是上面所说有裨现代医药之进步的工作。这种奢望,能否达到,虽不能逆料,而我们所悬研究的目标,不过如是而已。

同期发表谱主所撰《中西医药研究社宣言》云:

医学为解决人类痛苦之一种应用科学,其始也,既非人类理智所创造,其继也,更非吾人一手一足之烈所完成,乃完全为人类自然环境中之产物;非可以矜为何时何人独创之业也。

虽然,因历史悠久之故,后人多昧其起源;始则以神话附会之,终则以巫祝僧侣之说附会之(此东西各国皆然)。我国自古有赭鞭尝药之说,盖神话也。继而以阴阳五行之迷信,分配人身五脏六腑,亦皆方士阴阳家之说也(中国古代各家学说,皆与阴阳五行家有关,匪特医学然也)。夫本以实用之科学,而误建立于玄学之上,则其虚妄之果,宁复可免!不仅此也,人类本能所发明之医学面目,亦不可辨;而犹谓医药足以解决人类痛苦者,固不过属于巫祝僧侣之催眠作用而已。

欧西自十八世纪以还,巫祝僧侣之外装,渐被归依真理之科学家所褫夺,而从前处于黝暗奥衍之学术,亦以科学光芒之射照而瞿然自悟其非。医特其一也。今者科学进步,一日千里,而医学亦与之俱进矣。

返观我国医学(除泰西传入我国之新医仅占一小部分外),至今仍袭用原来医学,故尚未脱离阴阳五行家之藩篱,且援此以与科学抗,虽胜负之数早已决定,无如顽固者犹以数千年久远之历史相耘,而获社会上多数守旧无识者所拥护,故虽败而其气未少馁,悍然自愿孤立于全世界进化之范围以外,遂形成今日新旧交争出奴入主之混乱状态；距离推进之阶段，盖犹远也。欲求今后我国医学之改进，先须研索此停滞之主因，即蔽于过去错误之历史观念，一语可以尽之。虽其间改革之呼声，不自今始，而罕有成效可见，盖方法未尽善也。试观急进之改革者，卒欲以科学权威，扫荡旧医学之一切，其气虽勇，而思想顽固之国民不足以当之；有谓与中医本身发生生活问题，故不能一时改革之说，犹其次焉者耳。

吾人鉴诸已往之失，为统筹推进中国医学起见，当分二个步骤：其一，即努力介绍欧西新医学说，以救济一般思想顽固之国民，使其了解医学的真相，则从前之迷惘，不攻自破。其二，即努力研究中国已往医学之经验，如本草及验方等，皆予以科学的整理与发扬，及纠正以往抱残守缺，不知彻底研究原因之惰性。此二者，皆本社今后努力所悬之的也。至中医数千年来之文献，亦亟待整理，以为将来历史家之探讨，且寓温故知新之微意。若中医之学理，实无益于今后医学本身之价值；惟为解剖其构成之历程起见，固不妨以科学方法研究之，使若者为原始时代之医药，若者为神话时代之医药，又若者为方士阴阳家之医药等，皆使一一现其是非原因，而黜以往盲目之尊古薄今之见，则中国医学进展之轮齿，自亦赖此而推动矣。

诚能如是，则我国医药，何患不自进步，又何患科学医不能统一中国，以予世界各国争衡。在此由渐而进之过程中，既与中医业务上不发生冲突，而真正之国粹，又获保存而发扬矣。

虽然，欲完成上述二项计划，势非集中中西医药人才不为功；同人等虽愿负弩前驱，而心长力绌，深恐隉越，良用悚然！殷望海内博雅，屏除私见，以研究学术之职责为重，奋起负此艰巨，共策进行，以树我国医药上之大业，无使永久停滞于混乱状态中，则本社幸甚！中国医药前途幸甚！

同期发表中西医药研究社成立大会之《本社成立大会开会词》，云：

诸位：今天是本社举行成立大会，承诸位不弃，都肯在这严寒的天气和宝贵的时间里，惠然范止，欢叙一堂，兄弟觉得十分荣幸！

兄弟忝居本社发起人之一，本当将我个人发起组织的动机，与各位谈谈,但是谈起来的话又很多,因为时间关系,只得约略说几句,好在本社的宗旨,大略都在宣言中说了,所以也用不到我来再说些什么话,不过下面所要说的,是我个人对于本社的意见和感想,是代表我个人的。

我觉得"医药"两个字,并没有什么国界可分,那么,根本就没有中西的界限,而本社竟冠以"中西"两字,岂不是很大的错误,许多朋友也竟有这样怀疑,其实他们没有了解此中意义,我们所称的"中西"二字是包含时间和空间的,并不是在学术的本身。我觉得中国有数千年的医药历史,在人类本能所发现的医药知识,不无几许可以研究的地方,而它的数千年来文献的纪[记]载,也应该把它整理,要知道保存国粹,就要晓得国渣,否则那就根本不知道国粹,而发扬国粹的话,也根本无从说起;至于研究方法,那就不得不采取科学的,所以欧美的医药,也不可不去研究,这就是本社用"中西"二字简略地解答,我相信这样去研究中国医药,比较一般畸形的研究方法,良善得多,那末,本社的组织,在目下是并非毫无意义的,而且是很重要的。

同期发表《建设本位的文化与中国医学问题》,其绪论云:

是的,在这失却了独特的民族意识的中国,在文化之领域中,若不是"没有了中国",那便是"遗忘了中国",这原因,是由于以农村经济为基干的中国社会的经济,随着1840年鸦片战争发生了根本的动摇,于是中国古老的文化,禁不起太平洋巨浪卷来的西方文化的威胁,从一向因袭的闭关自守的睡梦中觉醒了,中国固有的文化既不能与西方较,在相形见绌之下,中国便被丢在背后,新的刺激便需要新的吸收,欧化乃成为必要了。但社会现象决不如此呆板,如此简单,一方面固然是在急切的吸收欧美的文化,同时,也有人忙着企图木乃伊的复活,在这紊乱的茫无头绪之中,一切都失了自我的认识,直到以解放思想为中心的"五四"文化运动,中国人的思想,这才比较的有了归宿,可是,"五四"运动,仍不过是少数士大夫阶级的觉醒,只是资本主义文化的运动,中国的社会,却还没有进到资本主义的这一阶段,所以,它没有渗透全社会的意识,不久,这运动也随着时光而消逝了，本年 1 月 10 日，十教授本位文化的建设宣言[1]的发表，以"检讨过去，把握现在，创造将来"为目的，的确，这是较"五四"更重要的一个划时代的运动，而它的意义尤为迫切和伟大。

我们说到"检讨过去"，问题便发生了，什么是应该"检讨"的"过去"？照 1 月 19 日文化建设座谈会朱羲农先生所发表的谈话：

……因为我觉得中国旧的东西，也有好的。日本是没有文化的，五十年前它的文化都是中国的文化。维新以后，虽然他们接受了西洋文化，但他们还是非常服膺王阳明、朱舜水先生的学说。我们不是守旧，我认为沙中还有金，有一种旧是应当守的。至于应该守的是那一种旧，那就得大家讨论了。（《文化建设》第一卷第 5 期）

这说话虽则是对的，但容易引起人的误解和误用，那些半死的旧社会意识，不是想伺隙图谋活动吗？复古先生们口口声声所叫喊的不是"沙中还有金"吗？我们将怎样的昭示人们以检讨的对象，去堵塞那些卫道先生的口实，我们诚然有确立这检讨过去的范畴。程天放先生说得好：

吾人可将文化分成两部分，即一部分为含有世界性者，一部分为含有国别性者，例如自然科学，以及交通、工业、医药等：即为含有世界性之文化……至若政治制度、教育设施、交际礼仪、生活习惯等，则各国有各国之历史背景，无法强同，亦不必强同，此即所谓含有国别性之文化。（2 月 15 日，《天津益世报》）

所以，除了自然科学等含有世界性的文化之外，过去的一切，是有如"十教授宣言"所说："徒然赞美……徒然诅咒古代的中国制度思想，也一样无用！必需把过去的一切，加以检讨，存其所当存，去其所当去……良好的制度思想，当竭力为之发扬，不良的制度思想，淘汰务尽，无所吝惜。"这样的说法，倘即"将中国固有的文化，从[重]新估定其价值"。那末，这仅是和"五四""从[重]新估价"的类似的东西，与守旧迥异其趋向，含有国别性的文化之在"一十宣言"中的意义是如此，那有着国别性的自然科学如医药等，其不能随着木乃伊返回古旧的社会，尤为较着显明。然而，我们聪明的国医们

---

[1] 即 1935 年 1 月 10 日，陶希圣、何炳松、萨孟武等十位教授发表的《中国本位文化建设宣言》，简称"十教授宣言"或"一十宣言"。

却不是这样看法，他说：

际兹新潮流澎湃之时，新文化灌输之初，后起学子往往惑于言之新颖，觉其理之可聪，不禁心移神转，感旧不如新，其实新之与旧，亦无甚轩轾，犹若此次蒋委员长之实行新生活，不外乎旧道德之孝悌、忠信、礼仪、廉耻也。（3月17日《晨报》国医节纪念特刊，某君如何纪念"三一七"国医节）

难为他想得出这样的理论，假如"二律相背"只是哲学上洋鬼子骗中国人的话，那某君这种逻辑是可以成立的。我早就料到，"一十宣言"的提出，复古运动必然要来"借尸还魂"，被"五四"压抑过的僵尸是要趁机抬头，去施展勾引新文化运动趋于死灭的途径的鬼蜮伎俩的，我们看，胡适先生他所担心的"一十宣言"之被那些顽固派利用为一种时髦的烟幕弹的远虑，果然在不久都一一演出了；2月8日《申报》教育新闻于是登载着刘廷芳博士主张以基督教为本位文化的谈话，基督教虽则是舶来品，似乎是"新"的了，可是，它被中世纪封建君主占有了之后，便纯粹作为榨取民众的御用工具，待至资本主义的到来，它又为金融资本主义服务，成为侵略弱小民族的先锋，但他们却明目张胆的要抬出这种陈死人来，叫大家回到古人的坟墓……2月28日《新夜报》太虚《中国本位文化建设略评》就说："中国国有文化自是'人事为本'的文化，但要充实的精神修养，才可表现出来。故应学习佛教的心理训练。"这还只是宗教问题罢了，不像医学那样关系人们生死急务，然而，使你惊异的谬论尽多着呢："三一七"《申报》国医节纪念特刊吴去疾先生说：

我说，你没有看见近来教育界十大教授所作《中国本位的文化宣言》么？那篇宣言中，不是有这样三句话么？（一）检讨过去；（二）把握现在；（三）创造将来。我们这回发起纪念道"三一七"节，也就是这个道理。（《为什么要纪念"三一七"》）

原来科学也是有国界的，人家发明了电灯，我们还应当维持菜油灯盏的"本位"，用不着去研究仿效的，但是，这只能说在他自己看来是说得嘴响，终究掩饰不住那露骨的丑恶，我们姑且来借鉴那所谓《江南正报》之所言……美国发现一新原子，全世界化学家均承认之。德国发明一药品，全世界医生亦承认之……此即所谓含有世界性者也。

(3月3日)

好，够了，我只可怜连十位教授自己也没明白提出具体的本位之先，竟会有人把这本位套在神农、黄帝的头上。炎黄有知，定要骂你们这班人无知妄为。假如硬要找出中国医学本位的话，就先得认清"一十宣言"的本位的含义，这是必要的步骤。

同期发表《全国中西医药学校调查报告》（第2卷第1～第3期连载）。

10月1日

为曹炳章所编《中国医学大成》（即文中《中国医学集成》）撰序曰：

我国方书，始著录于班固《汉书·艺文志》，内计：医经七家，二百一十六卷；经方十一家，二百七十四卷。洎乎《隋志》，其被著录者竟达二百五十六部，合四千五百一十卷；自唐宋以迄元明，方书之盛，未有逾于此者。吾友范行准君尝谓"中国方书至六朝而始备"，其言信矣。

虽然，我国坟典素为帝主专利品，苟非近臣，罕得窥其秘藏；而历朝都邑，兴废无定，《五厄》为毒，向之高文典策，充于石室兰台者，俱付劫灰；幸有散落人间者，亦千仅获一，且于此幸存之数辗转或饱蠹鱼之腹，或被庸人窜乱，寖失本来面目，结果仍归于尽；是历代经籍著录虽多，而传之今者，实犹偻指可数。究其所失，盖由于历代帝王好将图籍集中秘府，仅供少数人之观览而不肯普及于人民也。

吾医家之书，既亦同此命运，以是所传于今者甚仅，及今不广为流传，将使后人无文献可征矣；宁非兹世学人之过也？余近亦为此业，惶惶数年，自惭薄寡，未有所就。久闻四明曹炳章先生，收藏医书者垂三十年，又与范氏天一阁为邻，意其为人间所不经见之书，曹先生必因近水楼台，先睹而传录之以供学人之研究也。屡欲一造先生之门，以窥秘籍，而衣食劳人，宿愿未遂，怅恨何如！

今夏，曹先生受大东书局之聘主编《中国医学集成》，蒙其以缘起、总目见示，并欲余一言，展读全文，果有不少珍贵之书，刊入其间，颇惬素怀。余惟曹先生之主编是书也，亦丛书性质耳，且非徒聚一家之言，实集各家之长之丛书也。医书中之合刊各家而成丛书者，当推元延祐二年杜思敬所辑《济生拔萃》一书为鼻祖。然《济生拔萃》所收之书不过一十八种一十九卷，是织仄小品，虽具合刊丛书之性质，实未副丛书之用也。明王肯堂所辑《古今医统正脉全书》，虽胜《济生拔萃》，而所收亦不过四十四种。今《中国医学集成》所收各家医书适达《神农本草经》之数（三百六十五种）。视杜、王诸家所辑者，其数何啻倍蓰。是真医学之渊海，而亦丛书之巨擘也。兹书一旦问世，人人皆有获读秘笈之机会，必不似从前为少数人之私有物矣。是不仅有沾溉学人之益，且维我国数千年医书文献于不坠也。余乐观厥成，并抒鄙怀，聊慰先生编纂是书之劳！（《中西医药》第1卷第2期）

同期发表远东热带医学会论文《蛋黄素为舒适的天然的烟瘾治疗法》《灭绝臭虫之方法》译文。

11月3日

与沈警凡合撰《全国医药期刊调查记》及所译日人久保田晴光（Seiko Kubota）撰"HAN-YAO"（《汉药》）[1]。

12月1日

《医院病症服务指南》译文在《中西医药》第4期发表。

12月24日

何家谋致宋大仁函。[2]

大仁先生：

在《中西医药》里面，拜读尊著，非常钦佩！且知先生主持贵社编辑，将来造益社会必非浅鲜，先生是读过社会进化论的人，而用社会进化观点来从事医事改进的，这种人才在中国现阶段非常需要。

读了贵社底宣言和贵刊几篇文字的我，很赞同你们底宗旨。心里想写一条"响应'中西医药'"底文，到《新医药》去发表；后恐不合该刊宗旨，故而没有动笔。

我是打算这样写的（大意）：初段详论理论上中西医药没有并提底道理，因它们是时间上底差别，并不是空间上底差别。继而述在中

---

[1] 原载《远东热带医学会论文》下册，后于《中西医药》第3期发表。
[2] 载于《中西医药》，1936年第2卷第4期。

国底特殊情形，即此刻新旧正在文坛之中所以有两者之并存，并述吾人对此的责任。即应如何认清以往，以求赶上人家底"时间"。所以此时此地有中西并提的理由。并应如何尽它中西并提底任务，末而述说中西并提既随时间产生则照它底任务，因而完尽它底任务之时，它赶上人家底时间的目的已达到，所以并提底理由消失了。那么《中西医药》，当然没有存在的理由，而应改为《医药前线》，仍为社会为人类服务了。

虽则那篇文字没有写，我总想用时间底观点来措置一切医学中所谓中西的问题。这回贵刊用"中医科学化论战"来征文，我也就冒昧地用这种观点来草一篇文字。此刻挂号付邮寄上，请先生指教指教！我底思想就是如此。我自先就有这种思想，请你有暇参看民廿《社会医报》百五十期社评《国医与国历》，今年《新医药》三卷七期《医学革命之吾见》（原题作《健康》见八期六九八页更正，此篇去年作）又《致余云岫》先生书（七期六三九页）。不过知识十分幼稚，虽则幼稚，大概不至于意气用事吧！

这篇文字有发表底价值没有，这要请贵刊编辑先生给我估计。我总觉得自己底程度终太幼稚。是的，要讨论这种问题，应有充分的研究的。但是幼稚，终于写了出来。这是贵刊征文"以后不讨论这问题"底声明所催促的。

如果这篇东西没有价值发表，这里备下寄费三分，挂号费八分，共邮票十一分，请先生费神替我寄回，并在这里先表感谢。

如果这篇东西有发表的资格，那我就有几点请求……

几点请求之后，就顺便要说我对于贵刊这次征文的意思。贵刊这篇征文，在我看来，很有可訾议的地方。我想先生与范行准先生两位对于此篇一定是没有过眼的；有明白社会进化论的人过眼，是不会把这样的话发表出来的。第一，它把新旧界底论争看做是一种"何苦来"的"眼红""心理"的"恶念"，"白白耗费""精力"，把"好好的和平之局扰破"，"生出战祸"，怀着"取而代"底"争霸"目的，这是完全错误的。旧医底"好好的和平之局"并没有"争夺帝位"的"豪杰"要"扰破"它，乃是因它自己本质是落后的。时代前进了，新的进步的文化生出来了，旧的必然要受压倒，因而受侵略，甚至受淘汰。

贵社底社员，不至于连这种历史常识都不知道的。而且，医界里站在新底立场的人，有一篇文章怀着"野心"而不凭真理—科学—说话的吗？同时他们不是时代底产物吗？他们那种除旧破玄的工作，是情欲所驱使吗？恰恰不是，而是客观底需要。即世界潮流走到这样的阶段，"国"想要在现阶段的世界生存是应有现阶段所应有的力量的。除旧的人，他有布新底目的。必须彻底除旧，才可以完全布新以求在现世界竞争生存。不然，你想相安以保持和平之局，但《欧罗巴铁骑》（陈独秀语）却不和你相安哩。主张中医任其自生自灭，只要从事宣传的懒惰主义乃是中医苟延残喘的安乐窝。铁骑们肯待你自生自灭吗？

第二，它认为新旧斗争是没出息的。须知"矛盾是前进底动力"。每个斗争都是有成绩的，问题在乎大或小。看近年来，满足于歧黄之徒为了要听说几个"降辑""提戟""血液变调""巴豆炒黑即珈啡""脾即胃黏下之消化腺"等词句，就于"陈修园""汤头歌诀""药性赋"之外再向"生理学""西医五种"里钻去吗？他们居然懂得肠窒扶斯了。即此一端，仅旧医方面，已不是没出息的了。贵社宣言底"胜负之势已决"一语不是历年斗争的结果吗？何况尚有余云岫先生所说成绩五点（《医学革命言论集》二集二七三页初版）尚有研究院……一类的事实出现呢！

第三，它始终看重"具体而彻底方案"（即使此是医学革命失败所没有注意的一原因，然也只是诸原因中之一小因；绝不可放大指它为唯一的原因，因而掩蔽真正的原在），似乎把医学革命底失败归罪于医学革命底工作，甚至贵社底宣言，也有这种埋怨。如果真是这样，那太冤枉了！

前此的医学革命，真的没有"而彻"底方案吗？真的忽略了宣传吗？不是的。医学底反动，乃随复古运动以俱来的。读经尊孔存文，不是闷死人吗？由此可知：医学革命底失败乃忘记了社会底改革。铁一般的事实，不是证明拨开社会改革，医学是"革"不得澈［彻］底的"命"吗？没有科学化底方案难道就这样地失败吗？

因此，它把问题这样处置（有人投稿，讨论一次，就永远结束；无人提及，更永远不谈），我也要有异议，甚至要建议。这本是贵刊自己底权限，他人无干涉之权；但杂志底身份，读者贡献意见是可以的。

实际上，医学理论斗争，对于医事改进，确有有益的影响。因它能使革命方面底理论强化深化高级化；使它更能认清楚对象底弱点。贵社宣言底步骤第二点"要努力清理有价值的经验"这不是经前人斗争之后才得出来的策略么？尚且革命并不是"取销[1]主义"只管取销一切，乃是要发掘真理。即从渣粕之中把真理游离出来，而与以改作吸收。惟有斗争，真理就像真金一般，经百千炉火而烧炼出来。因此如果我们有意"推进"文化"齿轮"，则不仅不要结束论争，而且有扩大论争延长论争的必要。同时我以为这问题底讨论，不要做空间的大量讨论（即出专号）而应作时间的从长讨论；即在贵刊特辟一栏或叫做"中医药科学化论争栏"，期期都有讨论。不过要避免无谓的纠缠，则除征文有禁止谩骂的规则外，我建议：

第一，清查以往论战文字。初步逐次检查中医学实际讨论问题；把解决了的，一条一条记列起来。

第二，把有讨论而未解决的问题，重新依次编列，逐步提出讨论寻觅解决。

第三，规定要解决这种问题的文字，应积极提出解决诸要点；这些要点应经详细考虑，符合实际。

第四，解决了的问题决不再加讨论。欲加讨论者，应对前案各要点有积极意见。换句话要推翻前案，应有针锋相对的见解，其余搔不着痒处的纠缠，一概置之不理。

照这四条办法，我想不论学术本身底讨论也好，社会实施底讨论也好，都很有意思。尚且经多人辩驳，自能深入实际。我想有心推进文化的人，必不惮烦此种艰难的工作，并且贵刊人才济济，在学术界也有威权进行公决这事的，何况先生等都是医学革命底中坚哩！

但是贵刊征文发表了，专号终于要出的。那么照我的意见，编次可依照《商务教育杂志》廿五卷五号《全国各位专家对于读经问题的意见》底体裁一样，由极右（绝对赞成）依其性质气味之浓淡挨次排列到极左（绝对反对）。这样看出贵刊底公开，更能看出贵刊有计划。

我说了许多，或许都是错误的；但我自己有主观的成见，所以在这里热切地颂望你底指教。

---

[1] "取销"当据改为"取消"，后同。

发表仍用"何家谋"署名。

敬礼！

何家谋谨上

一九三五年十二月廿四日寄自汕头

1936 年（丙子）30 岁

1月1日

《一年来的苦干》在《中西医药》第 2 卷第 1 期发表，回顾中西医药研究社成立一年来个人忘我地从事《中西医药》、丛书的出版、经费、稿源等事宜，以及调查《中西医药》期刊及医药学校团体的工作，并对社会上的某些流言予以解释。

是月，赴日本京都杏云堂医院见习胃肠病科；同时考察汉方医学情况[1]。

3月21日

复何家谋函[2]。

家谋先生：

这次论战，完全出于一般读者要求，并非本刊的素愿，当时本刊同人经过几次讨论，是否应接受读者之要求。大部分都表示接受，我也其中之一，而小部分却表示反对，范行准先生，就是"其中反对最烈的一人，范先生反对的理由，以为这种论战的时代已经过去了，若今天依然敲这锣鼓，不怕人家讨厌吗？说句干脆的话，这种论战，是开倒车的现象"。他并说，"先进的国家，它的科学医，是否也像我们中国老是这样缠夹不休而得到的吗？总之，一个国家自然科学不进步，纵使有怎样雄辩，都没有策动医学进步的力量的，何况在这复古浪潮弥漫神州的今日？大家何不把这工夫，用在改造中医的实际上去，而偏要敲这锣鼓？恐怕这次的论战，也不见得有怎样出色"。这是范先生在那次决定出这论战会议上所发表反对的话。当时许多人都以为

---

[1] "履历书"为 1936 年 1 月至 4 月。"简历表"为 1936 年 1 月至 8 月。周明忻在线资料谓宋于 1933 年留日，误。

[2] 参见《中西医药》，1936 年第 2 卷第 4 期。

范先生为主观太深刻了。何以不见得没有特殊的成绩呢？因为赞成出论战专号的人占绝对的多数，范先生的意见，便遭否决了。

但是这次先生认那篇"很有可訾论的地方"的征文，却是范先生的大笔，被先生所指谪的地方，意思仍不出我上面写的那次会议上范先生所说的话中。我们看了，他觉得范先生做的那篇征文，有愤然之色。但我们以为范先生，从前最爱和大打笔墨官司的人，甚至同他的先生，也闹翻过的。这次他反对论战，或者不无所见，所以就照他那样发出了。

事实果然胜于雄辩，征文发出之后，战士寥若晨星，且这次所参战的，似乎不出余云岫、恽铁樵、陆渊雷那种战略，甚至还赶不上他们。我们于是才佩服范先生的卓识，我们当时以为那篇征文中的"何苦来""眼红""恶念""白白耗费精力"……等你所举出可以訾议的地方，觉得措词有点刻薄，而由今论战的成绩而言，确也不是过甚其词。这次鏖战，既无战士如云，也没有拔城得地的胜利，成绩平庸，我们无可讳言。这次你这封信，我原请范先生答覆你几句，但范先生冷冷地说，"何先生的信，我已经有这次二期论战专号答覆他了"。何先生！请你不要怪他说话总是那样刻毒，其实他的性情是很率直的，这请你要原谅！

我现任的地位，似乎不能不处在中立的地位，所以不得不解释一下。范先生虽是一个历史家，但对于社会学也很留意的，他说，"一个历史学家而忘了社会演化情形，那是盲的历史家，但历史学方法，却有绝对与社会学不同地方"。而何先生既是一个社会学家，当然也不能对历史方面漠视。何先生说做这篇征文是不明白社会进化论人做的。而范先生说这次的论战，已经是过去的问题了。他并不是说不需要这种论争。意思就是说应该做比这论争更进一步的工作，稍具时代头脑的人，早都已知道中医学说（经验除外）已没有立足地了。既然得到这个没有立足地的结论，我们都必重新的一再提出讨论，所得的不是依然这个结论吗？譬如旧社会大家都说应该打倒的，我们就向应该打倒的路程去做，而不必天天老在那里喊打倒，因既然早有结论了，我们就应该照所得的结论迈步去做。否则，喋喋言之，能不令人生厌？或者对方反因此说我们还没有得到正确结论，他又可想出种种理由，重新向我们反抗,这样下去,不是说我们有限的人生,缠不清楚,就是再生出几代儿孙或灰孙,恐也没有一个结果。反把这研究实际上的学问时间,被这无聊的论争占去而糟榻[塌]了。这我认为范先生反对出论战专号,就是范先生对社会进化有深刻认识的明征。说他不明白社会进化论,确是冤枉。

再先生这次大作和信,对于中医应否科学化,大概都与从前一般主张不可科学化的相同,那我们永恒这样论争下去,对于中国医学本身,有何用处。

至于先生所指出旧医知道用肠窒扶斯等名词,认为是论争后所得的结果,何先生!你这种解释,大错而特错了。中国医革命言论做得好,无有过于余云岫先生,但余云岫先生的《余氏医述》——即现之《余氏医学革命言论集》及续集,而它的销路,竟这样可怜,《医述》出版十余年了,到去年才改报纸再版,他的影响有多少?平心而论像余先生这种革命论集,若在国民知识较高的国家,在十年之内,起码要畅销十万册,然余先生的革命论集,到现在销数,至多不过五千册。以中国四五十万中医言之,不知在多少中医中,才得到一部,何况得到的,未必接受他的主张,更何况这五千部的读者还是新医占多数呢。这事你就是去问余先生,我想他也承认的。老实说,现在能用肠窒扶斯的一类新名词的中医,尚占少数的少数,而这少数的少数之中,还大部分从一般新医书中得到的。否则,像湖南曾觉叟、吴涣仙那流旧医,他们何曾没有看到余先生的大著,但他们何曾接受余先生的好意。就是这次先生的大著,读了而能接受先生的主张能有多少?所以知道用肠窒扶斯一类的新名词,决不是完全由论争得到的。而且他们拿了肠窒扶斯的新名词,作为伤寒的代名词,仍主张伤寒由六气而非细菌,何先生,纵然这是从论战中所得到的结果,我们能说他是进步么,对医学本身有利益么?但是先生说,"即此一端,仅旧医方面,已不是没出息的了"。揣先生之意,以为知道用新名词就是旧医方面的进步。换言之,就是医学本身的利益。何先生,仅是这样就说是旧医方面的进步,则唐宗海的《中西汇通》,毛景义的《中西医话》,丁福保的《中西医方汇通》,已足改进旧医而有余了。而你以又有余云岫先生在民国十五年间提议废止旧医,而使旧医本身烙印下难以泯灭的创痕?何先生，要知道旧医用几个新名词，并不是旧医学进步的表征，旧医的投机份子，反而借此名词，添上很多鬼话上去，而在他自掘开的中西沟通的阳沟里，负隅以终身了。至今成为中医科学化上致命的毒瘤。何先生！旧医仅能用新名词，你就欣然色喜，奔告四方，我以为千万要不得。你若真以为这就可乐观，那你完全是一个不明白进化论的人而强掮进化论的招牌者。若真照一般沟通派人说话，肠窒扶斯就以为伤寒，肝即神经，那西医近百年来的科学家，还不及我们黄帝和张仲景了。也可说世界上的医学史，自黄帝、张仲景之后，即已空白了。试问这话能使明白进化论者相信吗？但我看你的大著，也很反对沟通的。但你此地竟说出这话来，虽不能说先生是个不明白进化论者，但先生思想的不彻底和措词的矛盾，却无可讳言的。

我们并没有说"医学革命的失败，归罪于医学革命底工作"，我们也知道中国医学底革命难以成功原因甚多，但余云岫先生的医学革命，确没有成功，我想就是余先生自己也承认的。我们常时谈及"余先生的医学革命，确是尽时代的功业，可惜太富于感情，和他的国故根底太好，所以有时会走向章太炎先生那种论医方法上去。他有时似乎也会做沟通工作，譬如他说气即神经，所以沟通派的中坚人物谭次仲先生，也就采这等话以为中医科学化一部分的根据了。这是余先生对于医学革命不彻底的地方"。所以我们不归罪于医学革命的工作，仅对于医学革命工作有错误的地方，加以指摘。虽然我们仍十分敬爱我们的医学革命领袖。

至于你说"医学革命底失败，乃忘了社会底改革"，但是社会问题的范围太广泛了，中国的社会情形，又如此其复杂，社会改革固很重要，但非一朝一夕之事；而我们中国需要医学革改，却是急不容缓的，若必要与社会问题一同改造，犹涸辙之鱼，待西江之水而始得活。况社会能否如愿改革，尚无把握，那必拽中国医学于更破碎的境域。何先生！你以为怎样？

至于范先生说"彼可取而代也"那句话，大概他是借项羽见秦始皇出巡时的故事。我们中西医界中，存心要项羽那流人，你能说他没有么？我们固然不可一概视天下人都是小人，但也不可视天下人一概都是君子。范先生年纪虽然并不比我们大，但他对于人情世故，却要比我们明白得多。但范先生以为战争，是要流血的，他竟失算了，此次双方都没有生真刀真枪，说句笑话用的不过《西厢》上说的"银样蜡枪头"。银样蜡枪头，是戳不出血的。大家未伤一兵，未折一矢，我们仍用征文中两句话"幸好托天之福，人口平安"。

至于范先生的言论文字，似乎太觉诙谐而刻薄，容易引起人家的误会，他时常因此吃苦。但他不悔。我们为要爱惜范先生，希望改变作风，这种文字我也以为千万要不得的。他若用平易近人的文字，也许我们没有这次误会了。但江山易改，本性难移，他的个性很强，轻易不肯认错，所以我们这希望，似乎也很几微的。

我一口气拉上这许多废话，前后不知道有否矛盾，好在我已说过是废话，矛盾不矛盾，还是随他罢。横竖我们二人，并不是为了争夺什么而做写。

最后我希望你时常给本刊写稿，俗话说，不打不识，现在我们也算打过一次小小的笔官司了。我这种希望，总不算是冒昧的。谨覆。

4月

从日本归国，复任上海中医学院教授。

5月22日

何家谋再致谱主函[1]：

宋大仁先生：

去年十二月上先生的信，到今年五月才由《中西医药》看见先生底示覆。这，虽很渴候，但不以为久，而只有觉得非常之荣幸！

在这里，谨表鄙意，感谢先生一切的帮忙与赐教！

此刻，对于先生覆示的大教，我又要有所讨论。这封信，并不是要来"打"，而是我自己还有意思要向先生说一说。在说话之前，我先行声明：我是非常尊敬先生和范行准先生的。先生与范先生，我都不认识；而二位底言论，我也没有全般看过。不过据我看过的二位底文字，二位是有社会进化观点的人。至于"征文"究竟出于谁底大笔，我不得而知。莫说我没有朋友可以知道到贵社底内容，就是关于贵社消息的杂志报纸，在乡僻居住的我，也无从寻得。对于"征文""有所訾议"要向谁说呢？我就查得贵社组织，知先生是出版部主任，同

---

[1]《中西医药》，1936年第2卷第8期。

时也就是思想前进的人，所以就这样向先生谈起。同时也因为佩服范先生的心情所激动，因而顺便提起范先生底名字。本意即是深佩范先生——由于素来读了范先生底文字，无限地钦仰他——绝不是明知道了"征文"是范先生底大笔，而偏偏来标榜一下，这要请先生不要误会，我深深地盼望着。

为了我不知道贵社议决案提出前后之会议辩论情形（贵刊有无记载，我想此刻也无需翻阅），当然，不知道范先生底反对及其反对理由，甚至他素来底资格（历史家）。因此我"訾议"的，只是那"征文"，而不及"征文"牵涉以外的范先生。范先生底社会进化论有若干的研究，我不敢，而且没有，盲目地"冤枉"。恰恰相反，我那种话句，是表明范先生和先生乃是有社会进化观点的人；你把我前信，试重看看，假定"征文"是另一人底"大笔"，那种语气，完全是反证二位是明白社会进化的人。为了恰恰是范先生底大笔的缘故，才引起先生误会为我是故意标榜，因而"中立"起来，来"解释一下"。很好，很好！我因此知道范先生在会议中反对的情形，以及他是历史家，于是越发地加我底敬佩。但我"訾议"既是"征文"中的地方，范先生其他有无"刻薄""诙谐""刻毒"，我完全没有理由可以"怪"的。如今范先生既是历史家，就可以历史观点——"历史学方法"——把"征文"当作另一人底大笔，来看看其中有无使人"愤然"之处，因为执笔时，为了某种感情作用，而说了不是自己打算说的话，是时常有的。或许范先生会议上是"反对派"，而不是"赞成人"，所以不得从容处身于赞成方面来说理由，也有可能的；甚至其他原因，也或许是可能的。但，无论如何，这"征文"不是历史家所说的话。

历史家可能知道人类历史乃是历史法则在运动着。它不是一笔错了再错的糊涂账，而有它底运动法则。"天下""之局"要"和平"，既不是"心理"之所保持之所能"好"；而"乱"，也非"好战""心理"之所"扰破"之所能"恐"：乃自有其历史的原因与法则的。社会是这些运动着，而成为历史；而文化底嬗变，也有其原因与法则的。不然，则前此的中外医药，何曾没有发生关系？但从前都只是量变，而没有今日底质变。

"征文"不只不懂历史有其法则，把政治变动看为"心理"所"发生"而且机械地移这种"心理""大可用"来说文化底嬗变,甚至名之曰"火并"。宋先生!"不可一概视天下人都是君子",那么谁个"小人"来害得旧医受批判,被消灭?谁个"小人"来惹起"火并"呢?我固然没"一概视天下人都是君子";就是看"天下人"中有"小人",也是无用!几十年来医界底"天昏地黑",并非"可取而代"底"恶念"底"作怪",乃是进步文化压倒旧文化这法则展开底现象。固然,根据"人情世故"可以明白"天下人"中的"小人";但我们知道:医学,甚至文化的斗争中,"项羽"这种人,是没有决定作用,而是决定于适应着社会基础的"医学本身"底程度与文化"本身"的内容。明乎此,则这个问题之"闹",就不是什么"何苦来"的了。

这样,这种"闹"乃是历史法则底运动;我们负有"推动"文化"齿轮"的人,就要明白这种法则同,然后才能"推动";那么就不必伤悼以前底"闹",而目之为"白白耗费"了。

这种"闹",有成绩没有呢?回答仍然,而且当然,是肯定的。什么是成绩呢?那就是斗争高潮所激荡到的,就是它的成绩。那么就不必偏偏要读《余氏医术》而且"接受主张"之后,才算是受了影响。肠窒扶斯这名词,不必偏偏要直接由余先生供给;肠窒扶斯,乃是"从一般新医书得到的"。医学革命底影响,就在乎能使这"少数"中的"大部分"去"从一般新医书";甚至"负隅"的人还要"从"新医书学点"掘阳沟"底方法。所以,不仅在乎《余氏医述》底"销路",才是论争底功效。硬要"买了"《医述》而且从其中"接受主张",才算成绩,这是机械的看法,而且忽略了事实——近年医学革命所掀起伟大的浪潮。这种成绩,照我前信所举的:①有"胜负之势已决"底历史判断。②有余先生所说六点。③有研究院……诸事出现。④有"钻""西医五种……"这种自尊自足鄙外轻人的观念底打破。而懂得肠窒扶斯,乃举例之"一端"。不管肠窒扶斯有若干"沟通派"底"投机",但,无论如何,肠窒扶斯不会用于未斗争之前的沾沾自足的顽固旧医之中。那么,能够否认这是斗争底结果么?如果照上述机械的看法,则余先生底言论,一点儿影响都没有,那成了什么话?

至于先生说我"思想不彻底"而"矛盾",以及"强捐着"招牌,而"不明白""进化论",乃是先生底逻辑,完全不是我底意思,而且不是我底逻辑。我那篇"文"和"信",无论如何,都可以看出我是反对"沟通",痛恨"鬼话"分子之借用新名词的(先生说:"你以又有余云岫先生在民国十五年间提议废止旧医,而使旧医本身烙印下拿以泯灭的创痕。"这大概是先生在别处看见的。我从不曾说过这些话。因为照理论和事实看来,这废止旧医底提议,是对的,不可非议)。先生逻辑之所以如此,乃是为要达到"判断",我"不明白进化论"这种结论的作用或企图所使然。不然,我那种语气,不是把肠窒扶斯与"巴豆炒黑"作为同样的冷落去了吗?出息有没有,当然指"旧医方面"。就是"负隅"的人,没有摄取较高级的技巧,是不能苟延残喘的。就认识真理之程度而言,唐宗海确比前人进步,而谭次仲,不用说,比唐宗海进步。这不是出息吗?而先生一加"揣意"起来,却"换言"一下,轻轻地把我的"仅仅旧医方面","换"作"医学本身"去了。这种"换言"法,岂不把"打倒旧医"等于"打倒医学"去了吗?这种逻辑的"活用",不可避免地,要撇开我"信"和"文"中一贯的"主张"不管,而寻章断义吹求地结论出我是"不明白进化"而且"思想不彻底""措词矛盾"的人。

况且,就"医学本身"而言,应用肠窒扶斯这名词,也确实有进步、"有利益","问题在乎大或小"。对疾病的认识过程上,起初是着眼于病状,最后根据于病灶。诊断依据于病灶,而各病灶也各有其定型的个性的症状。湿温温热太阳阳明,乃滞留于症状认识底过程之中,这时不会如现在之有定型的个性这种概念的。它放弃了症状群底命名,来"从"定型个性的命名,就是科学医学侵入它底领域的信号,此其一。在这病底疗法方面,它有攻下之处置为科学医所认为危险的。肠窒扶斯这名词一定下,攻下底处置法,就受到各种(医者自己见闻,或稍读过新旧医书之病人家属)的阻力,此其二。旧医虽则不自认输,但有好多旧医自己家人患这病,已经由肠窒扶斯底名字,而愿意接受"注射"。这是实际底情形加深他对于定型个性的印象,此其三。

况且新名词不是无条件可以否认的。旧医方面,如果推行新名词起来,它底"学说"更容易消灭。国医馆统一病名命令一下,全国旧医文电交驰,极力反对,这不是旧医底"伐异"或嫉妒的"心理",乃是旧医"学说"在这种名词之下,又增一层生存底困难的缘故。余云岫先生不是要和旧医挖苦，偏偏要他们在病历表上，填上病名诊断么？这么一来，旧医不仅无法诊断，就是治疗方面，有好多疾病，它应该马上收摊哩！

那么，我就"欣然色喜，奔告四方"么？没有！我底"文"和"信"中一点也没有，这只是先生底"揣意"。如今，就是我举起几点"利益"来，丝毫也仍然没有"欣然色喜，奔告四方"，而满足于此的；这在"文"中已有说过，不必重提（我本信上文说"负隅的人，这要从新医书学点掘阳沟底方法"及"国医馆统一病名"，也不是"欣然色喜，奔告四方"。请先生不要误会而撷拾起来做理由推论我是"矛盾""不彻底"底冒牌货）。那么，事实告诉我们，斗争都有成绩，不过"问题在乎大或小"。则"白白耗费"底话，乃是没有看见事实的无知之言（"两败俱伤"底话，也无根据。余先生说："十余年来""无敢攫我外□□□，"败"哪里来？"伤"哪里来），因而一点没有"刻毒"可"怪"的理由。

这样，先生"中立"了没有？恰恰没有，而是站在那你"看"了有"愤然之色"的"征文"地位来辩护。而辩护呢，却在"征文"之外找理由。是的，大教中所引范先生底话，是几经"人情世故"的"之谈"。在这里，我非常之同情。在今天还"缠夹"，这问题，确是可怜的现象。因而范先生看轻这次论战，预料这次论战底结果，都是实践家底卓见！但"征文"却没有这种话。"征文"中，只有"闹"底"形势""一天一天紧张地来"；不过及至"特辑"底"揭幕"和大教中，却是"失望""平庸""冷冷地说"。

这个问题之再度讨论，如果没有较高级的姿容，我也觉得非常之无意义！但以贵刊创刊以来几期底"言论"文字看来，当能推动这讨论向新的阶段展开。而我之所以有此种希望来参加，乃是"征文""形势天天紧张"所鼓励。而我之敢妄于建议，也是为的要应付那些"天天紧张"的"形势"。如今大教和"揭幕""冷冷地说"以及二期"成绩平庸""没有人加入作真理上之论战"的"专号"底"答覆"，使我不免感伤到我在这方面实施底贫乏！

是的，这次论战，在量的方面，既"寥若晨星"非常贫乏，而不能"冠盖如云"；在质的方面，也非常贫乏而"平庸"，"甚至还赶不上""已经过去了"的"论战时代"。这使我感觉到中国理论水准之低，而益叹国内"辩"之不"雄"！

因此，我那篇"文"，照先生说，是与"从前一般主张不可科学化的相同"，因之读了之后，而能"接受""主张"的，必定是"未必"的。是的，同是革命立场底人，"主张"自然应当"相同"；不只"相同"，而且应烂熟地应用着先辈底主张。但我底那"文"却有"小小的意见"异乎前此革命者底言论。在研究新旧医之差别性中，我哲学地分别它们在科学上的异点。在历史方面，不仅像前此革命言论，说与社会有关联，而且进一步说是决定于社会。而积极方面，指出全文化领域革命之相关联，并高调着理论。这是我所努力之点。那么，我就沾沾自喜，料着多多人"接受""主张"吗？没有的，没有！而且再三再四地说我"程度幼稚"与"未够力"。不是"弹指现楼阁，咳唾成珠玉"的便宜主义者，绝对没有把革命工作看成容易的事情，个人可以包办的事情。我知革命工作是需要集体的力量。但集体之中各人尚可以向各方面去努力；而我，虽则幼稚，就是照我所有"小小的意见"来尽力。然则，我这样的意见对不对呢？我前函开手就烦劳先生指教——这不是标榜与客气，而是出于衷肠的渴羡。对于拙"文"，各方面（贵刊读者，各旧医杂志）有何反响，先生如肯代为收集，更愿一闻其详。

大教中除为"征文""解释"而外，赐教指摘的地方极少。有之，不过说医学改革不能待于社会改革，而且社会不一定可以改革这一点。先生肯惠然指教，感谢，感谢！但我想想"社会进化论"讲来，历史是人造的，人照着法则造的；如果认得历史法则，历史是可以创造的。至于中国社会，情形虽复杂，也自有其法则可求。照我观察，国内学者及实践家，大凡站在历史前线的人，对于中国的改革，不论原则或方案，大概都渐趋一致了。何况今天是一个历史大转变的前夜？我底意见，以为医学改革在社会改革之中。"待西江之水"底话，不至过甚其词，社会改革如未成功，医学改革而能成功，这是想象家脑子里的成功，至多是实验室里的成功，社会中医学建设，必成效甚少。如果可以撇开社会而不管，则医学革命早已成功了，因为"细菌和动物实验""早已解决"。"医学本身有利益，"不一定要仅"利益"于一"医学本身"。分工主义固然有其需要，但局限于分工主义之中而传统地锢守着，那便把医学孤立而与社会隔绝。而且仅求"对医学本身有利益"，则等待外国帝国主义来帮忙代庖，"对医学本身"也是"有利益"的；而且它也能够研究国药，甚至逐渐把旧医消灭。你能够说它"对医学本身"没有"利益"吗？这，"中国本位"乎何有？这是把医学与社会底关系切断的逻辑底结果！

至于医学改革家之利用社会改革理论，并把医学改革作为社会之一部分为改革，作为文化之一部分，跟着此刻正在改革过程中的一般文化来改革，并不就"拽中国医学于更破碎的境域"，恰恰相反，而能使医学革命理论高级化，帮助医学在中国实际化，而且给于理论上知可改革，而事实上不能获得成功因而走入悲观论的人以出路底曙光。尚且应用社会改革理论，并不就是丢开了"医学本身"底工作，而是把医学底工作充分地发挥到实施底地位，尤其社会实施底地位。同时，社会改革论并不是机械地移用，而应把它在医学上（性质）在中国医学上（空间）在社会医学上（时间）特殊化。

在当前，社会变革底前夜，文化方面底各部门都有真理与阻挡真理两种分子剧烈的斗争。医学虽则也有革命之旗摇荡着，但与其他部门底呼应，则没有充分联络。这无非是医界中理论底贫乏。是的，诚如先生所说，此次论战成绩平庸，甚至赶不上前此的战略。我以为这是医家底社会地位限制了的缘故。在社会中，医师是自由职业者；而这种职业底业务，又极能束缚他一切时间底生活与精神。医家底身份是知识分子，无论如何，他底意识是小资产性乃至资产性的。在今天，真理离了资产阶层，而被另一前进阶层所有时，资产性意识人不能透入真理本身，于是乎表现得理论之薄弱，乃势所必然。这里，我并不否认我医界同志中没有前进分子。时势所需，是能够产生的。就是现在，不事"雄辩"而埋头于实践的一批人物，也尽有着。但他们已经离开了原来的阶层，而接受了时代底真理的。但一般地说来，中国医学底革命建设理论，仍然是贫乏的。那么，如果致力于这种工作，难道不是"医学本身"底工作么？另一方面，现在一切运动都必须用集体努力底方式（先生底意见，要旧医一人一人个别地去买一部《余氏医述》之后而接受主张，这便不是集体观点）。所谓集体，不仅医学一部门人要集体行动,而且与文化领域中其他各部门,也要采取集体的行动。"在社会改革酝酿之中,即文化界批判运动活跃之时,医学改革之与全般改革运动应如何联络?"这一课题,医学专家而不加过问,只守着医学本身主义,则这种工作待谁来负责?

这样,时代给我们的课题、当前底工作,在原则上,就是:

(1)用新的科学方法论,来研究"医学本身"底学理与医事理论,用新的人生观观点探求一切医学学理,以供应用于合乎新的人生观观点的设施。

(2)与文化各方面的改革运动批判运动采取联络。所谓联络,就是应用同一的宇宙观,同一的人生观(历史观社会观)底真理。

(3)医学改革工作(在现阶段还是文字工作)向各方面(一般文化领域,教育系统)推进——可能时,突击地推进。

(4)帮助一般科学底推广与阐扬工作。

(5)医学中新知底介绍。这是无问题的。

其他技术方法(如中国改造底路径是"打倒帝国主义""肃清封建残余";而这两种障碍物,在医学革命上,也一样地有障碍作用。所以应当如何把医学革命联系到这种"路径"去)不于此地讨论(不过一般人之于医学革命,每谓中医这于国土人情,故技术方面,尚有须提及者,如:①研究全国各地尤其内地,医师在社会之情形——社会中对于中西医之观感有何差异!医家所得中庸状况。②搜集各种"社会文献"中,关于各地人民花费中医药费之百分率,这些是附带说的)。

我想医学革命走上新的阶段有着高级的姿容,就是指着医学革命照这原则发展的意思。

我想:照这原则发展,则工作之浩大可知。因而非专家的我则"未够力"与"幼稚",自然不敢"蝼蚁擎天"。所以很盼望于负有"除旧布新"使命的贵社,和愿效忠于真理,富有专门学问的先生,以及其他有社会进化观点的社内同志。先生!你有意么?

我希望先生,不要以为社会非一朝一夕可改造,而忽略了社会改造!同样,中国医学就可以"一朝一夕""改造"成吗?说"中国社会复杂",则究竟有什么国家底社会单纯?中国医学底改革,是"刻不容缓",难道中国社会就可"容缓"因而无"把握"地让它保持下去吗？不是的，同样地"刻不容缓"！一个专家而只说自己底学科重要，乃是一种培根所谓职业成见底作梗！

先生是读过社会进化论的，"百尺竿头，更进一步"，我更希望先生去研究新的社会进化论，即科学的社会进化论。从其中，可以了解历史有其法则，因而创造历史也有其法则。不用说：文化乃社会意识形态，其进化改变，也有法则。了解了它，对于医学改革有不少的帮助与"把握"。岂止"历史家"了解了它，乃能便于研究历史，而不致把历史看成糊涂账而已哉！先生！我诚恳地向你说，先生！肩起这个任务吧！我所敬爱的，有专家与学者资格的先生！

这里，我认为是真理，所以才说这样的话来，而没有向先生宣传什么化的任何企图底嫌疑，乃是真理底努力。是的，中国医学是可以改造的，中国医学改造之可以"把握"，正同改造中国社会之可以"把握"一样，一点没有迟疑与悲观。我们可以创造一座崭新灿烂的中国医学，我们不能离开科学去创造，不能便宜地幻想，不自量力地瞎撞，我们要用很高的代价、艰难地、周详地、创造新的中国医学。

我奢望着以往一切医学革命领袖，都共同向这目标迈进，领导中国医学革命向光明的路线开展！这种"为之"是有酬劳与功效的，而不是悲观地绝望地"知不可为而为之"地干着。"知不可为而为之主义"（庞先生也曾"取法"这种主义，《社会医报》194期P.4097）是医学革命可以成功与否尚无"把握"的表现。社会改革如果成功，医学革命即能迅速成功，这是绝对可以"把握"的。我们向前走吧！

所说这些话合乎真理么？我企图着在真理方面能尽一些小小的力。如果说了一大堆而没有抓着真理，乃至仅仅为着"打"来，我就很愿意取消自己底发言，不扰渎人们底清听，而马上收起"写稿子"的摊，转头再认清实际！是的，这不是为的出风头。先生请你指示迷津吧！

前信托先生代嘱拙"文"20份，不知有无照办？大教中未曾提及。谨候先生示覆，以便寄款往取。

　　此致

敬礼

何家谋谨上
廿五、五、廿二

是月，自设诊所，任医师，至"七七"事变爆发，兼任上海中医学院生理课教授。

6月8日

在《中西医药》第2卷第8期及第11期上发表为所译旅沪英国药学家伊博恩（B. E. Read）《中国药用植物考证——〈本草纲目〉之植物学、化学、药学的考证目录》撰序[1]，云：

本书著者为英国伊博恩哲理博士，精研自然科学、医学、生理学，对于中药尤感兴趣。十年前著有《中国药物学》一书，为西人明了中药情形之阶梯。伊博士现任上海雷氏德研究院生理学部主任，约同研究专员，将《本草纲目》之药用植物八百九十八种，依自然科学方法，考证其学名、同名、英名、中名、药用部分、成分、产地等，以及著者除自己试验生药搜集各省标本实验，尤注重关于中国药用植物之中、英、美、法、德、日，各国文献之纪录，搜罗至为广博，试为研究中药之必要工具。

著者自序中有数段为我人所当先知者，节译于此，以便浏览。余从略：

平常习见之物如：oranges（橘子），brassicas（芸薹），pears（梨），aconites（附子），epiphytes（寄生植物），fungi（菌类）等其本相之基本知识类研究清晰，因其关系于经济、社会卫生、文化及实验甚大。

近代医药在生理学上观察将来科学上尚待广大的启发者，为久被经忽的vitamins（维他命）与plant principles（植物原素）。

本书内载甚多普通蔬菜，果子，壳果及谷类，在学问上及化学上曾经认为有价值者，现在趋势为饮食学及药材所需求。

有少许初步研究亦足提起古代药物之新评价，此种药材含有多类维他命与比较重要的植物原素，如：the corotins（叶红素），xanthophylls（叶黄素），flavones（黄酮），cholines（胆碱）。

动物有机体的维他命质为近世一重要之事。若从事广大的研究与已知之知识，为将来大有收获先兆！

---

[1] 参见《中西医药》，1936年第2卷第8期。

本书内每种药物每一题目有标准植物学的、英文的及中文名称。植物学同名则用括号。其变种则分列副目。有为学者意见不能划一者则列入附注。英名则写在学名之后，用较粗字体别之。中名在古籍上最先见者则注明之。

为应用起见加入详细中名及植物名索引。

索引内用罗马字型者（斜体）乃中文名。

《本草纲目》为我国药物学、植物学重要书籍，惜其卷帙浩繁，旧医界多望而生畏；故只能读其节本，如《本草从新》《本草备要》等书，即出面问世者，固无足道，而近年出版之本草书籍，亦多半是明抄暗袭，辗转失真，不脱陈腐窠臼，保存国粹之谓何？殊可叹也！

译者鉴于本书关系于中西医药界甚大，尤感于国产药物西人早已研究，我人反茫昧无知，故亟为移译。以备有志中药革改者之参考。

本书最近出版，鄙人随即译出付印，未暇修饰，错误难免，尚希方家指正！

6月18日

周济为谱主影印日本丹波元胤著《医籍考》撰序曰：

迄去冬余由日返国，原拟今春再事东渡，至沪，适彼邦"二·二六"政变[1]，欲行又止。3月1日，余访宋君大仁于中西医药研究社。宋君即以影印《医籍考》事相商，意欲附作《无患室丛书》之一，俾轻社方负担，并略尽传布古籍之责。溯民国二十二年，余长国医评论社时，与范君行准曾有刊印丛书计划。嗣评论社停办，余亦去国东游，已无暇及此。今宋君以此提商，而志在发扬中国文化，故甚表赞同，极愿相助。唯事在文化，未敢作市侩想也……倡印本书，历时二载有余，今始与国人相见。发其端者为范君行准，从事引得者为社中诸友，就中以宋、范二君用力最勤，与影刊此书相始终。

6月19日

范行准为《医籍考》题跋曰：

影印此书，固由我发起，而慨任购置原书者，则为宋君大仁。宋

---

[1] 1936年2月26日，日本东京"少壮军人"安藤辉之大尉与栗原安秀中尉等极右翼青年军官策动陆军1400余人发动军事政变，向军部提出所谓"昭和维新"的"兵谏"要求，主张成立军人政府，政变后于29日被平定，史称"二·二六"政变。

君又为此书出版计划，作长时间之奔波，而周君济亦愿出资重印，始底于成。

郭秀梅后在2007年学苑出版社整理本的说明中曰："至1935年，上海中西医药研究社成立之初，范行准、宋大仁等获知日本学者富士川游家藏抄本《医籍考》陆续影印（书凡八册，五千余页），随即由宋大仁斥资，自日本购得其书。为广流传，又由周济等助资，自1935年发起重印此书。新印本采用石印方法，并据丁福保建议，将原书四页缩为一页，遂合八册为二册，至1936年出版发行。此为《医籍考》在华最早出版之影印本，现已流传几稀，难得一见。此本之又一特点，为新编书名、人名索引，增加检索功能。"

7月26日

复何家谋再论中医科学化问题函：

家谋先生：

读来示知先生对于我前次所解释那篇"征文"的话，尚不满意而续有指教，并连带提出医学改革法则，其事甚盛。但我仍有我个人的意见与先生不能苟同之点，所以匆匆地写出，仍希先生有以教我！

前次征文确是范行准先生写的。请先生勿作无谓之怀疑与揣测。先生说"彼可取而代也"的那些话，是不知社会进化论的人做的，而不知说这句话的项羽，原有他的历史背景，原因当然是当时暴秦一切行动所激发的，若是已经成了合理社会或健全的政府，而依然打着"彼可取而代也"的旗帜，循环的这样混战下去，一如过去一般军阀，甲打倒乙，乙又打倒丙……这样你能说他那些军阀不是"眼红"吗？"恶念"吗？"有意扰乱和平之局"吗？更说切近一点，就是我国近数月来的政局，还不是从你所訾议征文中特别加以引号中的那些字眼所造成吗？

中医不可科学化，并不是先生与我们两人所得的结论，而是早得到了的结论，但一般无识的中医和西医还不是迷信中医可以科学化吗？否则赞同谭次仲等人的沟通工作的西医，还不是时常可见吗？至于中医们的团体几乎没有不捐科学化招牌的。就是写信要出中医科学化论战专号的人，也是中医多，但依了他们出专号了，而他们却躲开不应征，这种行为，你能说他君子吗？先生具有进化论的不知这种现象作何解释？先生说是"进步文化压倒旧文化，这法则展开底现象"吗？这法则在没有得到中医不可科学化结论之前，或许可用，可惜现在已太晚了，而且用在此处殊觉碍于不伦。今日明达的中医，他们也知道旧说□□足恃，但为应付社会，维持生计起见，仍不得不用科学化三字以为抵御工具。正是彼以此来，我以此往。今日所待决的问题，不在中医能不能科学化，而在中医能不能减少。以至于自然的消灭问题，这问题已不是我们完全能解决的了。我们现在所能做到的是逐渐促使青年觉悟少去学中医，但以现在我国经济而论，也很难收效果的。因学中医与学西医的经济方面，有巨大的出入。这却要取决于经济了。因为他们既学了中医就不得不赖中医为生，既要赖此为生，就不得不保护本身的立场，说他们完全被进步文化所压始起而反抗，你却又猜错了。我敢相信，而且十分地相信，假如国家出一笔巨大资金，分给每个中医叫他们去另谋事业，除了生意好的中医外，是没有什么人肯说这是中国国粹而加保留的。假如一般中医都有先生所说的这样骨头，那中医已不是这样一团糟了。你看真的忠于本身学问的有多少？而先生说什么历史变动的前夜呀，社会变动的前夜呀等，完全是一串不着边际的滥调！至于科学化论争已成过去了的话，范先生已一再的声述，而先生偏是充耳不闻，而口中却不住地喊着什么进化论，假进化论作为论争的工具，人家看来，不免有点滑稽。所以我前次信中说你思想不彻底。矛盾那些话，并没有不合逻辑。这只要读者不是色盲的话，总可明白的。

凡要宣传一种主张，文化也是宣传的工具，宣传效力大小，是要看这工具的能否及远。《余氏医述》销数之不大，与医学革命没有影响吗？依先生所言，那么只要把《医述》印了一二部，就可发生"能使这少数中的大部分去从一般新医书"的效果了。这不知先生凭何种事实得来的结论？再，我没有说过"硬要买了'医述'而从中接受主张"的话，我不是一个专制魔王，要统一思想。我们主张是善意的劝导，而不用强迫手段，叫人就范。这有前信可以覆按的。

先生依然代"沟通派"人辩护，说用新名词是中医的进步证据。而一方又十分地努力反对沟通，先生的执拗，先生的矛盾程度，真有点可惊。如先生坚执认沟通派口中的肠窒扶斯即是"伤寒"，那我可告诉你,肠窒扶斯是日本人的译名,博医会中译为肠热病。顾名思义,它的病是在肠里的了。可是我们伤寒呢,《素问》中已有凡是热病,皆可称为伤寒,而《难经》中又分伤寒为五种。那么肠窒扶斯究竟热病中之那一种病呢?五种伤寒中之那一种呢?若说热病之肠热病,即是伤寒,或五种伤寒中之温病即是肠窒扶斯,那么原有的伤寒名词,又如何安置得下呢?这问题旧医方面,现在尚在论争未决,而在一反对沟通者的笔下,居然屈尊到地下掘一次阳沟,以"湿温温热、太阳阳明,乃滞留于症状认识底过程之中"等伟论来诠释它。湿温温热,中医无不作为病名看,那么肠窒扶斯是湿温乎?温热乎?在先生自己还没有明白之前,而却一再踌躇满志地赞叹中医认识肠窒扶斯是进步的。至中医处置肠窒扶斯不用攻下法,这大约先生的目睹,抑自己曾代人如此治疗。我却没有看到这种现象。汗、吐、下三法是旧医处置伤寒的大法。我相信他们不肯轻易扬弃的(可看沟通派《伤寒论》书)。因为这是他们的本位。至于一个病医不好而让给他人医,是很平凡的事,先生却又"沾沾自喜"地说旧医家人也愿意接受"注射",以为是中西医论争后所得结果。遗恨的是一般未见我们论争病家,从前请了旧医,但因为弄不好,而去求西医"注射",这也是实际情形,而且这情形是很普遍的。先生不知又用什么逻辑,以自圆其说?

先生要知推行新名词,并不是一件像先生笔杆下滑出了就行。有许多中西医上名词是可对照的。有许多名词,无论如何,也对照不出。这是从前国医馆统一病名工作失败之实际原因。你看全国旧医反对的文电交驰,大部分还不是借病对照得不对而反对吗(请检查当时旧医杂志)?旧医并不怕余云岫要他们在病历表上填上病名诊断,大部分旧医的方案,早已开着他们所认为病名诊断的。不必待余先生的挖苦而始实行。

先生又进一步说:"唐宗海确比前人进步,而谭次仲不用法说,比唐宗海进步。这不是出息吗?"唐宗海比前人进步在哪里?谭次仲比唐宗海进步哪里?大约唐宗海说油网就是古之三焦,谭次仲说气就是神经吧?请问这有什么科学根据?如其没有科学上的根据,那"进步""出息"等字眼是不能随便填写的。但这些字眼居然被一个痛恨沟通的思想彻底的人加上。这不能不说是逻辑上的一种奇迹。但我不痛恨先生，而是痛恨只知放毒汁主义的那班沟通家，为什么把不断的毒汁，向纯洁的青年脑海中送？以致他们罄太平洋之水而洗不清，而时时下意识地表现着？究竟这班纯洁的青年，与你们有何夙恨而定要毒杀他们？

医学与社会有关，自是事实，但要我们医家连带要负改革社会的责任，先生有此大力，而我辈有愧未能。先生的警句说，"医学改革，在社会改革之中"，那么负有改革社会的人，自亦有力来改革医学了。可是一班社会学家，对医学改革问题好似遗忘似地全不去注意它。这我自惭对于社会学没有深刻研究，所以我只能这般说医学与社会不能一同改造，就是我们有这个雄图，社会是否究许我们合作，先生既有此雄图，则我们都是社会一份子，愿先生从贵处照所示的计划做起，三年、五年之后，"高级化的理上论"必从贵处出发的。

老实说，先生这种成见，是错误的，古云：前事之不忘，后事之师也。先进国的医学，是否也是依照先生所开示的法则所得的。如果这样，请你举个例子来，而不要用许多不能令人了解的法则来搪塞。比如先生说：

社会改革论并不是机械地移用，而应把它在医学上（性质）、在中国医学上（空间）、在那社医学上（时间）特殊化。

先生这种妙论我们始终看不懂（先生的各篇文字中类此妙论很多），命意何在？什么"特殊化"法，我相信先生自己也觉得是莫明其妙的。难道得到"特殊化"便是医学改革之指针？可是这种新名词，只可用于玄学上，吓吓玄学鬼的。实践的论理家，不能定出难以令人捉摸的法则。同样地你个人杜撰出的那"时代给我们的课题，当前底工作"的五个原则，也是看不懂。我曾拿给朋友看（内中也有不少对社会学有研究而且有过著作的人），叫他们解释，他们也摇头说看不懂，内有一位姓萧朋友说，读先生的文字，比读《古文尚书》还难懂，并说请何先生自己不要用这"洋八股"的笔法译给我看。又多举例子以便帮助明了大作中的内容。大概我们这班朋友都没有读过先生所推荐的那些新的社会进化论书的缘故。既不知先生命意所在，我就不能随便答覆了。好在大札也登这里，还是让读者自己去"用手摸看"罢。

至先生反问我"中国医学就可一朝一夕改造成吗？"我以为社会

的进化，并不是侥幸可致的，也不是先生纸上开示那些莫明其妙的大而无当的"法则"就可成功。是一点一滴所积成功的。这一点一滴的成绩，就是社会上各门事业进步的表现，先积了无量数的点滴，才能推动社会进步的轮齿。而推动各门事业之进步，才是各门中人所当肩负的责任，过此限度，无论何人，都没有这力量。所以各们[门]事业能努力加速的推进，就是社会加速的推进。中国医学的改革进步，就是整个中国社会改革进步的一环。在我们本身的立场而言，自然要说改革中国医学是刻不容缓之事了。西洋所以有今日的进步，都受培根科学分类法。此稍知科学史的人，都耳熟能详。先生却反诘培根职业作梗，试问庞大无垠的社会，能由我们医家担得起改造责任吗？那真是"蝼蚁擎天"的企图。然而对于科学社会进化论深有研究的先生，竟发出这风狂般的夸论。真可谓不中事理之至了。

更可诧异的先生反诘我中国社会复杂，"则究竟有什么国家底社会单纯"？不知的以为这话的真是在乡僻而毫无知识的发问。而不知在南中一个有名商埠的汕头的何先生。三千年的太监，一千年的小脚，一百年的鸦片，五世同居的大家庭，寡妇的贞节坊，还有各处次殖民地的租界等（内中几种已消灭了）。这都不够中国社会复杂原因的证据吗？那么请问其他国家底社会有没有？一个掮着社会学家、历史学家、科学家、进化论家等牌子的人，闭上眼睛而不加思索地胡乱发问。简直是社会学、历史学……的笑话。

其他先生有许多支节问题和滥用新名词的地方，我都不能一一答覆和商榷了。

再，前信中有"你以又有余云岫先生……烙下难以泯灭的创痕"？原是"何以余云岫先生……烙下难以泯灭的创痕"之误。是误"何"为"你"，下有问号可证也。又你问我对前次大作中有人提出讨论否？截至此刻，还不见有人来向先生讨论，如有人来提出讨论，自当尽量批露本刊。至先生要二十份的前次大作，因一时忽略，以致版已拆除，遂未多印，如多要几份的话，我可将该期刊物多寄上几份如何？

宋大仁
七月二十六，晚

8月

据日本学者富士川游家藏抄本《医籍考》之影印本，由谱主斥资、撰序，并编纂书名、人名索引，中西医药研究社出版。

陈垣题诗曰："竹垞竹汀合一手，庶几医学之渊薮。成自东儒大是奇，实当史籍亡何有。卅载闻声富士川，梦中何幸到娜嬛。尝草见羽思鸮灸，喜遇医林复古年。"

王吉民题识曰："对于中国医药未来之展望，必应具有历史的眼光，故非博览历代医书不为功。然古籍繁多，流传甚少。或逸诸名山，未登柱史；或珍藏什袭，辗转失传。往往有其书而不得其名，难以搜集；或知其名已缺其书，亦无法罗致者。此日人多纪元胤所编之《医籍考》，实为无上名贵之佳作矣。查《医籍考》所搜罗之书共有2870余部，旁征博引，考证精详，诚集前人之大成，为史著之鸿业。学者苟能手此一篇，则于守先待后之道，思过半矣。"

是月，《中医科学化问题》在《中西医药》第2卷第8期发表。

11月

被聘为上海市民众常识指导委员会医药顾问。

11—12月

《医药与书画》以"海熙楼主"名在《中华医学杂志》第11、第12期发表云：

曩年中华医[医学]会、中华医史学会王吉民先生等，创设医史博物馆，搜罗有关中国历代之医药文物，以资观摩研究，实开我国医药之新纪录。予于习医前，曾从事于国画有年，是以有关医药之书画，予任访求集藏之质。先前医学家、书画家，曾未留意于此。良以学医者，未必熟谙书画。书画家亦鲜有研习医学。纵有若干材料，每散漫而不联系，因此举名相告，亦几寥若晨星。我国古代医学基础未立，各凭臆测，尽具偶

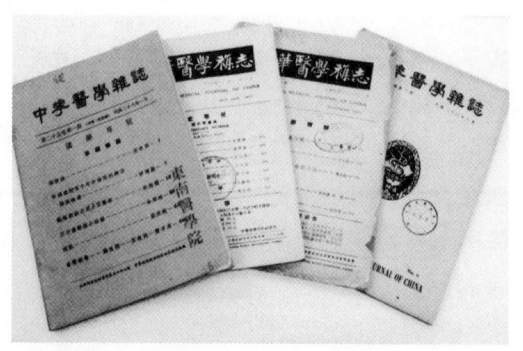

经常发表医史研究成果的《中华医学杂志》

尔之经验。尝为儒者所兼并，读书之余事。故医者之治病，一方一脉而已矣。至于工具，舍笔墨外无他技。惟其不离笔墨，乃假笔墨为排遣。兴到为之，不外山水花卉之作品，与医药有关者绝无而仅有。偶获一二，几等凤毛麟角。今欲广事搜罗，岂为易事，予以天性爱好，博稽考古，蓄志于此有年矣。曾参阅经籍图志五六百种，转辗探访，或重价转让，或购自冷摊，或设法临摹，或摄于影片。再加以考正题跋，重订装裱，分门别类，得：（一）药物图藉；（二）藏府图；（三）铜人图；（四）医药仙释画像；（五）先哲之医药书画；（六）石刻木简；（七）法帖；（八）医药八杰图；（九）医哲像传；（十）民间医药神像。固知遗珠尚多，但已初备大体。自问用心甚勤，代价不鲜。值此非常时期，物价飞腾，不则用以囤积居奇，相权子母，虽非大富，亦可小康，又何亟亟皇皇于衣食之是求耶？然而心爱之物，偶或展视，亦足以畅快心神。此虽无大补于我国医药，而予之生活过程，亦深足以自慰已。

《中国法医学简史》在《中华医学杂志》医史特辑第11、第12期发表。

1937年（丁丑）31岁

4月6日

偕王吉民、李涛等发起成立中华医史学会。

出席在上海第一医学院松德堂举行的第一届中华医史学会成立典礼。

6月

出席中西医药研究社第二届理事会；增设学术审议、中医教育、医史学、本草药、民间药、出版六委员会和中医药讼案鉴定委员会，任中医教育委员会主席。

宋大仁编《中医教育讨论集》

录《中西医药研究社社章》及职员表：

中西医药研究社社章
（二十六年六月第二届理事会修正）
第一章　总则

第一条　本社定名为中西医药研究社。

第二条　本社宗旨：

（一）联合中西医药人才，以科学方法整理中国医药文献。

（二）探讨医药学术，依据事实真理为标的，摈除派别之私见。

（三）宣传医药卫生常识，促进中国医药科学化及社会卫生化。

第三条　本社社址设于上海。

第二章　社员

第四条　本社社员分左列四种：

（一）社友　凡医药界同志，同情本社宗旨者，经本社理事会通过，得为社友。

（二）社员　具有左列资格之一，经理事会审查通过者为社员。

1. 入社已满两年之社友，时有研究工作报告或为本社服务著有成绩者。

2. 凡医药专科学校毕业，或领有政府卫生主管机关开业证书者。

具有前项资格而申请者，须提出论文，限于医学或药学之心得、发明，或中国新旧医药之评论，题目由本人自定之。

（三）基本社员　具有左列资格之一者，为基本社员。

1. 凡社员入赴已满五年，时有学术论文发表，经本社理事会通过者。

2. 对于中西医药之一科，确有研究，曾有特殊著作发表，经本社理事或基本社员二人之介绍提出理事会通过者。

（四）赞助社员　对于医药事业或技术富有经验，予本社以特殊助力者，经基本社员二人或本社理事提出理事会通过者。

第五条　（一）入社者须填具入社志愿书，略历，连同本人最近二寸半身相片（正面脱帽）三张，及入社费十元常年费五元，一并缴社，其入社在秋季者，本年度常费减半缴纳，手续不备者，不予审查。

（二）凡本社社员、社友，一次纳费六十元或每年缴纳十五元连续四年以上者，以后永久免除其社费。

第六条　社员经本社理事会通过后，先行发给社员认可书，满两年后，另发正式社员证书，得收证书费二元，社友通过后，发给社友证书，不另收费。

第七条　本社社员得享左列各项权利：

（一）出席社员大会。

（二）有选举、提案、发言权。

（三）有被选举、表决、否决权。（本款不适用于社友）

（四）有享用本社各项设备，或委托本社于可能范围内，代办参考书籍，或代搜集文献资料之权。

（五）遇有业务上纠纷时，得申请本社据理援助。

（六）免费享受本社刊物一种，及其他出版物之优待特价权。

第八条　本社社员有左列之义务：

（一）遵守本社章程及议决案，协助社务进行。

（二）宣扬本社宗旨，介绍忠实社员。

（三）按年缴纳社费。

（四）对于本社刊物襄助撰稿。

（五）随时报告研究业绩，及各该地方医药状况。

第九条　社员有左列情事之一者，经理事会通过，得取消其资格：

（一）自动申请出社者。

（二）故意不尽社员义务在一年以上者。

（三）为损害本社信誉之言论行动，查有实据者。

（四）有反革命行为者。

（五）褫夺公权者。

第三章　组织及任务

第十条　本社最高机关为社员大会，其职权如下：

（一）检讨过去社务，决定以后进行方针。

（二）审查本社预算及决算。

（三）通过修正章程，宣布新任职员。

（四）议决理事会及各社员提案。

（五）议决筹募基金，或特种捐款办法。

（六）其他理事会所不能解决之重大事务。

第十一条　本社设理事会，为社员大会闭幕后之执行机关；由大会产生理事九人至十一人组织之；更由理事会互推三人，为常务理事。执行大会或理事会之决议，并处理其他一切事务，对外代表本社。任期两年，连选得连任之。

第十二条　本社理事之选举，得由理事会于任期届满两个月前就基本社员中推选五人至七人为司选委员，负责拟定当选人数两倍之名单，分发各社员圈选，以最多数者当选，次多数前五名为候补；遇缺依次递补。

第十三条　本社理事会设总务部；其下分设秘书、会计、庶务、图书调查各科，于必要时，得由理事会议决添设。主任由理事会就社员中选聘，秉承常务理事意志处理日常一切事务，其组织规程及办事细则，由理事会另订之。

第十四条　本社理事会设各种专门委员会，选聘社员之学有专长者为委员，分别办理本社研究、鉴定、出版等事宜，并得随时增设特种委员会。其组织规程另订之。

第十五条　本社设董事会，章程由董事会自订之。

第十六条　每一地方有社员、社友，在十五人以上者，得组织分社，其经费以各该地方社员、社友常年费之半数充之，章程由理事会另订。

第十七条　本社得于已有社员或社友地方，设立办事处或委托社员、社友，为当地医药考察专员。其章程均由理事会另订之。

第十八条　本社得聘请医药专家或其他专家为顾问。

第十九条　本社社员大会每年举行一次，其日期、地点，由理事会定之。并先期通告各社员。

第二十条　大会以社员、社友总数二分一以上之出席举行。提案以出席社员过半数之同意决议，可否同数时；取决于主席。

第二十一条　社员因业务或其他原因，不能出席大会时，得具函委托其他社员代表出席，并先期函告大会秘书处。

第二十二条　本社理事会议每三个月举行一次，由常务理事召集之；总务部主任，各委员会主席，均得列席。必要时得由常务理事或理事三分之一连名召集临时理事会议。

第二十三条 本社遇有特别重要事件，得由理事会议决，召集临时社员大会解决之；如因特殊原因不能召集，或大会不足法定人数时，则以通信方式表决之。

第四章 经费

第二十四条 本社经费以社员等入社常年各费及出版物之收入充之，如因其他必要，需用巨款时，得由社员大会，或理事会议决，筹募特捐补充之。

第五章 出版

第二十五条 本社出版物分刊物及书籍两种。

前项出版物之原稿，须经本社专门委员会审定。

第六章 附则

第二十六条 本章程如有未尽事宜，得由理事会提出修正草案，经社员大会通过后，修改之。

第二十七条 本章程经理事会遵照大会议决修正后，呈请当地主管机关分呈中央核准施行。[1]

中西医药研究社职员表

董事会：

朱恒璧（董事长） 郭琦元（副董事长） 余云岫 吴祥凤 王子玕 王吉民 鲁德馨 丁福保 翁之龙 江清 阎德润 洪伯容 王吉人 王用宾 陈立夫 陈文虎 胡先骕 吴承洛

理事会：

宋大仁（常务） 范行准（常务） 洪贯之（常务） 沈乾一 叶劲秋 林椿年 张俊英 罗文亮 张志坚

总务部：

张俊英（主任） 张幼安（秘书） 张志坚（会计） 李乾初（庶务） 钟济平 唐景韩（调查） 沈警凡（图书）

学术审议委员会：

---

[1] 宋大仁：《中医教育讨论集》，中西医药研究社，1939。

余云岫（主席） 范行准（秘书） 朱恒璧 郭琦元 鲁德馨 黄雯 黄素封 曾广方 林椿年

医史学委员会：

范行准（主席） 洪贯之（秘书） 王吉民 陶炽孙 宋大仁

本草药委员会：

顾学箕（主席） 叶劲秋（秘书） 余云岫 周师洛 黄劳逸

民间药委员会：

洪贯之（主席） 沈警凡（秘书） 叶橘泉 顾学箕 夏以煌

中医教育委员会：

宋大仁（主席） 沈乾一（秘书） 洪贯之 张俊英 叶劲秋

中医药讼案鉴定委员会：

司法行政部特准备案 名单从略

出版委员会：

萧叔轩（主席） 张幼安（秘书） 梁心 范行准 江晦鸣 沈乾一 罗文亮 钟之英 邓继禹 顾保罗 徐元甫

7月

《读〈如何学习中医和今后的中医〉书后》在《中西医药》第3卷第7期发表：

最近《大美晚报》"社会服务栏"曾揭载叶劲秋兄的《如何学习中医和今后的中医》一文，这个问题，确是目前需要讨论而且值得讨论的问题。叶先生是开业多年的中医，历任上海各中医学校教授之职。数年前予创组中西医药研究社，先生亦为基本同志之一，后复研究于省立医政学院，凡是中医界一切错误之点，都能毫不客气地揭出，不因立场地位关系，而自掩其短，正是不可多得的，现在这篇文字，大致无讹，不过有几处地方，措词未免欠妥，因为既是对大众发表的，有些地方很可能引起人家的误解，不能不把它提出来讨论一下，简单地写几句书后，想原著者一定也可以同意的罢！

做开业的中医，对于病家的心理，当然是不能不顾到的，但是诊治方法的施用，却不能不以学理为依归，迁就病人，马虎了事，这是绝对不合理的。做中医和做西医，因为传统习惯关系，当然不能尽同，在应付头脑陈旧顽固病人时，或病人是个毫无知识的，那末表面上给他说些理气、理湿、化痰等，也是出于不得已，而实际处方还是一本科学，这就算不得大错，也免得人家要说你不中不西，但是，如果头脑清楚的知识界人，可不能也一概如此，还要对他们详细地说明，灌输新理才是，否则无形中已做了医学革命的障碍者了。

中国过去因政治腐败，社会教育不能普及，几千年错误的传统思想，差不多还支配着现代中国每一阶层的大部分人，所以病人差不多都自有主张，应该平肝、去湿、理气、化痰，尽量向医生贡献意见，这在执业上可够讨厌了，如果违背他的意旨，就根本不会信仰你，顺了他呢？就只有做不合理的勾当，如何使得。虽然这也是过渡时期必然的现象，不过也是中医们自己没有上轨道，倘然中医们能够大家都像叶先生一样，一致来和这特殊的环境奋斗，那末病人总不能永远不登中医之门，当然还是要来请教的。这样一来每个中医业务之能否发展，便完全由各人学术智能之优劣，而决定他的前途，所以适应病人的心理是可以的，实在就是"君子可欺以其方"的做法，如果以病人之意旨为意旨，完全顺着他，这就违背了执业的原则，又哪里可以"以医自命"呢？

至于乡间不接受预防常识的宣传，这也是整个的社会教育问题，政治各方面都不上轨道，要想"预防宣传"获得成效，这也是不可能的，乡下人根本就不信有细菌这样东西——其实是不懂，的确，有时他们吃了许多苍蝇，也不一定生病，但是科学医不是已经说过吗？一个人的胃酸特强者，虽然有霍乱病菌侵入，也可以不发生疾病。可是一个人的胃酸强度如何，自己是无法预知的，不能因为偶有一二例，就说可以免疫学来解释，这是不对的。况且细菌为苍蝇所传布，其数量也有多少，如果吃下去的苍蝇，恰巧它的细菌很少，或者就可以无害。细菌为传染病的绝对病原，已是无可否认的事实了，虽然有时还须有诱因的配合，但是如果不曾感染细菌，无论诱因的条件如何具备，尽是受冻挨饥，身体抵抗如何减弱，也根本不会发生传染性疾病的。所以在宣传预防常识的时候，不论是否乡下人，倘然他们提出这种事实发生疑问，应该详细解释，说明其所以然，才能达到宣传之效。我曾见过许多宣传卫生常识的人，大都是以肯定式的口吻，很严肃地说上一大篇，应该如何如何就完了，根本不提出理由事实反复证明，总是用训话的态度把顽愚不灵、主观很深的乡人,教训一顿,使人先已发生恶感,又哪里能够得到些微的效果呢?我不能不佩服传教士的宣传技能,成就委实惊人,因势利导,无微不入,竟使愚夫愚妇,一变其素来之习惯,深信不疑;这种宣传的精神,真是值得我们效法的。

要做一个开业的中医,本不是一件难事,只要读读《汤头歌诀》《本草从新》《临症指南》等等,也就可以自命中医,人家也不敢不承认他是中医,不过今后的中医,应该有一个最低的标准了!叶先生说:生理、解剖、病理、诊断等等,在今后的中医必须全盘接受科学新理,且无商量讨论的余地,诊治上的特点必领加以科学的证验,治疗方面,须容纳各方各法;现在教育部公布中医学校课程,内容也包括了新医学的各部门,这在我们主张医事改进的人,是绝对同意而且拥护的。不过这样一来,事实上可就有问题了,已经开业的中医,应否严加甄别,予以补充讲习,以期符合标准,这是卫生行政的问题,现在姑且不谈,只是中医向来就只有对症疗法,用科学方法诊断明白的病名,在中医书里是找不出来的,那末"病"虽然已经确定,究竟该用什么中药治疗呢?现在可还没有一本科学解释的《中药治疗学》书可用,无论学校教授,从师自修,旧的书籍当然是不适用了;就是讲对症疗法,中医方书里面的药方,着实有不少是根本无效的,应如何选择施用,难有标准,中医治疗学教本之编订,也是文献整理工作之一,应该郑重将[1]事。但是现在整理工作,尚在萌芽时期,又非少数人一手一足之烈,所能完成,除基础各科学识灌输之外,一边还应该指示他们研究中国医药文献的途径,如此他们所得的科学知识,多少可以施之于实际的应用,于中医现状之改善,也不为无补,否则学理尽管是科学,临症实用,却无法使之合于科学,仍旧凭着臆测推断,随便用药,毫无改进,那末生理、病理等新说之灌输,也是罔然从劳,又有什么用处呢?本来中医学校是无须另起炉灶、独树一帜的,只消在医学院里面设立讲座以资研究,就可以了!只是为了过去中医界的"誓死力争",通电请愿,胡闹一阵,所以才有这种过渡办法,暂准设校,可是在事实上,就发生许多困难不易解决了!

自中医条例公布,职业已有保障,维持饭碗,已是不成问题,最

---

[1] "将"疑为"其"。

近教部又公布了中医专科的课程标准，可见政府并没有消灭中医、唾弃国粹的成见，不过"国糟国粕"的玄说，和"粗制滥造"的资格，却不能不弄个明白，想中医界的先生们也可以放心了！今后的中医，既已与西医同样取得法律上平等的地位，对于公共卫生等工作参加，当然"义不容辞"，不能再顽固地站在反对地位阻挠进化，应该一致负起责来，共同奋斗！虽然私人授徒的制度应否取消，尚无明文规定，但是决不能获得健全的知识，而且难以取得开业资格，当然不能永久存在的，此后有志学习中医者，只有入经政府准许设立依据课程标准教授的中医学校，去接受全部新医学术和固有的治验方术，这是毫无疑义的。将来出来做个医生哪里还有中西之分，稍稍不同者，也只在药物应用方面，一为原料药，一为精制药，略有区别罢了，行之既久，自然社会上也就没有中西医的称呼；新中医既然事事合理化而脱离玄说的窠臼，便不致为人所诟病，争取平等，发扬国光，舍此莫由。至于已开业的中医，至少对于科学新医理论，也应该略有认识，否则难免落伍，必归淘汰，又哪里能够和新中医争"一日之长"。现在让我把应该过目各书，择其浅显易明者，一一介绍出来，附于篇末，不仅为开业中医的补充读物，亦且为学医之门径，等到读完之后，更进而求其高深，尚门巨著，何止万千，可以自由选购，研究尚精，循序渐进，抑有何难？否则入校求学之初，对于专门课本，恐尚不能了解其内容，岂不糟糕。所有中医旧籍，应该先看何种为主，方切实用，凡是做中医的都晓得，也无须我来"越俎代谋"，不过我却要进一忠告，就是多看方书，莫谈玄理，便不致迷于玄说不能自拔，再蹈前人之覆辙了！我后面所介绍的徐氏六种，也只为研究参考之用而已。

关于今后中医应取之途径，大致已如上述，本来本文可以就此结束，不过叶先生原文还有几处未加深思，稍有错误，也得提出叙述一下。叶先生说"西医渺视中药是错误"，这在二三十年前确有这样的事实，现在已经成为过去的了！新药之中，不是已有许多国产药材的制剂吗？简单地举几种，像 ephedrine, eumeno, sinomenine, zinomin, ginsenin, 等，本国制造者有 ephedrinae, paedi, omensal, fancnol. polygasol, simalin, gimlnor, antihustin 等等，这都是近来新医常用的中药科学制品，又何尝渺视其功能呢？只是中药的原料生药，成分复杂，尚含有为别种药物所共有之成分，未经科学操作，提出有效成分加以精制，其含量极不准确，究竟每钱每两中含有效成分若干，无法测定，所以不能随便应用。还有一层，恐怕叶先生没有注意到，中医处方是以汤药煎剂居绝对多数，但有许多生药中的有效成分，根本是不溶于水的，或者受了热度，成分已发生变化，那末即使经科学研究有效的，用之于临床，也不一定有效，所以要靠汤药煎剂来发挥一切中药的功能，这也是不可能的啊！

叶先生说：请教西医则诊费、药费、检验费等，都比较中医要贵，但是今后新中医应用科学的诊断，则检验诸费，也是有的，要晓得检验在诊断上的重要性，无论如何省不了的，不独细菌性及寄生虫性各种疾患，当然除检验不能明了病原；其他的许多病，也需要经过验血、验尿……手续，才鉴别得出真相来，所以比较起来一次检验所费不过数元，要是由中医用旧的望、闻、问、切方法来诊治，杂药乱投，退一步言，即无大害，然因迁延时日而耗去的药费，恐怕要十百倍于检验费，结果病仍不愈，这才真不上算哩！记得《新闻夜报》夜声主编张剑侯君在《女儿翔英之死》一段小文里说："我因了翔英之死，得着了一个教训，就是一有了病，热度不退，就应当赶快请西医检验，或用Ｘ光照视，或抽验血粪，总之要把毛病的症结寻找了，然后对症发药，中医也好，西医也好。"不禁有后悔已迟之感，所以发为文章，以醒世人，这是再好没有的。如果说贫病者恐怕负担不起诸种费用，那末一元钱的诊费，几角钱的药费，一般劳苦大众同样是负担不起的；必需多设医院，免费诊疗，才是办法，这已是整个的社会问题了！

普设乡村医院，是目前最需要的事情，可惜没有人去做。我们并不是没有慈善机关，举办医院，不过他们只肯办糊里糊涂的中医院，送诊给药，一年所费去的资金，也着实可观（但是能够注意到乡村的，简直可以说没有）。院里的医生也多半是经验缺乏、学识不足的人，有些慈善机关还印些单方，介绍病人试服，更是大大不妥。他们虽然把它印送出来，但是究竟有否实效，连他们自己也不知道。即使偶有几张单方是灵验的，凭着简单的民间传说，可治某症某病——如腹痛、下痢、呕吐等等，但是究属于何种疾病之腹痛或下痢，却无明白区分，叫人试服不能中病，即使无害，也已经耽误了病机，真是万万要不得的。叶先生希望今后的中医能够从事乡村医院的工作，当然是很好的；但是在诊断方面，也须依据科学，丝毫不苟，治疗应用，也不能单凭汤药丸散，亦得兼用新的方术，如此才能有助于中国医事的改进。至于病房之设置，应该三等最多，二等次之，头等又次之，这因农村经济枯竭，普设医院，应当尽量容纳贫病才是，城市尚且如此，何况乡村。叶先生却主张头等多于二等，二等多于三等，其理由何在，未有说明，这里也无从悬揣了。

附：中医补充读物及参考用书（略）。

8月

"八一三"战事爆发后，得友人张志坚医师帮助，暂假山西医院设上海胃肠病诊所（据《自传》）。中西医药研究社对外社务停顿，从事整理本草、编著汇刊及中医教本等工作；该社图书馆四万余册医药藏书大部在战时被毁。

9月

《中西医药》停刊，改出《医药与救亡》月刊，以作抗战时期医药宣传；撰写《弁言》。

10月

《医药与救亡》第2期出版后，因经费原因而告停刊。

本年，撰《中医药讼案鉴定委员会缘起》；编订《中西医药》月刊三大册。

拟订编辑《胃肠病丛书》计划，计有《中国消化器病史》《辟肝胃气痛说》《胃肠病全书》《胃肠病检查法》《胃镜摄影术》《胃肠病类症鉴别诊断学》《胃肠病理纲要》《消化器病理图谱》（照片三百种）、《三十年来消化器病论文中文目录》《世界消化器病学论文索引》《世界消化器病学图书目录索引》《胃肠病历代名医验案汇编》《胃肠病单方汇编》《胃肠病丸散膏丹汇编》《消化器病中外药物制剂引得》《胃脏大出血及其治疗》《胃癌肠癌之早期诊断》《膈症治疗心得》《胃肠病最新文献摘要》《痢疾刍言》《怎样防治泻痢》《疫痢之正确疗法》《第一届胃肠病展览及医药书画展览提要》《上海胃肠病院六周纪念册》《胃肠病常识》《腹痛之分析》《胃肠病饮食指南》27种。

1938年（戊寅）32岁

本年，撰《胃肠病检查法》《胃肠病类症鉴别诊断学》；选编《中西医药月刊医史论文选集》《中医艺术论讨论集》；撰《医药书画题名录》《海煦楼医药书画题跋》。

1939年（己卯）33岁

11月

为中西医药研究社选编《中医教育讨论集》撰序及《读〈如何学习中医和今后的中医〉》书后。序曰：

夫中国医学，至汉唐而大盛，然学术之传授，都由私人，国家初无法令规定，为习医之准则也。唐代虽有教授医师、针师，考选登用之举，宋元以后，更设有医学，其及格者，为御医、医官，盖系一种公职，非为一般人民习医者而设。直至有清末叶，京师大学堂设立医学实业馆，招生数十人，分授中西医学，后改京师专门医学馆；同时端方总督两江，以医学一科，民命攸关，特令凡在省垣行医者，一律须经考试，考取中等以上者，给予行医凭证，并在中西医院内，附设医学研究所，仍令考取中等以上各生，入所讲习，为政府建立中医教育与执行开业试验之先声，未几而清社已覆，民国肇建，教长汪大燮氏，以吾国医术毫无科学根据，即力主废去中医，于医学课程，专取新法，乃有余伯陶等组织所谓医药救亡请愿团，推举代表，及分呈国务院、教育部，请保存中医中药，并设立神州医校，以示抗争；民四又有上海中医专门学校呈请立案之举，俱未邀批准，而事实上已有中医学校之存在，所有卒业学生，亦由各地地方政府考试登记，准其开业矣！然在民十七以前，中医设校者尚少，自中央卫生会议提出废止旧医议案后，群情惶恐，除组织全国医联，推举代表，涕泣陈词以外，各地又纷纷设立中医学校，其数量之多，既超越新医学校而上之，而内容之杂，尤为前此所未有，不论学社、讲习所、传习所等卒业者，均有证书，地方政府于执业试验，虽有考询委员会之组织，但其委员又大都为各校教授或董事，则及格自无问题，所有中央废止旧医一案，亦无形搁置，未见实施，惟不承认中医职业地位及中医学制，依然如昔，亦无管理及取缔之明文，放任不理，至各地方政府，则于事实上几已默许其存在矣。

自谭延闿、胡汉民等发起组织中央国医馆，揭橥以科学方式整理中国医药之旨，耳目为之一新，所有馆中经费，亦由中央补助，宜可集中人才，就旧有医药文献，作统盘整理，定其取舍，以纳于科学之轨矣。奈成立将届十载，年耗巨款，一事无成，虽有一二头脑清新之士，参与其间，亦以人微言轻，无能为力；其主持者，竟欲舍弃学术团体应有之任务，而为行政权力之活动，设立分馆，颁布条例，俨然机关，非能效忠于学术，遂为有识者所诟病。及至五全大会开会于南京，由冯玉祥等提出中西医应平等待遇并准许中医设立学校案，嗣经决议：交中执会办理，而搁置已久之中医条例，乃由国府明令公布，曾在中医学校毕业得有证书者，亦列为资格之一。于是中医学校认许立案问题，随之而起。乃有焦易堂等五十三人提议责成教育部明令规定中医教学规程，编入教育学制系统以便兴办学校一案，后由中政会教育专门委员会审查结果：应参照医学专门学校暂行课目表办理，得加设特别课目，而卫生署因管理中医事宜，又特设中医委员会。故中医教育规程，即经中政会第三九次会议决议：由教育部会同卫生署中医委员会参照医专暂行课目表，妥为拟定，并经国府分令遵照在案，嗣由中医委员会派员与教育部医育会秘书数度接洽，迄无端倪。一方中医委员会又发出公告，征集教材，而各地中医会校组织教材编辑委员会之议，亦重新复活，只以取材标准，主张不一，编辑整理，大感困难，不得不无形停顿。未几，"八一三"事变发生，国都西迁，热闹一时之中医教育问题，顿形沉寂，久不闻其消息。直至去冬，中医委员会及国医馆之一部分人员在渝发起中国医药教育社，并由各委员草拟中医学校暂行通则及课目表，呈请卫生署转商教部核定施行，于是中医专科学校课目表，经教部考虑后，业于本年五月间修正公布，并定二十八年度起一律试行。是纷扰二十余年之中医教育问题，亦既取得法律上之地位，至此乃可告一段落矣！

惟是暂行课目虽经公布，而教材大纲，尚未颁行，课本编订标准如何犹有问题，目前沪上各中医校已自动集议，延聘专家，编审课本，而中国医药教育社亦原有教材编纂委员会之组织，其成绩若何，未敢预测！惟以过去一般情形观之，恐亦难有成就；症结所在盖为大部分中医，尚不肯放弃成见，服膺科学，故主张殊不一致，则歧行不至，疑事无功，理有固然矣！

夫中医独立设校，吾人原不十分赞同，若为研究改进之计，只须在医学院或大学医科，设立中医专门讲座已足，盖不根据科学原理为改进之准则，而欲发扬国粹，实无他途。至于中医职业人才，已足敷全国需要而有余，即以江浙一隅而论，已超出全国新医总数之若干倍，就平等原则言之，实无再事大量产生之必要。以吾所知，近年中医产生之数量，并不因政府不承认其法律地位而减少，且因之而增多，一方私人传习之风，亦未尝稍受影响。今若承认中医学校有法律上之地位，无形造成新旧两医之永久对峙，是否有利于吾国医学之改进？不能无疑。但就目前形势而观，不容或缓者，乃中医之补习教育，与应用科学研究旧有经验，为改进的整理，而非制造中医职业人员之教育也。即以保存旧医一点言之，则虽停止中医教育二十年，亦决无国粹沦亡之恫，何必急急！今当局者乃急其所当缓，缓其所当急，诚令人百思不得其解。更环顾国内未立案之中医专校，依然存在，且续有设立，关于教材大纲，虽已由医育会着手起草，完成不知何日，而医育会诸公，纯为科学新医，近虽有中医份子加入，但非能博通新旧医术而富于临症经验者，订立规程，恐亦未能适合实际需要，至于具体教材课本，更非短期间所能全部整理，苟由各校教员自行编辑，其能深明科学，服膺真理，态度严正者，实属罕见，如陆渊雷、谭次仲辈，因主张沟通，思想未尽彻底，固亦尝为吾人抨击之对象，然而旷观全国，求其稍能倾向新学如两氏者，又能得几人犹且不容于同道，诬为投降西医深恶痛绝，茫茫大地，谁是师资，吾不能不为中医教育前途抱无限悲观已！

本集付印于廿六年秋，未几而沪战爆发，本社社址，适为战区仓皇迁避，所有藏书，亦半付劫灰，未及取出，此编因在印刷，尚未装订，幸免兵燹之厄；惟编印在两年以前，似乎已为明日黄花，但时虽过而境犹未迁，在教材标准尚未确定之今日，既可为医育会起草之参考，自不失其存在之价值与重要性也，因加以整理，并补入最近公布之课目表全文，与本社同人之意见，及关系文献为前所未录者，汇集重装。惟原有文稿，早经印就，若重行编次，付印出版又将迟延数月，故即以附诸卷首，于编制形式上，虽欠整齐，但课目表公布以后之文献，可以自成段落，检查亦殊便利。所有历年讨论中医教育之重要文献，虽不能谓为完备无遗，然主张与反对者之观点如何，已略可窥见，苟读者能平心静气而观之，孰非孰是，自有定评。盖中医设校之原则，倘不能悉本科学，从事改进，则教材整理，去取之间，便无标准，而临症之实际，亦无改善之望，是基础学科虽已接受新医，但学理与应用，毫无联系，绝然殊途，则又何益！无怪顽固者，谓课目表之公布，为徒乱人意，视为无足重轻矣！甚望教育当局，能考虑吾人之意见，凡中医各科教材，必须彻底重编，编纂人选，须有中医临症经验，兼通新医学理者，始为合格。若学校之设备，亦应与医专为同一标准；余如开业中医之补习，师资之训练研究机关之设立，私人传授之取缔，均为今日之要图，应与卫生署会商决定，分别实施，以奠立基础；否则，一纸课目表之空文，适足为推动医事改进之障碍而已！心所谓危，不敢不言，至于社会之反感如何，原非所计；当道不乏明达，倘能洞察利害，锐意革新，或因而有所垂询于同人，亦未可知，予日望之矣！

《中国消化器病史概说》在《中华医学杂志》第11期发表。

冬

改绘《稚川炼丹》《勋臣改错》图。

本年，自山西医院迁至静安寺愚园路新华园33号，开办上海胃肠病院，自任院长；开设门诊、出诊、疗养等业务，设立头等、二等病房，统治胃炎、胃酸过多、胃下垂、胃溃疡、十二指肠溃疡、神经性胃病、胃癌、胃膈及一切肝胆疾患，并治肠炎、肠溃疡、盲肠炎、肠狭窄、肠结核、伤寒、小儿下痢、菌性赤痢

位于静安寺的上海胃肠病院（1947年后改名"上海胃肠诊疗所"）（采自宋大仁《国父与医学及其肝病经过》）

及一切寄生虫疾患。[1]

撰《胃肠检查和摄影术》《三十年来消化器病论文中文目录》；选编《中医教育讨论集》《中医科学化论战选集》等。

1940年（庚辰）34岁

10月10日

为北齐龙门治疾方拓本题跋：

北齐龙门治疾方明拓本[2]

光绪甲辰得于嘉兴新篁里张氏

壬申年秋漆月付装裱　褚德彝记印

此明拓本龙门古药方二幅，旧为张叔未清仪阁物，光绪间归于余杭褚德彝

上海胃肠病院内景（上为头等病房，下为二等病房）（采自宋大仁《国父与医学及其肝病经过》）

先生，数十年来外界鲜有知者，余友范君行准踪迹数年始得其所，颇有请藏者割爱之意，而褚先生执不可。嗣以行准之精诚，终被歆动，惟索价殊昂，乃嗒然而返。盖行准有志于网罗唐宋以前医家遗文坠绪，故旁及甲骨、木简、吉金、贞石也，余近年以来亦欲收藏有关医学上

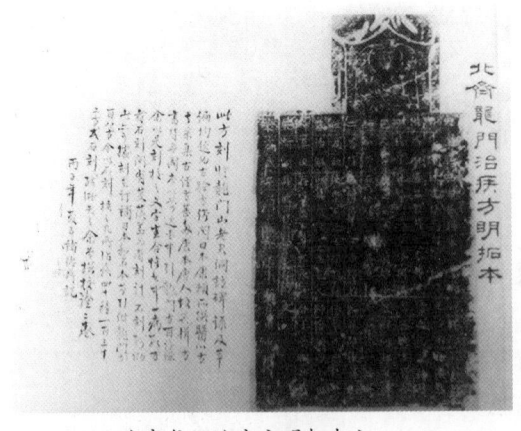

北齐龙门治疾方明拓本之一

北齐龙门治疾方明拓本之二

---

[1] 宋大仁：《国父与医药及其肝病经过》，中西医药研究社，1943。

[2] 据张瑞贤主编之《龙门药方释疑》（河南医科大学出版社1999年版）考，该拓本非明拓，而是早期清拓，详见该书第103页。

之文物，顾无余晷，徒托空愿，乃承行准告知此事，不知此石亦余寤寐求之有年者，骤闻其言如获捷音，即偕往如价购归，重付装潢，为吾海煕楼第一次收藏有关医学之拓片，足慰饥渴，而行准归美之雅意甚可感也，至此石在医史上之价值，则行准他日有《龙门古药方考》一书问世，必有及之者，余固不必先作赘言也。

庚辰国庆日中山宋大仁记
宋大仁（印）海煕楼（印）

11月8日

加入京都日本消化器病研究会，为该会外籍会员[1]。

本年，撰《中国胃肠病史》（英文），《胃肠病理纲要》《消化器病理图谱》（三百种）及序，《胃肠病丛书·总序》《全刊素问精要宣明论方·跋》《元刊世医得效方·跋》《宋元医药书影》并跋，《钟馗考》等。

1941年（辛巳）35岁

3月9日

范行准为海煕楼藏《龙门药方》拓本题跋，云：

此拓本龙门古药方，为予寤寐求之十年而始得者也。初予读清王昶《金石萃编》载有"北齐道兴造像记并治疾方"，即存心访索。时

龙门药方洞外景（采自张瑞贤主编《龙门药方释疑》）

龙门药方洞内佛像（采自张瑞贤主编《龙门药方释疑》）

[1] 据"履历书"。

询市上碑肆，胥无此石。惟前岁在听涛山房获张叔未旧蓄龙门造像散册一帙，每叶均钤有张廷济叔未朱白文印，内数叶即古药方也。九鼎一脔，聊慰衷曲。嗣读杨家骆《丛书大辞典》载褚德彝松窗辑著书，有《龙门古药方考证》二卷。因多方踪迹褚丈寓庐，久乃得之。又历

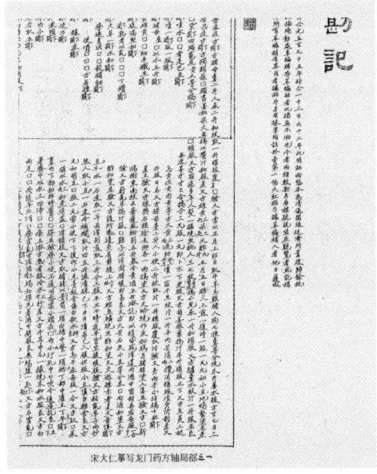

宋大仁摹写龙门药方轴局部之一　　宋大仁摹写龙门药方轴局部之二

多方曲折，始将此本归之海煦楼，盖耗时且二载矣。一石之难得如此，可不宝邪？暇日假归，与《萃编》略事比勘，则述庵所见之本较此拓为长，因此拓残泐处《萃编》犹存，《萃编》缺者此拓无不泐也。至此石碑记与药方，历来金石家皆以为北齐时同刻者，予窃不许。像记固北齐所造，药方实唐显庆后好事者所为。然亦不失吾国最古之碑方也。医方之勒石者，自此石以降，何代无之？顾不毁于兵火，即为牧竖蹂躏。而山樵田父，亦时以之为厉刃架桥之用，古方佳石同归覆没。此石岁历千祀，不糜于荒烟蔓草中，宁非幸也！惟近亦不知其存云如何，为可念耳！褚丈考证书成未梓，予之《龙门古药方考》，因人事禄禄，亦未杀青。雅愿据其弱腕以成之，姑志此以为息壤。辛巳（公元1941年）花朝日，范行准证。"行准""范适"（印）[1]。

是月，撰《艺林医人录》（稿本），辑录我国194位艺林医人的姓名、籍贯、字号、医著、诗文、书画等事迹。序云：

[1] 张瑞贤：《龙门药方释疑》，河南医科大学出版社，1999，第100页。

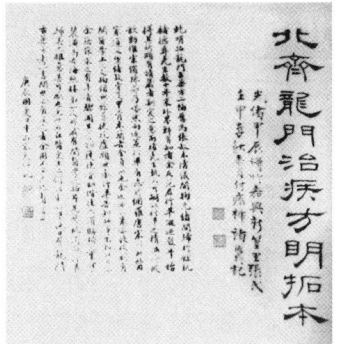 

北齐龙门治疾方明拓　　《龙门药方释疑》书影
本宋大仁题跋

 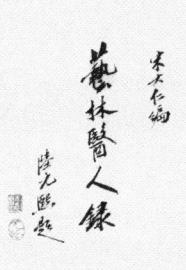 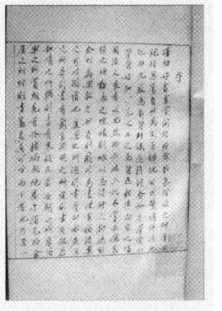

宋大仁编《艺林医人录》（稿本）　宋大仁编《艺林医人　宋大仁编《艺林医
（藏上海中医药大学图书馆）　　　录·序》首页（稿本）　　人录》扉页

　　泽幼好书画，尝阅《朝野金鉴》，载慕僧繇之神笔，因就绢写鹰，自以为侧首睥睨，可以惊鸠怖鸽也。既而先严为庸医所误，遽捐馆舍，于是泽愤而学医，始知范文正之为医为相，陆忠宣之活国活人，良有以也。然而"六法""三祖"，未尝去怀。盖情之所动，表之雅顺，则咏以为诗；舒之抑扬，则奏以为乐；状之妙肖，则图以为画；故画犹诗乐之，可以闲情也。康乐之所游，则画有山水；屈原之所寄，则画有兰茝；渊明之所爱，则画有傲菊；和靖之所偶，则画有寒梅至若安期之所乘，伯乐之所赏，或见首于楮端，或绝尘于绢尾；而金屋之所贮，则画里真真可呼而下者也。乃至一草一木，变化万千，则情之所托，有非诗乐之所能及者也。

　　然而泽为诊务所扰，不克握笔，于是求元宋之颠［巅］，云林之迂，张之壁，寓之目，则高山大泽，芳草美人，骏马神龙，恣余情之所放，则康乐、渊明亦将瞠目于后矣。偶得青主画，慨然有感，以为古之人，亦有如泽之习医爱画者，因披览典籍，得医画兼擅者若干人，录诸手册。时适中华医史学会拟购医人艺事，以供陈列，然而画贾云集，咸谓此医人书也、医人画也，购者瞠然不知所措，此果为医人书画邪！欲检则无书，欲询则无人，乃商之泽，泽因以笔录所得，供其参考。虽不敢谓箧中秘笈，要亦不无小补也。因自为之序[1]。

6月

《胃肠病丛书》之一《胃肠病饮食指南》由中西医药研究社出版，叙食物学总论、食物学各论、调味品、嗜好品、食物的质量及配合、怎样进食以及胃病饮食法、肠病的食饮法、实用对症饮食指南（又名《食物词典》）等。在"赘言"中云："这本小册子，对于患胃肠病时饮食的节制，已经条分缕析，不厌其详，但是饮食为什么必须节制呢？无非要节省胃肠的劳动，促其早复健康，同时，又要顾到病人的营养，勿使他感到不足，因为这既病的胃肠，

《胃肠病饮食指南》

如果再不好好地保护，任它去摄取有刺激或不易消化的食物，强令消化器从事过分的工作，其危险的后果，恰似使病牛去耕耘硗确山地，只消稍加鞭挞，它便筋疲力尽而倒，到了这个地步，可就无法挽救了，所以患胃肠病的，必须深体此意。对这本小册中何者为宜，何者为忌，当严格遵守。有了这一本小册子，作诸君的卫生顾问，那么诸君于治疗胃肠病时，便格外好得快了，如其觉得病势必须重复检查，那仍须请专家诊察，因为这本小册子仅是指导病家饮食的宜忌而作的。"

7月

《疫痢之正确疗法》在《现代医学》第3卷第7期发表；《古今消化器图一览》绘成。

夏

撰《胃肠病丛书·总序》云：

吾人一生之精神与体力，恒劳动不已，不宁惟是，举凡心脏之搏

---

[1] 上海中医药大学中医古籍馆藏稿本。

动，肺部之呼吸，废物之排泄，血液之循环，胃肠之营运，甚至每一细胞间之活动，其原动力皆要仰给于体内之养料。则身体成分，当然亦时刻消耗而无间歇，老者废退，新者补充，诸如毛发、皮肤等尤为明显。然既须损失，必加以动力，又需来源，若无营养以补给之，则身体奚克支持，于是不得不摄取饮食物而消化之，集其精华，运至身体各部，此重要责任，消化器官实司掌之。尤以胃肠为其干部，设或发生障碍，则摄食减少，消化不良，营养之补给，即难满意，于是体躯羸瘦，百官废弛，甚至坐而致命。由是言之，胃肠者，非维持生命之关键乎？虽然，吾人疾病之中，亦以胃肠病最为经见，无论何人，其一生仅罹二三次者，已属罕觏，盖其与外物（食物）接洽频繁，致病自易。即如健康之人，若进食时间偶不规则，或过饮，或过食，或过冷，或过热，则慢性胃肠症状，已追踪而止。若嗜啖未熟果实，常食辛辣物品，以及恣意饕餮之流，更易发生急性症状。不惟疗治失宜，症状每迹迁延而成慢性。此外发热损伤，以及各种慢性重笃疾病之续发消化不良症者，殆亦常见。由次观之，胃肠机能，既为维持生命之关捩，而同时胃肠之罹病，又复至易。且一旦营养失常，往往体质衰弱，精神萎靡，以致影响其他脏器，而发生顽恶病症，至于不治。然则为吾人生命计，安可不使胃肠机能永保其健康哉？

余自中医专门学校及东南医科大学毕业以来，专攻胃肠科十余年于兹，曾任东南医院胃肠科医师二载，在日本消化器病研究会提出论文，其题目为《刺激素与胃溃疡之关系》，得蒙允准为正式会员，爰于民国二十七年创办上海胃肠病院，及集合同志创办上海消化器病研究所。对于胃肠病，虽不敢谓之折肱，窃以为于胃肠病，亦略有所得，然而世界医学，岁新月异，余亦何敢自满，能于诊余，手执一卷，亦殊为乐事，故偶有所得，录诸手册，久之亦蔚然可观，于是逐条清理，加以一己所得，参中西医书而编为小册，拟名为《胃肠科医学丛书》，不惟就正于先进之前，而病家亦未始不可借镜于万一也。

仲秋

为《钱乙像》题跋，云：

钱乙，宋郓州人，字仲阳，以颅囟医著名，神宗时至京师，视长公主女疾有效，授翰林医学［学士］，皇子病瘛疭，乙进黄土汤而愈，帝召问黄土汤所以愈症状，对曰：以土胜水，水得其平则风自止，帝悦，擢太医丞，赐金紫，由是公卿宗咸家延至无虚日，治效甚多，年八十二卒，著有《小儿药证直诀》《伤寒指微》《婴孩论》等。□按：以土胜水云乃古时不明病理药理，否则将无词以对耳。图见杭州药王殿塑像。

绘《神农之像》《黄帝之像》，并题诗；绘《药王药圣会见图》，并题识。

宋大仁作《神农之像》　　宋大仁作《黄帝之像》

11月12日

出席在南京中华医学会会所举行的中华医史学会年会及年宴[1]。

冬

绘《济公像》及《李铁拐像》，并题跋。

本年，编《胃肠病历代名医验案汇编》及《胃肠病单方汇编》；撰《何鸿舫处方》跋；绘《中国医药八杰图》之一"稚川炼丹"。

---

[1] 朱建平：《中华医学会医史学会六十年大事记》，《中国科技史料》1995年第2期。

1942年（壬午）36岁

1月

《辟肝胃气痛说》出版；《胃肠病饮食指南》再版。

题朱广轮作《泂溪泛棹图》。

丁福保为谱主龙门药方拓本乙轴上方跋云：

国医之生理、解剖、病理、诊断等各科颇多谬误，宜参用西说，惟国药古方时有特效，往往突过西药，所以中医历千百年而不坠者，以此龙门古验方二卷，其治效十九有神验，其间虽多剥蚀之处，然此等古方大抵已收于唐《千金方》及《千金翼方》等书，他日当检此二书，与此卷细细校勘，以补其剥蚀之字。大仁先生以为然否？民国三十一年一月，无锡丁福保识，时年六十有九。

丁福保　字仲祜（印）[1]

是月，夏敬观赠海煦楼主《杏林春满图》两幅。

海煦楼藏现代画《杏林春满图》一　　海煦楼藏现代画《杏林春满图》二

2月14日

褚德彝为北齐龙门治疾方题跋题记。

甲轴两条，一在造像记侧："此方刻于龙门山老君洞，《访碑录》

---

[1] 张瑞贤：《龙门药方释疑》，河南医科大学出版社，1999，第99页。

及《萃编》均题为'古验方'。偶阅日本康赖所撰《医心方》，其采集古经方甚多。康本唐人，故其所辑方书皆吾国唐以前逸书，中引'龙门方'百许条，余以是刻校之，文字悉合，惟其中一病数方者，石刻间有芟落，盖为省刻计。石刻残泐者亦可据刻本订补。日本《和名本草》引作《龙门百八方》。今以石刻核之，凡所治疾四十种，一百三十二方，或石刻残泐失之？余曾撰《校证》二卷。丙子年（公元1936年）夏五，褚德彝记。"钤"松窗"朱文印一枚。

一在"疗上气咳嗽方"侧："此疗上气咳嗽一角，康熙年已残泐矣。"乙轴一条，在隶书标题后："光绪甲辰得于嘉兴新篁里张氏。壬申岁（公元1932年）秋漆月付装褫，褚德彝记。"钤"松窗""褚□"白文印两枚。

一在丙轴："余藏唐以前石本颇富，曾以明拓古验方赠宋君大仁。君书其释文，妆褫见示，洵好学之士也。余于光绪庚子年（公元1900年）据日人康赖所录《龙门百一（八）方》，因撰《考证》为二卷。其中订正王述庵之异同伪谬者约五百余字。一时承学之士，皆目为见所未见。余极思付之影印，庶可公诸同好耳。春雨初霁，庭生众绿，因识数语，以识一时墨缘。壬午（公元1942年）二月十四日，洞霄真逸，褚德彝，时年七十二。

是月，题朱广轮所作《泂溪息影图》；题清代名医何鸿舫手书扇页三幅。

3月1日

撰北齐龙门治疾方明拓本校勘记。

药方之勒于碑石者，以北齐道兴造像记并治疾方为最古。刻于龙门山之老君洞，时在北济（齐）温公武平六年，即公元五百七十五年。距今一千三百六十七年。此明拓两幅本，为清仪阁张廷济所蓄，后归余杭褚德彝珍藏，今又为海煦楼所有。字迹斑驳，殊多难以毕读。据《金石萃编》则知，王述庵所见之本较此拓为长，此拓残蚀处《萃编》犹存，《萃编》缺者此拓无不泐也。今者两相较勘，另用标号说明，庶观览者或能稍知其梗概焉。空白处乃碑文驳蚀无法辨认处；用方框者为拓片所缺，《萃编》所存；以角为号者乃《萃编》所无，拓片所有。《萃编》稍有异同者，据拓片另用朱笔附注于旁。第二幅大红框乃据《萃编》补入者。他日获暇，再当据《医心方》《和明（名）本草》等书一一校正之，此拓片断残迹，无裨于我国医药，然致医史之学者弥足珍贵焉。

4月11日

为在上海震旦大学博物院揭幕的"中国药物展览会"提供、为创办胃肠病医院五周纪念所作《中国医史四杰图》《中国药史四杰图》草图，聘为展会筹备会筹备委员。并借院教室举办胃肠病病理文献展览会和医药书画艺术展览会。编写由上海胃肠病医院印刷的《第一届胃肠病展览会、医药书画展览会提要》于是月出版。

《申报》报道云："法国植物学博士王兴义牧师及震旦大学教授吴云瑞筹备之中国药物展览会，已于昨日午后，在震旦大学博物院，由法总领事马杰礼正式揭幕。观众颇为拥挤，此次药物展览会所陈列者，多为自古及今之各种中国药物，意欲使公众明了此等中国药物，在现代医学界中之重要地位。"[1]

15日

《申报》发表《震旦博物院医药展览会续记》的报道。

该展览会内分三大部分，除中药展览外，胃肠病展览及医药书画展览，为宋大仁医师创办上海胃肠病医院五周纪念而作。此次，出品非短时期中所能罗致，更为经济财力所不易强求者，博物院当局为慎重计，特介绍某保险公司（内保险费甚巨）。法总领事马代参观时甚为注意，特与宋氏握手言欢，深佩研究之力、胃肠病之专精，不胜仰慕之诚。书画古今名人手迹都有，琳琅满目。宋氏绘《中国医史四杰图》及《药史四杰图》草案更为珍贵，乃史笔而出于画笔者，将整部中国医史及药史揭提特点绘之于图，据此可知中国医药之大概，足以了解我国文化之精粹……至于书法有……当代书家黄葆戊先生赠宋医师七言联云："析中西医之橅旨，立胃肠病为一科。"虽寥寥十数字，已将宋医师之专门学术和盘托出，黄先生诚善于属对矣。

是月，撰《消化器病理图谱自序》，云：

昔者扁鹊水饮上池，洞鉴五藏症结，历代许为神医，西哲费晓，

---

[1] 参见《中国药物展览昨日开幕，由法总领揭幕》，《申报》，1942年4月12日。

镜检组织，穷究纤微，病理学于以有成之，二氏者皆名垂千古矣！此无他以能审知其病而已。病之不审乌龙投药，故治病以识病为首务焉。审病之道有多端，或以耳取其声，或以指挥其质，或以目窥其形，或以器验其微，或以镜显其隐。我国以环境所限，礼教所缚，发肤尚不敢毁伤，脏腑生理之真际不易获识，是亦有故。迨海禁大开，科学昌盛，方今奇巧异制挟欧风以俱来，前人模糊影响之谈，固可一扫而空之，我人宜可得而借镜也。惟人体生理之奥妙，尚非现代知识所得而穷，虽有器助，犹未能了然于胸者，诚以学问之渊深，未易窥探其涯岸也。彼欧美病理学家考之以书，检之以镜，细检毫芒，剖视遗体，制成模型，详其病历，试其病变，造册统计，但卒都深藏于学府或秘置于家中，常人每穷搜市肆，作为参考之资者，颇非易事也。

大仁稍习胃肠病学，虽未深入其奥室，但亦可谓粗识其门径，诊读之余，未尝怠忽，有标本则必求先睹，有图籍则设法假观，可摄影者摄影之，可临摹者临摹之，知有庋藏者罔不悉心搜罗之，既久储蓄稍富，于是分门别类，汇集成册，略加注释，虽未应有尽有，蔚为大观，要亦大失为学术之专编，差足备参考之助。夫消化器系围范殊广，咽喉也、食道也、胃也、小肠也、大肠也、肝也、胆也、胰也、胥是也，而各部又各分为数十处、数十点，各部之生理作用既各不相并，则其病理变化自必不同而大异，各病程度有浅深，并发症有否加杂，设非穷研细诘，固不易知其底蕴。兹图之辑，于学术上不无裨益，披图按索，莫不了如指掌。予既寝馈于斯有年，其亦稍尽予之职责者乎，杀青有日，因抒所感如此。时在中华民国卅一年四月[1]。

是月，为清光绪丙戌年《道藏·内经图》

[1] 据广东中医药博物馆藏原件。

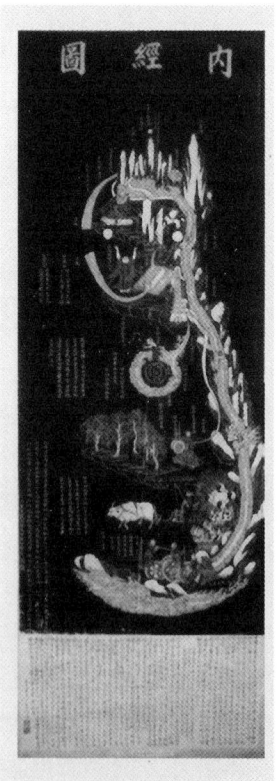

宋大仁为清光绪丙戌年《道藏·内经图》木刻拓本题跋（采自《广州中医药大学校报》）

木刻拓本题跋；《第一届胃肠病展览及医药书画展览提要》出版。
9月

撰《胃癌及肠癌之早期诊断》，在《现代医学》第4卷第9期发表，云：

消化器病中之最严重者无过于胃癌及肠癌焉。依晚近各国之统计，其死亡率有达百分之六十六者（G. H. Konjetzny）；肠癌之发生虽不若胃癌之多，但在一切癌肿中亦占第三或第四位。但在中国则胃癌之诊断极少听闻，且无准确之统计可加检视，据一般之估计，其百分数当不甚高（见上海消化器病研究所之统计）。即以上海胃肠病院而论，胃癌约占全数病百分之六·八；肠癌仅百分之二·三而已。据余之意见，胃肠病人中癌肿之百分率不应若是之低，其间必有错误。其最大之原因当为诊断错误，换言之，即一部分之癌肿误为胃炎或溃疡肠炎等疾病也。自购置胃镜以来，胃癌之百分率已显见增高，但因时间过短，故余犹不愿发表此统计云。

癌肿之重要固不仅在于百分率之较高，而在其治疗之困难。以余之经验而言，凡得有癌肿诊断之患者，换言之，即临床上已有显著之癌肿者，其治疗往往已然过迟。不惟不能加以根治手术，甚至姑息手术亦不复能施行。吾人仅可用内科之保养法以延长其生命而已。此项病例尤以上海胃肠病院为多，盖病人往往在他处诊治失效，始来院就医也。

若以癌肿之治疗而言，则最近有胚胎溶解酵素之发明，谓可治疗癌肿。但其作用不敢尽信，尚在试验中。镭锭、爱克斯光等照射治疗并无根本治疗之意义，不过作为手术之辅助（手术后之照射等）或治疗病例之不能动用手术者。故就目前之状况而论，胃癌及肠癌之唯一救助，即早期之外科根治疗法也。

外科根治疗法须有一先决条件，即所谓早期诊断也。利用吾人今日所有之诊断方法（例如详细之胃液及粪便检验，爱克斯光之黏膜形态摄影，胃镜及直肠镜之检验方法等）非不可能。但在今日吾人尚不能有充分之机会以实行早期诊断耳。盖胃癌及肠癌初生时并无显著之痛苦，或则为一普通医生之塞责诊断所混过，及至专科医师处，已无所谓早期矣。

根据以上数点而论，欲除胃肠之癌肿，非先有早期诊断不可。所谓早期诊断，即于疾病之早期加以彻底之检验而获得准确之诊断也。吾人于此应注意者，即如何于初期胃肠症象中握住一二要点，因而疑及其为癌肿，因而加以检验……

《胃肠病最新文献摘要》及《胃肠大出血及其治疗》在同期杂志发表。

10月1日

嘉善同窗叶劲秋为《中西医药》月刊撰《海熙楼主略传》（详本谱首）。

是月，撰《国父与医学及其肝病经过》序曰：

国父孙中山先生好学，博览群籍，谙世事如运诸掌人第，知其能医，殊不知其于医学固精深独到也。不佞忝与国父同乡，并又以医为业者，且好医学史事。国父手缔民国以及奋斗经过，各家早有专著记述，但于医事每略而不详，心窃异之，乃就乡中父老博询咨访，平时于志报刊物有关医事记录者辄随笔摘捡，间尝访之汪精卫先生、褚民谊先生、许百德博士（德国柏林大学医史教授，著有《中华医学》）等，皆谓并无其他医药史迹可陈。访之雷氏德医学研究院伊博恩博士，则仅藏陆仲安医方一纸而已。陈耀真医师给予曼生爵士援救孙总理之故事。国民党中执会党史史料编纂委员会曾抄示有关总理之医药史料名称，如总理在广州悬壶时之广告照片、总理香港习医之考证、总理之学医时代、总理之西医学院英文毕业文凭、总理学医毕业年岁考、罗

 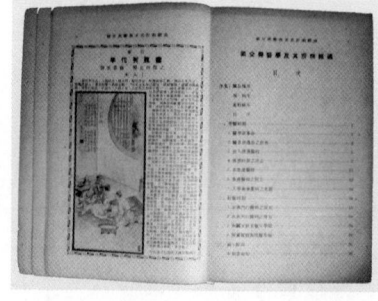 

《国父与医学及其肝病经过》　　《国父与医学及其肝病经过》目录　　《国父与医学及其肝病经过》首页

鉴龙函询医事之总理批答等。蒙孙哲生先生设法饬人抄示重要材料，又承中华医史学会会长王吉民先生惠借书报多种，弥深感谢，大概国父于医学史事此已详备矣。今并辑录病中经过合为一篇，修我国医史者不无可以考查焉。

敬题国父遗像赞曰[1]：

巍巍国父，病起神州。
革命元勋，罕与匹俦。
治活人术，著建国书。
沈疴痼疾，著手即除。
怀仲淹志，抱不世才。
医人医国，换骨脱胎。
平原丝绣，夙愿方酬。
疮痍满目，敢尔忘忧。

11月

《元化刳腹图·医事画艺·医史四杰之一》在《现代医学》第11期发表，云：

予幼好美艺，长从乡先达吴夫子松寿游，粗涉丹青，略窥门径，后以志切活人，力求实用，先后习业中西医术，专攻胃肠病科，乃不复重弹旧调，艺事荒芜久矣，惟自战乱以来，世变日亟，精神抑遏，抒发无地，稍稍濡毫染墨，用以排遣，初非闲情逸致之比也。窃尝欲搜集先医画像与医史掌故，探讨当时风物人情，考证其时代背景，不但绘其形，且将绘其声，秉画笔而兼以史笔，虽曰翰墨丹青无裨大用，然而未尽无用，不无可以考查我国医事进化之迹象也。

吾国先医代有名人，求其特殊业绩，足以表彰者殊不多觏，有之而其事迹又未易以丹青出之，或竟无画像可凭，至若事涉荒诞，如徐之才剖眼得蛤之类，难以传信，故先医事迹可为某一时期之代表，在医史上确有价值，又可以绘事描写而不涉荒诞者，仅得数人，今先成华佗、张机、葛洪、王清任四氏，名曰《中国医史四杰图》。华佗一幅首先制成，爰述其缘原历略如下……

---

[1] 宋大仁：《国父与医学及其肝病经过》，中西医药研究社，1943。

12月中旬

同窗叶劲秋为《国父与医学及其肝病经过》撰序曰：

医，仁术也。有不忍人之心者，然后可以操此，寿人所以寿世，医国即是医人。我国父孙中山先生即具此不忍人之心，坚苦卓绝，缔造民国，功垂万世，名满寰宇，亦即此一念之仁也。世人固知国父为人杰、为英豪，其于医学之造诣，知者所不多。我友宋大仁君与国父同籍中山，攻医有年，于医事史迹更感兴趣，乃博稽报章杂志，垂询乡里父老，与党国巨公，随时掇拾。关于革命事迹早有史馆为之考查、记述，详载靡遗，而于医事之专籍，则未尝或睹焉。陈邦贤先生亦曾注意于此，纂辑成册，不幸毁于兵燹，惜哉！是故本书之刊为必要也。今读之而重有感者，乃中医处方之武断为其一贯作风，千百年来未能进展之病根，正坐此弊，何今人犹懵然不知，有所稍改耶？虽然我国人凡事皆好推测想象，于民国纪元前，竟有目国父为绿林莽汉，杀人不眨眼之魔鬼者（大意如此，见《吴稚晖文存》），于民国纪元后，则以为神仙中人，能腾云驾雾者（见西莹文），我人固不必徒议中医为也。辑本书既成，属为详校一过，乃书所感如此。

冬

题先哲何鸿舫处方挂图一幅；绘仿元代王履《华山图》四条屏，邀四友人题款。

 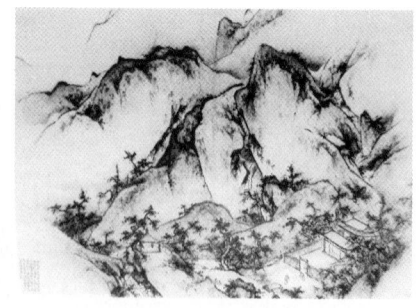

王履《华山图》之一（采自《中西医药》）　　王履《华山图》之二（采自《中西医药》）

孙科为《国父与医学及其肝病经过》撰序曰：

国家之盛衰系于国民之强弱，故昌盛之国家必以健强民族为基础。观夫欧美文明诸国对于国民健康之注意，无微弗至，举凡卫生事业之普及，医院疗养所之普遍设施，与夫医学之日有进步，故其国民体魄得充分之，培养优良之锻炼，造成坚强奋斗之美德，而增厚民族自卫实力。我国近百年来国势陵夷，事事落后，其致此之由，虽非一端，而种族衰弱，民气萎靡不振，实为主因。

　　国父本救国救民之大志奋起革命，鉴于中华民族之衰弱，危如垒卵，将有亡国灭种之虞。目击当时中国科学尚未发达，卫生医疗等事业之设备均甚简陋，是以致力于医学之研究，以为创造革命之初基。医学发达则国民之体质自然健强，有强健国民之组织，然后可以挽救中国之危亡。

　　宋君大仁专研医学，为唤起国人对于医学之注意，特以其所得，著成《国父与医学》一书，索序于余。全书条分缕析，纲举目张，源源本本，剀切陈述，关于国父与医学及其患病之经过，皆有所论列，其用意良可嘉也。爰志数言，弁诸简端。

　　本年，陈公博亦为《国父与医学及其肝病经过》撰序。

　　撰《腹痛之分析》。

1943年（癸未）37岁

1月25日

　　为《傅青主像传》题跋。

　　叶恭绰题诗："堂堂卫生画，屹峙汾之曲。洞垣见一方，其书曰可读。"

2月

　　同邀与叶劲秋、刘海粟、吴征、陈道隆、郑午昌、沈恩孚、余德壎、陈邦贤、庞元济、范行准、胡朴安、丁福保、叶恭绰、马叙伦、钱振锽等15位近代名人为王晋《名医叶

宋大仁作《傅青主像传》

傅青主绘画作品（采自《江苏中医》）

天士遗像》题跋。

4月

《海熙楼丛书》开始出版。该丛书计有《国父与医学及其肝病经过》《建设本位文化与中国医学问题》《中医艺术论讨论集》《中国医史研究概略》《中国法医学史》《中国化学制药法》《宋大仁医学论丛》《医药书画题名录》《海熙楼读画记》《海熙楼医药书画题跋》《海熙楼医药画影集》（照片百种）11种。

《国父与医学及其肝病经过》作为《海熙楼丛书》之一，由中西医药研究社出版[1]。

以中西医药研究社名撰《征求医史古物》启：

兹征求下列有关医药上之古物［甲］医籍：（一）宋元明珍本；（二）抄本；（三）关于胃肠病论著方案（不论新旧版本、抄本、短篇小册）。［乙］图画：（一）名医手迹如字画方笺；（二）画家所绘医事图；（三）名医图像。［丙］实物：（一）先医用具遗物；（二）古代医药器械用具；（三）有关医药事迹之古玩。［丁］民间医药风俗图画、照片、实物（如符咒、治病方术及各时令之风俗，如逢元旦、端午、中秋、重阳、除夕之风俗，与医药有关之神佛、民间治病之用具或照片、土药及书本）。［戊］摄影：（一）有关医药史迹之照片；（二）稀见病症之照片；（三）实施手术时之照片；（四）关于胃肠病之照片（不论古时及现代）。附告赝物勿惠，

刘海粟、马叙伦、丁福保、陈邦贤等为清代王晋绘《名医叶天士遗像》题跋（采自《广州中医药大学校报》）

---

[1] 关于《国父与医学及其肝病经过》的初版问题，作者在《自传》第6页谓：1932年初版，1949年4月增订再版（出版社未详）。但笔者所藏的该书版权页称：1943年4月初版。此说与《自传》显然矛盾。该书系作者的早年之作，若除版次外，其说无误，则可推定1932年所谓的"初版"，当系最早的原始版本，直至1943年增补陈公博、孙科、叶劲秋及作者自序后，于是年4月作为《海熙楼丛书》之一种，由中西医药研究社正式出版后被作者称为"初版"，后又于1949年4月经增订出版第二版，然其中尚存疑点。惜1932年版及1949年版迄今无以寓目，上海图书馆所藏亦为1943年初版，故无以比对，否则该版本问题当可冰释。

以免徒劳往返。如有上列各物之真迹，请开明最低价额，通知敝处派人接洽或请持物前来敝处均可[1]。

5月

应上海沪江大学沪东公社之邀，为所办"好癖展览会"提供营养、肠胃寄生虫标本、表格、图画等参展。谱主在弁言中言："予性好医学，亦好书画，第仅好而已，去癖尚远甚，今好癖展览会诸公不我遐弃，强列予于好癖之林，不亦愧乎……"自此，始署"医林怪杰"别号[2]。

《中国化学制药法》在《医药月刊》第3卷5～8期连载。

6月

海熙楼医药书画初集《中国医药八杰图》由上海中西医药研究社出版，刘海粟题签并序，沈信卿题诗，郑午昌、范行准、朱天梵序。

沈信卿题诗曰："博雅今推海熙楼，即论六法异时流，丹青别有精神寄，时代衣冠考订匄。"

郑午昌序云：

海熙楼主宋君大仁，以所著《医药八杰图说》见示，索为之序，余受而读之，既兴然起曰："余何幸得于斯世读斯书耶！"图凡八，《医杰图》四，曰："稚川炼丹、仲景著书、元化刳腹、勋臣改错。"《药杰图》四，曰："弘景审药、苏敬制图、慎微征方、时珍殉学。"皆君所手绘，人像、器具，及其服用陈设，无不考诸图籍，而有所据，各图考释，亦至精赅。夫国医先哲如雨，方书汗牛，内外诸科学术，并至精深。惟因自秘，往往失传，方技之士，浅试有验，便以自足，不复深研；稍有得者，则又过神其说，以眩世俗，世俗莫明高深，转怀迷惑；自西医传人，宣传设备，较易动人视听，遂漫疑国医一切学术，出于意断，不合科学。君乃崛起，虑其垂绝！于古医药之学与术而有昌明之功者，举其杰出，形诸画图，著其故实，使天下后世读是书者，若亲接先哲之状

《中国医药八杰图》书影（采自上海中医药大学图书馆）

---

[1]《国父与医学及其肝病经过》附录。
[2] 周明忻在线资料，原定"7月"，误。

貌举止于千百年前，而知其炼丹如是，刳腹如是，审药如是焉。其有功于中华医药之发扬光大，宁有涯涘！且图写故实，昧于考证，孔剑非木，自晋以来，已多笑柄。而君于千百年后，博搜旁证，务得其实而有据者，然后落笔，亦可谓笃于古，敬于艺者矣。君尝自号曰"医林怪杰"，夫岂称杰于医林而已哉！

郑午昌
癸未五月

刘海粟题签并撰序云：

陆士衡曰："宣物莫大于言，存形莫善于画。"张彦远曰："留手形容，式昭盛德之事，具其成败，以传既往之踪。"记传所以叙其事，不能载其形，赋颂所以咏其美，不能备其象，图画之制，所以兼之；令见善足以劝，见恶足以戒也。宋君大仁擅医术，而长文艺者也。刀圭之余，作画不拙，近著《中国医药八杰图》，索序于愚，愚历劫重归，笔墨久荒，惟以宋君所著，意义深长，且用笔朴厚精奇，弈弈如生，亦人物画上之新格！

刘海粟于海上海庐存天阁
三十二年六月

范行准序（节选）云：

中山宋大仁君，治中西医有年，兼好丹青，于诊务之暇，作《医家四杰图》说四杰者，元化、仲景、稚川、清任也。盖犹赵邠卿为寿藏画晏婴、季札、叔向、子产四人于壁之意，以此四人为君最仰慕者。继又以弘景、苏敬、慎微、时珍为本草家之泰岱，因作《本草四杰图》以表之，合为《八杰图说》。惟图绘前贤，其事匪易，盖时代绵邈，古人久已化为土壤，曷从而绘其声容笑貌？虽然，亦有道焉，袭其遗像，考其传记，与夫参以各朝衣冠制度，则下笔之时，神与古接，使一颦一笑，一冠一履，恰如其分；大仁制《八杰图》时，于此盖三致意焉，故如重见其道德仪容，而揖诸几席之上，遇诸梦寐之中也。使摄影术未兴之前，则大仁此图，可谓传神阿堵矣！然则是图也，岂仅志人往风微之感，且将继伯宗、慎斋之绝轨，而为艺林可传之作矣！

癸未端阳前七日
汤溪　范行准

朱天梵序（节选）云：

中山宋大仁先生，多艺多才，卓越流辈，本医国之弘愿，悯斯民之疾苦，既精阐西方之医术，更熟究祖国之方书，孜孜矻矻，以网罗放失，表彰旧闻为职志。又恐徒说之不足以運观感也，则出其丹青之妙，制为图象，凡医史四杰、药史四杰，更遍考其行谊著述，而详为之传。盖八贤者，实为我国历代医界之宗匠，其学术著述，俱卓然别有发明，以方西土医哲，当无愧色。然则是图之传，不特使读者油然深［生］高山仰止之思，即彼世之目论耳食者流，将亦恍然于我国医学之自有真也。其阐潜表幽，深思好学，诱掖不倦，可为至矣。昔曾文正尝择古贤，绘为圣哲像，朝夕瞻对。其后曾公学术事功，或有过于画像中人者。今宋先生既学贯中西，而又手绘八杰以志宗仰。他日推其锐敏之心目，湛深之学理，正确之剖断，以汇全球医学之通，后之视今，不将并八杰而为九哉！予故乐得而为之叙。

中华民国卅二年岁在昭阳协洽清和月
上海　朱天梵

自序

予幼时酷嗜艺事，长从乡先达吴松涛夫子游嫩绿浅黄，略窥门径，濡毫泼墨，仅足怡情，而洗胃涤肠，更堪济世于是学，并中西专攻胃肠病科问世以来，日少暇晷，艺事荒芜久矣。迩者世变日亟，祸乱频仍，愧乏医国之方，复无疗世之术，搔首踟蹰，未能遣此，不禁故态复萌，重弹旧调，聊以解嘲，非敢附庸风雅、强作闲情也。

至于医药书画之裒集，仅以书画而涉乎医药者为律。我国历史悠久，幅员辽阔，擅医药而兼事丹青者有之，或长书画而术善岐黄者有之，若广事搜罗，亦必汗牛塞宇，惜前人皆未及此，散佚滋多，为可憾耳！予既嗜痂成癖，恒于刀圭之余，辄伸纸濡毫，聊抒胸中郁勃之气，工拙所不计也。积时既久，蔚然可观，爰得选其意义之较隽永者付诸梨枣，敝帚自珍，且志爪泥云尔。

时在中华民国三十二年四月
中山宋大仁识于海煦楼

中国医史四杰图

夫地方掌故，先贤事迹，得以流传后世，为人传诵者，文章纪述之外则绘事尚矣；言其价值，文章犹不过记事而已，能将先民活动之历史真相跃然纸上，留传今日者，厥惟绘事。画像之传，其事甚早，汉武梁祠已有古代帝王人物之像，惟勒之碑碣，今其石尚存，至若以画幅装璜卷轴，供人欣赏，当在唐代以后，后世鉴赏之风大盛，举凡金石、碑版、文物、图籍咸在收藏之列，好古之士，每以毕生精力，从事于此，而制度人物多赖绘事以传。惟非出名人手笔，不见重于世，盖收藏之旨，初仅欣赏而已，无关考古，故寻常描写地方风物掌故之图画，散失颇多，转不为人所重，降及清季有圣哲及当代名人像传之制，其形容笑貌，如亲謦欬，然图绘先代名贤率皆以意为之，并无考证事迹，服装陈设更不合乎彼时环境，几为纯艺术作品，而无历史价值矣。窃尝欲搜集历代先医画像与医史掌故，各绘专幅，汇为大观，但吾国医家虽代有名人，求其有特殊业绩，足以表彰者，更不多觏，有之而其事迹又未易以丹青写出，或竟无画像可凭。若事涉荒诞，更无论矣。故先医事迹可为某一时期之代表，在医史上确有价值，又可以绘事描写而不荒诞者，仅得数人，今先成张仲景、华佗、葛洪、王清任四幅。所以独先此四人者，盖有故焉。仲景为医林宗匠，生当汉室衰微之际，群雄割据，连年战乱，其族人多以疫死，所著《伤寒杂病论》一书，即为应付当时流行甚烈之伤寒病而作，其书流传至今，几经窜乱，虽已非原本，要为吾国传染病专书之最古者；若元化精于外科，为国人所习知，则仲景、华佗者，适可代表吾国内外科之人物。至于稚川以炼丹著名，并精医术，古时炼丹之术，无殊于今日化学之操作，固亦卓然有实验精神者，惟目的在求长生，与西欧古代方士因炼金术进而为今日精密科学者有间矣。以言内景，则《内经》记载错舛百出，未闻有疑古精神加以改正者，独有清王清任别具卓见，但解剖人体为当时法律所不许，乃敢独排众议，就尸体内脏暴露于外者，亲加体察，取而图之，实晚近吾国医家实验生理解剖学之前驱，此余有先取此四家事迹，以绘成画幅之微意也。惟一画之成，已数易其稿，其衣冠道具，必以历史眼光出之，虽纤细事物，亦几经改订，盖拟古写景图画，第一须注意其衣冠及陈设道具，是否适合其时代，吾人生今之世，服清之服，行夏之时，固无碍也。若使商汤衣胡人之服，谱胡笳之曲，宁非贻笑方家。若夫画像亦俱有来历，仲景像据明刊张卿子《伤寒论》首附之名医像，华佗像则本故宫所藏南薰殿画像者，葛洪像采自元王蒙《葛稚川移居图》，王清任像则据《医林改错》之附图。各人形容笑貌果否如斯，虽无可验，但亦取其现存图幅之最早者，既以竭吾人之心力，或亦可无大过矣。画成志其颠末如此，尚希博古方家哂正之。

己卯冬月

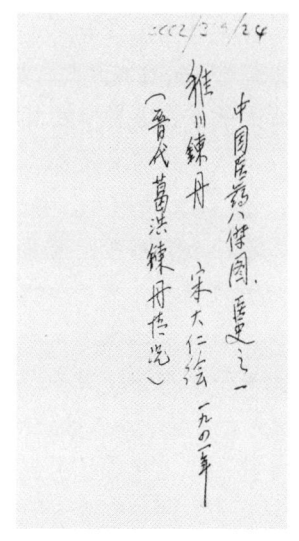

稚川炼丹　　　　稚川炼丹图

稚川炼丹图说

我国炼丹之术，肇始于战国秦汉，成熟于晋时葛洪。炼丹之旨，每求长生，今日西洋化学，亦从古时炼金术而来。旨在长生者则与医药有至巨之关连，初非专心一志于黄白物者之渐趋于化学之途也。

葛洪，字稚川，号抱朴子，晋之丹阳句容人，《晋书》有传，记其享年八十有一。少好学，遭父早丧，饥寒困瘁，躬执耕穑，又遭兵火，遗籍荡尽，乃伐薪买书，又徒步行借，夜必书写诵读，遂以儒学知名，尤好神仙导养之法，先从其从祖玄徒郑隐学，后师事南海太守鲍玄，既精化炼，兼综医术，石冰之乱，洪起兵平之，迁伏波将军，时年才二十余耳，后又赐爵关内侯，洪皆敝屣视之。迄至三十岁后，即写定《抱朴子》以下各书，综数百卷，史称洪博闻深洽，江左绝伦，著述篇章，富于班、马非过言也。暮年欲炼丹以祈遐寿，求为勾漏令，途至广州，为刺史邓岳留，不听，去，乃止罗浮山，炼丹优游闲养，著述不辍，洪虽未仙去，而山川则以是显矣。总洪所学，儒学与丹术成就最大，而医其小者。洪化炼之说，今尚见《抱朴子·内篇》，所言亦有合今日科学方法者。葛洪之学虽与中医无多影响，但今日外科医习用之升降二药，即炼丹术之遗法耳。其所著《肘后方》已详记天花之症状，流行之经过，为世界记载天花最早之人。

本图背景所用之器物，悉有所本，《抱朴子·金丹篇》云："合丹当于名山之中，无人之地，结伴不过三人，先斋戒百日，沐浴五香，致加精洁，勿近秽污，及与俗人往来，又不令不信道者知之，谤毁神药，药不成矣。"炼丹之炉灶亦曰鼎，据《感气十六转金丹》（是书乃元明时的著作）所说："最下层高一尺二寸，阔五尺五寸，中层高一尺，阔四尺五寸，上层八寸，阔三尺五寸，在坛上置药炉，药系置于砂合中。"图中状如烟囱，外作椭圆形者，乃为砂合，又名神室，亦名混沌，即今所谓反应室者是。丹灶外尚有三事，古之术者，颇尊视之，今则知其为事不相干之点缀品也，一为坛下土中预埋辰砂二十四两，二为药炉边际之古剑，三为药炉背面所悬之古镜，今以挂镜不易辨认，乃以台镜易之，所以便观览也。背面之符，即《抱朴子》入山符。位僮右旁者为未济炉，见《稚川真人校证》术，洞口左旁者为既济炉，见《丹房须知》。炉侧较小者为蒸馏器，用以蒸馏水银，与今之蒸馏器异。洞中有鹿，乃取板桥诗"鹿鸣天刚白，童守一炉丹"句。古人每以鹿为仙之象征，所以表其长寿之意也。葛洪之像乃摹于元时王蒙《稚川移居图》。要之本图取材取意，皆非想象得之者可比。予友范行准君曾题其事曰：

华阙峨峨未可攀，衰龄稽足博罗山，几经灶燧飞金焰，不见丹成换玉颜。

漫有神方悬肘后，空传仙迹闹人间，化生羽翼虽虚事，炼史终推第一班。

叶劲秋君题咏云：

我爱句容抱朴子，丹砂早已传交趾，点金漫说擅欧西，化学还须溯中史。

予亦有句云：

辟谷争传晋葛洪，非关导养讽奇功，方成肘后留医鉴，丹炼长生夺化工，

早见天花惊海外，惜无神术比欧风，罗浮未许寻仙迹，且向丹青辨异同。

观此，则神仙怪诞之说，虽不足为训，然其化炼研究，兀兀穷年，固亦卓然有实验精神者欤？

仲景著书图说

汉时张仲景遗有《伤寒论》及《金匮玉函经》两书为我国汤液方之最早者，遂为我国医者之宗，自晋唐以来，无异议也。《医林列传》有言曰："其文（指《伤寒论》）简古奥雅，古今治伤寒者，未有能出其外者也，其书为诸方之祖，时人以为扁鹊、仓公无以加之，故后世称为医圣。"刘元素亦曰："仲景者亚圣也。虽仲景之书未备圣人之教，亦几于圣人。"医圣之名既定，仲景之誉弥隆，而我国之医学，愈益不堪闻问矣。张潞玉曰："古来讲仲景氏之学者，递代不乏，名医衍释之义日多，而仲景之意转晦。"旨哉言乎！惟以圣字范围人心，乃后之治此者皆桎梏不能自由矣，所处之天地，图圄而已矣。间尝推原其故乃"伤寒"定名之有失于切当也。夫《伤寒论》，初非专论"伤寒"一病而已，所包者广，惟以"寒"字"伤"字印定眼目，治之者乃囿于"伤寒"二字之字义，望文生训，强作解人，穿凿附会，所以我国医学之去实际，愈趋愈远，岂知热病者皆伤寒之类，

仲景著书图

伤寒乃雅士之词耳。夫真伤寒病之因，因于杆菌之侵入于肠所致，与风寒初无多大关联，《伤寒论》之六经，仅集合若干症候而以六纲分之，于阴阳亦无甚意义也。昧者不察，反于是处妄生议论，则瓜葛自多，且所谓三百九十七法，王安道曾细为计数，亦未尽合，故仲景《伤寒论》于我国医学，不得不从新估计之也。

张仲景名机，后汉南阳人，举孝廉，官至长沙太守，范、陈二史，俱无专传，故其生卒无从悬断，考《太平御览》引《何颙别传》言："同郡张仲景总角造颙"，颙南阳人，与自序言南阳合。又言仲景劝王粲服五石汤，《甲乙经》序亦言之，范史言粲年十七依荆州刘表，表粲，祖畅弟子，畅尝为南阳太守（见范史及《三国志》裴注）。然则粲之依表，仲景之劝粲，皆以有旧谊故也（《三国志·刘表传》）。又载长沙太守张羡反，裴注引《英雄记》曰南阳人，是仲景而外，南阳张氏亦尝有守长沙者矣。仲景所谓宗族素多者欤？其守长沙或在刘表破羡之后乎？仲景之名，深入人心已久，仲景之书，风靡全国，故其影响于我国医药至巨且大。画成余云岫先生赐以题辞：

洸洸仲景，汤液之宗，宪章河衡，祖述黄农，炎汉之季，丧乱汹汹，疫疠戕贼，铦彼矛钑，

其宗什七，瞿兹鞠凶，恫矜在心，悲愤塞胸，救死扶疾，刀圭之从，伤寒杂病，论议横纵，

阴阳五行，艾夷蒙茸，三部九候，讥砭愚蠢，下工掩耳，二竖避踪，百世之下，谁其保庸。

予亦有俚句云：

论著伤寒纪汗青，光垂医史发新铆，治疗已见传三法，诊断尤能并六经，

切脉独嗤窥管陋，灌肠更比泻剂轻，活人书读倾元化，愧煞时医欲换形。

元化刳腹图说

华佗，字元化，三国时人（其生卒无确证，约在公元112至212年之间），精外科，妇幼皆知，相传操术之神，几能生死肉白，惜继起无人，道成绝响。《襄阳志》载："元化先生年已逾百，鹤发童颜，适关羽镇襄阳，与曹仁相拒，中流矢，矢镞入骨，元化为之刮骨去毒。"

《三国志演义》本此，因以民间流传，资为美谈，一若确有其事者。惟《后汉书》《三国志》"佗传"，及斐注引"佗别传"，皆不言佗治羽事，羽事亦仅载医言须刮骨去毒，未详其姓氏，正史未载其事，《襄阳志》更不足凭信。为羽疗毒，当另有其人，盖出于附会，故本图不取为羽刮骨疗毒为题材。佗术自是卓绝神妙，正不必以其未曾为羽疗毒而有所不足。《后汉书》方术传华佗传载"若疾发结于内，针药所不能及者，乃令先以酒服麻沸散，既醉，无所觉，因刳破腹背，抽割积聚。若在肠胃，则断截湔洗，除去疾秽，既而缝合，

元化刳腹图

傅以神膏"云云，其用酒服麻沸散，犹今日之施用全身麻醉，以行外科手术也。神膏谅为杀菌生肌之品，惜其方不传于后世，用药已莫可考矣。惟其未有可信之遗著留存，故其医学价值，颇难定评，但自泰西医术传入中土，足证刳腹湔肠，非不可能，其事殆非出于虚构，若然则不独吾国医史为杰出之材，即誉为世界外科圣手，亦无愧色。近人以华佗之术之神，或受西学影响，目下虽无确征，吾人如以此为专门研究之题材，未为不可。麻沸汤方今无流传，深堪痛惜！手术时情形，以意度之，必甚简单，用具谅亦甚为粗劣，更无手术台之设备，自在意中，即一板两端，端架长凳之最为简陋之榻，乃始自西晋传入，名曰胡床，汉时不能有此。其像则本之故宫所藏南薰殿画像者。洪贯之君尝题其事：

得道由来自古鲜，异人秘授记当年，养生已演五禽戏，满世谁描解体篇；岂独神方成绝调，最怜奇技失薪传，外科今日犹推许，手术留芳非偶然。

予亦有句云：

金针麻沸事长新，岂等刍龙过眼陈，断犬出蛇名著魏，湔肠刳腹术多秦；共传神技生枯骨，翻悔奇能抵逆鳞，一自许都沉狱后，千年国手又何人！

又题：

刮骨疗创事果奇，涤肠刳腹讶神医，养生独擅长生术，起死先知定死期；流水户枢身自健，熊经鸱顾气常怡，可怜我国刀圭学，竟让欧西作导师。

勋臣改错图说

王清任，字勋臣，逊清直隶玉田人，生于乾隆三十三年，覃精医学，往来京师，为名公巨卿所推重。惟以前人刱著医书，脏府错误，后人遵行立论，处处自相矛盾。尝曰：著书不明藏府，岂不是痴人说梦，治病不明藏府，何异于盲子夜行。又曰：以无凭之谈，作欺人之事，利己不过虚名，损人却属实祸，乃于嘉庆二年，游滦州之稻田镇，始得亲见人类藏府，复不辞艰苦，往各地访验，探赜究微，历四十二年无或少懈，乃绘缮藏府各图，因著《医林改错》一书，是时西方医学尚未盛行于中土，而王氏竟能刱议改革，发摅伟论，打破四千

勋臣改错图

年来封建思想，其胆略卓识，与夫追求真理之毅力，发扬科学之精神，尤为旷古一人，故推为我国医学改革之前驱，洵非过誉。其书虽核与今日之生理解剖，枘凿尚多，然其论灵机记性在脑不在心，及半身不遂之非风火湿痰所中，痘疮之非关胎毒，尤属新颖透辟。吾友王吉民君尝谓：新医先进英人德贞氏，将王氏所著《医林改错》节译刊登曩年《博医会报》，并尊其为近代解剖学家，外邦人士重视若此，良非无故。国人反以崇古心坚，拘泥不化，王氏苦心孤诣，历四十二年之艰辛，其说不行，而于我国医学更无稍有裨益，殊深惋惜！议之者却大有人在，贤明如陆九芝尚曰："其所指医林之错，而必当改者，则黄帝之《素问》，越人之《难经》，仲景之《伤寒论》也，其所由识其错，而可据以改者，则俘获之逆酋，凌迟之犯妇，暴露犬食之残骸賸骨也。试思人之已死，瘪者瘪矣，倒者倒矣。气已断，何由知是气

门；水已走，何由知为水道；犬食之尸，刑余之人，何由知其件数之多寡；心肝肺一把抓在手中，何由知其部位之高低。彼纵能就死尸之身首，一一检之，势不能再剥活人之皮肉，一一比之。"吁！陆氏固尽毁伤之能事也已。然而王氏求证之精神，我人尤宜取法者也。文学巨子黄葆戊先生曾题其事曰：

四十年来穷改错，滦州稻田镇奇逢，胸中隔膜终难解，好遇恒公说与侬，背古传图元诧异，是非物理有明征，先生铁案翻千载，著作声名海外称。

予亦有句云：

穷年改错著医林，伟迹昭然赤子心，太息世人皆泥古，更无慧眼赏知音，拨尸检脏公良苦，刮垢磨光我独钦，怪底声名惊海外，且将解剖奉金针。

中国药史四杰图

窃考医药进化，先药而后医，良以宇宙动物皆有其自卫之本能，原始人亦自有其原始时代之医药焉。我国药物之发明与运用，多数学者均公认较世界各国为早，史书咸称神农氏尝百草始有医药，然年湮代远，幽渺难稽，岂以神农氏教民稼穑，尝味草木之滋，而好古者遂傅会为之；其亦立言托古，藉作征信之意欤？世传《神农本草经》三卷，前人已多非议，《汉书》《平帝纪》《郊祀志》及《楼护传》并有本草之目，《帝王世纪》谓"黄帝使岐伯尝味本草定《本草经》，造医方以疗众疾"，《甲乙经》序"伊尹撰《神农本草》一书"，《淮南子》亦谓"神农尝百草"，固无本经之名，惟《帝王世纪》如是云云，乃知"本草"之名实出汉代。盖轩辕以前，文字未备，尚为结绳记事之时，著书立说实为事势所不能，故论药者较有文献可征，当以陶弘景始，虽前乎此者大不乏人，然以粤稽往史，征引无从，则神农氏者毋亦太古时期传说之代表耳。本图首列陶弘景者，以陶氏集六朝以前之大成也；次苏敬者，以苏氏乃集唐以前之大成也；再次为唐慎微者，以唐氏乃集宋以前之大成也；殿以李时珍者，李氏乃集朱明以前之大成也。《中国医史四杰图》之作，所以明历史演进之迹，古人治学之勤，及朝代环境之变迁，使知学术之精进，诚日新而月异者也。后之视今，亦犹今之视昔，盲目崇拜偶像，是岂承学之士所当为耶！

弘景审药图说

梁时陶弘景，字通明，自号华阳隐居，晚号华阳真逸，又曰华阳真人，丹阳秣陵人，性爱林泉，尤好著述，幼颖慧，善画工文。及壮，长七尺二寸，疏眉长额，右肩有紫痣如钱，右股有数十黑子如斗形，神表孤迈，肤色晳泽，好道学，冠而不婚，不乐荤膻，惟进青饥饭。仕齐为宜都侍读，未几辞归，隐居茅山华阳洞，又避世至浙东西等处。斋戒自摄，修炼诚笃，从事丹鼎。梁武帝屡加礼聘不出，国家每有大事，无不前以咨询，时人谓为山中宰相。晚岁眸子忽正方，年八十五，无病而卒，或传其仙去，谥贞白先生。所著有经史术数等数十种，《本草经集注》一书最有名，《名医别录》乃为别一陶氏所遗。

博闻强识仰通儒，魁伟昂藏七尺躯，长额疏眉征异相，紫肩黑股证奇肤；

著书虔炼甘持素，避世潜修乐结庐，审药注经搜本草，《名医别录》误遗珠；

山中岁月寻仙迹，袖里乾坤重帝枢，为问凝神浑底事？毫厘千里肯糢［模］糊！

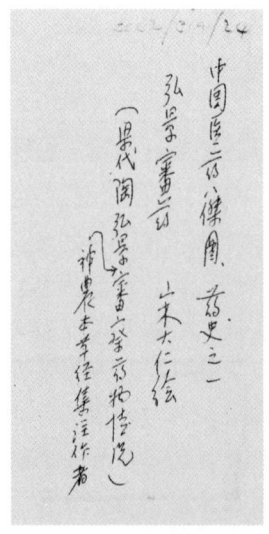

弘景审药

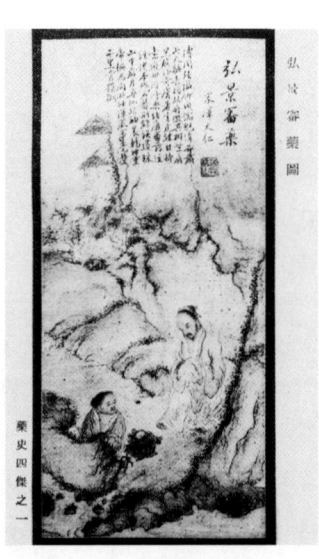

弘景审药图

叶遐庵先生题赞：
服饵忒栽生，尝草穷殊状，十赍著华阳，功已超良相。
隐居谢婚宦，审志济人利物，
所学浩博渊深，迥超时俗，世仅以修道者目之，失之远矣。
　　　　　　　　　　　　　　　　　　番禺叶恭绰

《苏敬制图图》云：

苏敬，唐时湖北人，官朝议郎行右监门府长史骑都尉，敬、宋人避讳作恭，后世袭之不改，精药物，先著《新修本草》及《图经》，摭拾陶氏之差讹若干卷，进之高宗，表请修定删补，乃诏令检校中书令许敬宗，太常寺丞吕才，太史令李淳风，礼部郎中孔志约，尚药奉御许孝崇，并诸名医等二十人增损旧本，及奏，上问曰："本草行来自久，今之改修何所异也？"曰："旧本草乃陶弘景合《神农本经》及《名医别录》而注解之，宏景僻在江南，不能遍识药物，多有纰缪，其所误及《别录》不书，四百有余种，今皆考而正之，此所以为胜也。"上称善，诏藏秘府。

苏敬制图图

黄农本草溯梁陶，药物精微辨末毫，纰缪纂修烦检校，菁华摭拾费爬搔。

删书岂必师尼父，绘状真堪胜二毛，御诏独珍藏秘府，按图索骥纪功高。

夏咉庵先生题赞：
吾尝患名物，学者难稽古，九谷且聚讼，往昔阙图谱；
百药繁品汇，《图经》要相辅，有唐苏长史，陶书勤厘补。
班班经七卷，作图卷廿五，政和刊证类，唐蜀本兼举；
平仲灵秀图，或亦苏所取，彼佚赖此存，溯源详颂叙；

长史实先河，数典敢忘祖，多君写医史，绵兹未坠绪。

大仁先生属题
夏敬观

慎微征方图说

唐慎微，字审元，成都华阳人，世业医，至慎微尤精，治病百不失一，一语证候，不过数言，再问之辄怒不应，其于人不以贵贱，有所召必往，寒暑雨雪不避也。其为士人疗病，不取一钱，但以名方秘录为请，以此士人尤喜之，每于经史诸书中得一药名一方论必录以告，遂集成《经史证类备急本草》，尚书左丞蒲公传正，欲以执政恩例奏与一官，拒而不受，其二子及壻张宗说皆传其艺，为成都名医。赵与时《宾退录》则称唐为蜀州晋源人，李时珍则谓宋徽宗大观时人。貌寝陋，举措语言朴讷，而中极明敏，学问赅博。有谓为哲宗时人，元祐间李端伯招之，遂居成都。所著《证类本草》，今日犹存。唐氏好学深思，其精神有非后人所能几及者也。

慎微征方图

要言治病恶烦嚣，贵贱无分志未骄，愈疾却酬搜秘录，著书拒奏避荣邀。

讷言寝貌夸中慧，令壻佳儿嗣后桃，独愧时人穷聚敛，顿教医史染污潮！

沈信卿先生题赞：

厉山旧隶汉东随，荒远神农并国医，一日毒逢七十二，遍尝百草世称奇。

陶苏唐李萧梁始，东璧朱明集大成，药师堪跻通史席，紫阳纲目共风行。

大仁先生属题

癸未四月

八十翁沈恩孚书于拥百城楼之南窗

时珍殉学图说

李时珍，字东璧，晚年自号濒湖山人，蕲州人，约生于嘉靖元年（公元1522），生时白鹿入室，紫芝产庭，幼敦敏，以神仙自命，苦羸疾，貌清癯，年十四，补诸生，有声，三试于乡不售，发愤读书，十年不出户庭，博学无所弗窥，诵读以月出为期，夜即端坐。理学名家顾日岩桂岩昆仲，与其父闻言交厚，时珍师之，瞿九思庞鹿门师事时珍，庞助其师作《纲目》，学极奥博。世藩富顺王嬖庶孽适子疾，王欲废之，因讽时珍，时珍以良药进曰："附子和气汤。"王感悟，卒立适。楚王闻其贤，聘为奉祠，掌良医所事，世子暴厥，时珍

时珍殉学图

立活之，王妃自负金帛以谢，不受。荐于朝，授太医院判，一岁告归，结蕂所馆，著《本草纲目》《濒湖脉学》《奇经八脉考》《集简方》《五藏图论》《三焦客难命门考》《濒湖医案》《食物本草》《蕂所馆诗词》《诗话》。年七十六，预定死期（公元1596），其墓在蕲州东五里，竹林湖。时珍著纲目（始于嘉靖壬子公元1552），历年二十七，稿凡三易，阅书八百余家，先后增药合一千五百五十八种，成五十二卷，书成将上之朝，时珍遽卒，未几神宗诏修国史，征四方医籍，其子建元以父遗表及是书奉献，神宗命判行天下，自是士大夫家有其书。

闭户穷书忘岁月，卅年著述瘁精神，旁征博引缵前绪，纲举目张迈古伦。

剔刮几经三易稿，搜求幸获再传薪，遗编已足光药史，殉学于今有几人！

陈庸叟先生题赞：

露苗烟蕊富青囊，著手成春口备尝，萤案穷年勤撰述，不须居市作韩康。

神农上溯逮朱明，药史蒐罗集大成，绝似紫阳纲目例，医师原是老儒生。

癸未三月

右题时珍殉学图

陈夔龙拜稿　时年八十七

余　沵

《中国医史四杰图》，成于己卯岁，《中国药史四杰图》，成于癸未岁，费时三载，稿凡五易，勤求古籍，博考众书，以冀有合于时代，考古之事，至不易言，毫厘之差，难免千里之失，惟书画写真，过求形似，则失天趣，画乃寄兴，故本图虽不无有出入一二，要以不悖于理致。唐宋画笔，钩[勾]勒极似石刻，千古传誉，窃以史画之作，如非笔端凝重，刻划深沉，则必无神韵可言，不耐寻味。医药八杰图，皆仿南宋画法，虽不敢云神情逼肖，笔姿高古，然而竭吾心力，聊抒心境，工拙初非所计，至布局之经营，设色之浅深，悉凭理致，未敢率意妄为。兹将各画之设计大意，略述如下。

（1）《稚川炼丹》：借镜于《科学》杂志所载油画炼丹图，加以窜改，兹图为普通炼丹之陈设，将自古以来，各种用具，纷然杂陈，布置过繁，不易动观；且器具多种，为明代道书所载，非稚川时之所有者，山洞方向位置，亦不妥善，故重为拟稿，以《抱朴子》所载为经，其他《道藏》所记为纬。炉灶构造之尺寸，与剑镜之背景，已于图中说明，至于符箓，乃祈祷者所应有，上祷彼苍，佑我黎民，似为人神交通之具，幽明感应之媒。稚川像，则以王叔明《葛稚川移居图》为范本，惟彼作在山行路之状，此为指导子弟炼丹之形，率意摹拟，如不加出入，则画而与题旨，不能统一，良以山水画，全以性灵为主，初非依样葫芦可以比拟也。

（2）《仲景著书》：张氏仲景奉称医圣者久矣，惟范、陈二史俱无专传，其生卒不详，只知其官太守，著《伤寒论》而已。如此抽象史迹，欲以丹青写实，委婉传神，颇费踌躇。盖仲景凭太守之资而著书，故其书室之陈设，自是堂皇，未可简陋。东汉习俗，当为低几席坐（汉代亦有高桌，宴会时亦尝用之，汉画中可见），背景以云母屏风，古朴铜瓶（此时瓷器未有），插以珊瑚雀翎，右旁花园远景，此皆汉前已有之事物，谅无不称时代之嫌，初拟缀以立轴，写上"勤求古训，博采众方"等句以显之，但卷轴装潢，则为当时未有，烛台式样莫详，不敢贸然窃附，所著书拟于几上卷子标出《伤寒杂病论》字样，备考书则写出《素问》《八十一难》《阴阳大论》等，后以既有标题及诗词，足可表见，不必蛇足而流于浅俗，故重易其稿，或不失于简洁雍容乎？

仲景画像，据予所见者凡四：①明代张卿子《参注伤寒论》首附之木刻。②黄竹斋编《仲景传》影印日人画像（画者姓氏字迹模糊，无从辨认，上有天明甲辰之秋，段通拜赞，知其题于1784年也）。③片仓鹤陵《医学质验》所附之图，以上俱为全身立像，尚有王、伍二氏英文《中国医史》半身侧面像，惟未注明出处，询诸编者，亦云遗忘。各像运笔粗疏，神气未能活现，兹仅参考各画服装，写其凝神着意之姿态，一代圣哲之传神，岂至此方得谓为较善者乎？

《伤寒论》成于公元196年，该书包括一切亚急性热病而言。惜当时未有科学方法与工具，不能与其他热病明确鉴别，乃根据疾病经过之证候群，分为若干阶段，而倡行对症疗法。后世注释者，多至五六百家，非但未能越其范围，几至只知有证而不知有病矣。张氏对于当时仅注重方药，疏于断病之医者，鄙视非常，故极力提倡诊断之法。又创汗、吐、下三法及灌肠法，为医家立一准绳，使中国医学在治疗上开一新纪元。前人仅由经验知药之效用，仲景更进一步，能知各种药物之功能，及其对于人体发生之反应，此点确为前人所不及者也。

（3）《华佗刳腹》：相传华佗为关羽刮骨疗毒事，前尝证其不足凭信，考《后汉书》《三国志》及《华佗别传》等所载，关于外科五例，曾行开腹手术者二，施行全身麻醉者三，今节取湔浣肠胃之文意，加以推考，以史笔而出诸画笔，跃然纸上，更足动观。工欲善其事，必先利其器，当时手术器械，自必简陋，但必稍有设备，式样如何，因元化无著作传世，苦无文献可征（《隋书·经籍志》所载之华佗观形察色并三部脉经，华佗方，及《华佗枕中灸刺经》以及《七录》之《华佗内事》均佚。《通志艺文略》之《中藏经》；《崇文总目》之《华佗玄门脉诀》，《内照图》；医藏目录之《华佗外科方》，皆为后人伪托）。中医历代外科书，只论痈疽疮疡，绝勘手术论述，故又称为疡医。至咸丰六年，高文晋《外科图说》始有外科器械之记载，各物特制者寥寥，即如家庭女红之剪，澡堂扦脚之刀，每资以利用，二千余年前之工具，自可推想而知其为如何粗拙矣。佗时器械式样，已不可考，不得已参阅六朝器物，故采取狭铲式刀，去其木柄，其头圆锐，合于剖割，一手所用之钳，当时或有阔狭长短之分，否则不易合用，吾人以钳刀必须配合，不妨以意为之，纵有汉代一二原样可按，但亦无法全部配置，其要总以情理相贯耳。以葫芦为盛麻沸散之器，以古铜盘为湔浣之具，既合乎时代，画面尤为美观。

佗貌由故宫旧本摹来，但南薰殿所藏，多由明清两朝画家想像之作，如孔子遗容虽不一，而皆美髯，按《孔丛子》："子思告齐君，先君生无须眉，天下王侯不以此损其敬。"明刘伯温像据太祖图于功臣阁者，美好如张良，按其子孙称有髯且长，画像不足尽信有如此者，而佗像又类似孔子像之最习见者，佗貌是否如斯，无可覆按，以历史关系，又不能不以此为范本；故宫像蹙额愁眉，似呈不安之状，于手术时不配，窃以佗之才识，必有临事不苟，从容不迫之表见也。

《华佗别传》又有记载其施行特异手术者云："刘勋有女，年岁二十，左脚膝里有创，痒而不痛，疮发数十日愈，愈而复发，如此七八年，迎佗使视，佗曰：疗之当得稻糠色犬一头，好马三匹，以绳系犬颈，使走马牵犬，马极辄易，计马走犬三十余里，犬不能行，复令步人拖曳，计行五十余里，乃以药饮女，即安卧不知人，因取犬断腹，近后脚之前，所断之处，向疮口令去三二寸，停之须臾，有若蛇者从疮中出，便以铁锥贯蛇头，蛇在皮中摇动良久，须臾不动，牵出长三寸许，纯是蛇，但有眼处而无瞳子，又逆鳞耳，以膏散著疮中，七日愈。"陈寅恪先生谓："《华佗传》乃附会佛经神话。"不为无故。

元化曾有柔软操之发明，曰五禽戏，见《后汉书·方术传》，后世之八段锦，或由此术演变而来。予前题"流水户枢身自健，熊经鸱顾气常怡"，即指此而言。

（4）《勋臣改错》：王氏清任思想卓越，勇于改革，洵为中国医学之杰出者。所著《医林改错》，当时医者多所反对，致未为人所注意，惜哉！彼时所处环境及检验脏腑经过，其自序纪述甚详：

　　"……嘉庆二年丁巳，余年三十，四月初旬游滦州之稻地镇，其时彼处小儿，正染瘟疫疹痢症，十死八九。无力之家，多半用代席裹埋。代席者，代棺之席也，彼处乡风更不深埋，意在犬食，利于下胎不死，故各义塚中破腹露脏之儿，日有百余。余每日压马过其地，初未尝不掩鼻，后因念及古人所以错论脏腑，皆由未尝亲见，遂不避污秽，每日清晨赴其义塚，就群儿之露脏者细视之。犬食之余，大约有肠胃者多，有心肝者少，互相参看，十人之内，看全不过三人，连视十日，大约看全不下三十余人。始知医书中所绘脏腑形图，与人之脏腑全不相合，即件数多寡，亦不相符。惟胸中膈膜一片，其薄如纸，最关紧要，及余看时，皆以破坏未能验明在心下心上，是斜是正，最为遗憾……道光九年……恒宅请余看症，因谈及膈膜一事，留心四十年未能审验明确，内有江宁布政司恒敬公言，伊曾镇守哈密领兵于喀什噶尔，所见诛戮逆尸最多，膈膜一事，知之最悉。余闻言喜出望外，即拜叩而问之。恒公鉴余苦衷，细细说明形状，余于脏腑一事，访验四十二年，方得明确而成全图……"

　　据此文图互相印证。则勋臣当时情形，宛然在目。惟初稿时错误之点甚趣：①勋臣身旁置刀，示剖视内脏之意，但当时法律不许解剖，不过趁犬食之余，破腹露脏者，乘机观察耳，故易树枝以便剔拨，较为妥贴。②小儿尸体脏腑过于清晰，一再察阅殊觉失笑。良以血肉模糊之残骸，决非解剖图谱之可比。③勋臣所绘肺胃各图，虽仍有不合，不得不依样葫芦，以存本来面目。④木版《医林改错》卷首有王氏像，道貌岸然，长髯过胸，依样描绘，几成笑谈。因王氏检验脏腑时，年约三十，按之清季习俗，壮岁不应留髯。稍不经心，则成大错。考古之事，诚不易言也。

　　《中国药史四杰图》之作，较之"医史四杰"，人选尤难。神农氏虽世俗有药王之称，仍有否其人，尚属疑问，惟无著述遗世，学术上更难凭借。乃选取梁时陶弘景、唐时苏敬、宋时唐慎微、明时李时珍为"四杰"。之四子者，学问渊博，集一代之大成，其功卓绝千古。

尝商诸同乡曾广方药学博士，亦首肯予言。该四杰咸著有本草之书，将其各别描绘，以显其特长，明示特点，于是博考史迹，拟定纲领。以弘景审药、苏敬制图、慎微征方、时珍殉学为题，写陶氏（公元452至563年）隐居茅山时，遣僮采撷药草，凝神谛视，以辨认药物真伪，该僮正采取者茅术也。容貌据前记好道身长，疏眉高额，肤皙神表孤迈等语而成。某道家书刊有陶氏像，乃与文献所记不合，故不取焉。苏氏《新修本草》及《图经》成于唐显庆二年，即民国纪元前1256年，其他事迹，史书语皆不详。其容貌不可考，仅知其官长史而已，故其仪表只可推想及之，头戴软巾（官职私邸用之便帽），长袍围带，室中多置药草标本，从事鉴定，以著《图经》。唐氏《证类本草》撰于政和六年丙申，即民国纪元前796年。书载其貌不扬，举措言语朴讷，由朴字推想，具见真挚，内心明敏，故面部作敦朴状。李氏年三十即专攻医药学，因不满当时本草繁杂，乃于嘉靖卅一年（公元1552）穷搜博采，芟烦补阙，历廿七年而成《本草纲目》。将上之朝，而时珍遽卒，可谓鞠躬尽瘁，死而后已。治学精神，令人钦折！其书至今仍称本草学之巨擘。图乃写其病时，斜卧椅上作沉思状，其子侧立面聆训词，僮于屏后持书，一若时珍神疲之际，扰置念不已，嘱彼慎惜之意。走廊中梧叶飘零，殆亦凄其之象征乎？

每画除事迹、道具、容貌、布景特别注意外，还须顾全其他各画之位置，因有山水花木，内景外景，疏淡茂密，线条纵横，笔法理致，力求统一。寡学如予，所见尤罕，是则在于医林前辈，艺苑方家之加以指正耳。宠锡词章，欣幸何似！谨缀数言，藉伸谢忱！

医林怪杰又识
癸未三月

是月，《稚川炼丹图》（并说明）在《现代医学》第5卷第6期发表。

7月15日

《王履之医学与书画》在《医文》第1卷第4期发表。

8月

《补录宋大仁先生〈稚川炼丹图〉》在《现代医

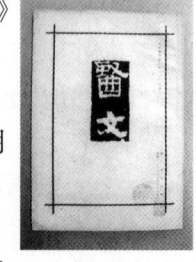

《医文》

学》第5卷第8期发表。

本年,编《胃肠病丸散膏丹汇编》《消化器病中外药物制剂引得》《急性胆囊炎之治疗法》等;跋《延寿仙内景图》。

1944年(甲申)38岁

4月1日

撰《标准中国药用植物图谱》弁言,后在《中西医药》1946年第29期发表,云:

夫补偏救弊,酌盈剂虚,以措置我人体躯于安善,而恢复疾病之经过者胥惟药物是赖,药物之中要以植物为首选,良以植物介于动矿之间,其性较纯,流弊较少,是以我国运用之者特多,药物专书竟以本草为名。《本草纲目》一书,号称大成,不仅脍炙人口,且举世皆知,莫不奉为惟一之药籍,而相率加以研讨。顾书成于明万历十八年(公元1590年)其时以科学知识未臻缜密,研究工具诸多未备,因而疑似相类之差误,不一而足。曩昔虽有图谱数种,大概钩勒轮廓,未能神似,揆之实际,相差过甚,仅可用为参考之资,若以提供科学之研究,则失之远矣。

本图谱之成就,历时十有六载。采集地域,北起张家口,南达浙皖,东自山东半岛,西历陕之西安。一标本之成,又须守其花期果期,逐一观察记录,更集合若干生药学家、植物学家鉴定学名科属,然后付之图绘专家,悉依本品植物之大小色泽,据形煊[渲]染传彩,并分绘苗叶根茎果实,别其异同,与原生植物,丝毫无爽。成就本图之最为难能者,即在观察生药之长成须历长期也。盖以花叶果实之相差时期,最少限度,亦须经数月之悬隔;尤其同一科属之植物,差别无几,非细心体认,必不足以别其分际,非于生物学有专长者,每有毫厘之失,即如萎蕤与黄精之异,仅在梗茎之方圆而已。今先成三百六十余图,至其药用部分,更皆各别指示,附以参考文献,因名之曰《标准中国药用植物图谱》,岂过言哉!

6月1日

分别为"上海特别市卫生运动大会"及"上海中华基督教青年会""上海市青年会卫生运动大会"提供胃肠病、寄生虫标本及伤寒标本、书画、艺术图画、表格、照片等数百种资料。

《申报》报道云："'卫生展览会'假跑马厅举行，亦于明日开放。任人参观，内计分学校卫生展览、隔离医院展览、种痘及霍乱预防注射展览、病理化验间展览、化学化验间展览、病理标本展览、寄生虫标本展览、生理标本展览等。"[1]

本年，绘《中山故乡四景》山水画并题十六绝[2]：

翠亨春雨
翠亨村外濛濛雨，金子塔前霭霭春；
起伏冈峦雄气象，此中定有大传人。
俯观坡下酒帘飘，仰望犁尖景可描；
犹忆当年挈同伴，登坡常觉雨潇潇。
神龙伏处几经年，欲出甘霖下九天，
此是吾乡真瑞象，胜他成佛与成仙。
绿杨拂处云生帽，红杏开时雨湿衣，
恍见山村烟霭里，画图妙景尚余晖。

叶退庵题句
神峰独秀郁苍苍，春雨犁头万象骄；
今日烟霞成阒寂，空山何处访人豪。

清溪垂钓
最忆儿时游钓地，村前流水本澄清，
一竿垂处如妆镜，照彻身心别样明。
世外桃源何处寻，潺湲声已洗诗心；
石梁远架林阴复，即未垂纶亦爽襟。
倒海排江不可当，此溪水势亦汪洋；
若教流向尘寰去，化作春霖德更彰。
漫言任昉钓金鳌，不效严陵台筑高；

---

[1] 参见：《卫生运动大会今日行开幕礼并举行大扫除运动》，《申报》1944年6月1日。

[2] 洪贯之：《国父故乡史画特写》，《中华学艺社报》1948年第1期，第16-17页。

独把一竿潜水底，恐教人尽识英豪。

叶恭绰题句
回首神功接混茫，钓游犹自爱斯乡，
洪流万脉须排导，莫忘朝宗此滥觞。

国父故居
绝胜南阳旧草庐，风云千载护琴书，
梓乡别有林园景，咸识当年国父居。
遥瞻竹翠桐阴密，便睹巍然耸一楼；
恍惚读书声尚在，那知绩已播千秋。
罗斯福第中山宅，史迹虽殊一样新；
抱膝微吟魂梦绕，天涯终逊故乡亲。
艰难百创开民国，举世潮流合顺流，
民族民生权亦共，三民主义总抬头。

叶恭绰题句
荡除纷翳现中兴，人杰何须恃地灵，
留与神州供史实，不闻佳气颂春陵。

纪念学校
中华民族皆桃李，建校长铭国父功；
碧瓦红墙标帜异，群欣是处起春风。
树人本为百年计，树木先看遍绿阴，
从此翠亨村不朽，故居处有读书林。
参天拔地尽真才，又喜纷纷雨后载，
举世竞争为民主，何妨国际蛰惊雷。
画图草草渐名世，纪念无非启后人；
但愿犁头尖畔雨，酿成遗泽及时春。

叶恭绰题句
桃李春风满园载，依然构厦赖群材，
参天萌蘖寻常事，珍重新阴属后来。

马公愚书谱主联句
翠岱乐沾时雨化，清溪闲忆故乡情[1]。

撰《海熙楼评画集序》《论气韵生动》《书画与评论》《评画的基本条件》《戴嵩年和德拉马》《黄宾虹山水跋》及《水墨画之形成及其价值》等。

1945年（乙酉）39岁

2月

上海胃肠病院创办八周（年）纪念暨谱主四十初度，梅兰芳、马叙伦、田汉、余瀯、沈钧儒、柳亚子等74位同人好友，亲笔题词，"不留只字，无以伸庆贺之"[2]。

5月

《评"南张""北溥"》在《学艺》第38卷第5号发表。云：

国画之特点，在于寄托深邃，表达幽思，所以一人有一人之精神，一画有一画之意境，其貌似神离，乃庸工耳！

国画固以神韵为尚，笔墨为骨，然其布局立意，更未可苟忽，热中名利之辈，不惜降格以求，藉邀俗赏，品乃日下。时至今日，所谓画家者流，非东抄西袭，或杂糅中西，自谓艺术之新创，然而个性全无，天趣泯灭矣！是以国画必须具有超然独立之精神，注重主观的表现，轻视客观的存在，始能具独特的作风，而有千古不朽的价值，若遗神取貌，生气索然，虽能煊赫一时，终乏永久的生命。

四川张大千，北平溥心畲，有"南张北溥"之称，近日市井画贩，视为定论，其然耶，其不然耶？盖南张专以古本面目，为外表章法，东袭西凑，时乖笔情物理，既无感觉，焉有内容，纯以石涛之躯壳，

---

[1] 洪贯元：《国父故乡史画特写》，《中华学艺社报》1948年第1期，第16—17页。

[2] 周明忻：《宋大仁年谱》，《中华医史杂志》1999年第4期。

取巧示人，而其用笔用墨种种短处，早已经人指摘。如用笔专以长锋狼毫横刷，或侧锋逆取，已失法度，致成竹片之枯硬褊形，用墨少干湿浓淡之别，章法必以云中山顶，自以为空灵，人物姿势，颇尠变化，衣纹有如竹丝描成，都现褊象，即此数端，已无超脱可言，然欲抗衡苦瓜，不亦难乎？

甲申岁，成都艺术评论委员会[1]对于张氏之画，加以评论有云："大千先生被誉为当代名家，固无愧色，惟我人对于张氏之希望，尚有不能已于言者，观此次展中之摩登仕女，远不如仿古之成熟，知张先生模仿功夫，胜于创作力量，似未能突破古人藩篱，自为风格，奈入而不能出，往而不能反，以此而欲驾乎古人之上，势实难也。"

又云：

"即以摹拟而论，张先生对于石涛八大，造诣最深，不独画面毕肖，并题款之字，亦可乱真。其他如仿高房山山村图，似微嫌点法平板，水墨未能融会；又墨荷两帧，不免过于粗豪，采莲一帧，则又失之纤巧，皆非其至也。"此为客观的批评，而非以私意褒贬也。

今日画家，群趋敦煌之窟，临摹壁画，以为号召，成一时风气，张氏亦以临摹敦煌壁画相号召，抑知敦煌壁画，仅有历史价值，本非艺术之极致，倘谓敦煌足以代表国画之精萃者，是乃囫囵吞枣之浅见，若以探究某一时期之古代艺术作风，专心响［向］往，当不无收获[2]；奈张氏所临，类多率意为之，又擅易其姿态与色泽，以迎合俗

---

[1] 艺术评论委员会在民国卅二年（1943年）11月成立于成都，委员为王白与、王希瑾、林君墨、梁又铭、郭乾德、陈觉玄、关山月、邓穆卿、谢趣生、罗文谟十名。其立会之旨趣谓："共谋携手，共同努力，对于今后所举行之各种艺术展览，各本研究态度，客观立场，作善意之纯理智的批评与研讨；促进艺术以指导社会对于艺术之鉴赏，不含任何私意之褒贬与谩骂。"

[2] 敦煌属甘肃县治，在玉门关东南，为汉唐间东西交通门户。魏晋以来，西方艺术东渐，敦煌为荟萃之区，其东南四十里鸣沙山麓，有三界寺，寺旁石室名莫高窟，四壁皆佛像；开凿于前秦苻坚建元二年（当晋废帝太和元年即公元366年）为沙门乐僔所营造，历前秦、北凉、后魏、北魏、隋、唐，增辟千余洞，故俗名千佛洞，五代、西夏，增修不辍，成为千余年佛教艺术之宝藏。元代以后，海上交通便利，窟被流沙阻塞。壁画，起于西魏文帝大统四五年间（538—539）由西域东播，以六朝为初期；受北印度犍陀罗式影响居多，其作风奔放，笔致沉雄，内容以想象画为多；至隋代而一变，渐趋柔和；至唐再变，更觉优秀绚丽，因受中印度笈多式艺术之影响；至五代为三变，日见板滞；至西夏四变，遂致萎靡草率；至元代为五变，入于藏画范围。因知敦煌壁画，作风不一，各有特性。

尚；复以临摹费时，辄雇青海番子画匠代劳，先取平涂，继则描以淡色或重色，俨然图案，全无古意，更失艺术之真价。北大教授向达先生曾在敦煌研究艺术有年，于大千所描壁画，一一考其异同，曾有专论发表可证。又陈觉玄先生云："张氏系用还原法（restoration），就现存部分钩摹，并将已剥蚀处，用想象补充，故其画面完整，色彩亦极鲜明，俨似近世新作，但与原画吻合与否，无法证明。"因知张氏敦煌之行，意在搜求草稿，以滋售画之资，非为表现敦煌壁画之真，故张氏画，不足为敦煌艺术之代表，固非予之私议也。或谓张氏与大涤子可以乱真，然而王麓台论大涤子之画云："全体浑沦，元气磅礴，令人不可端倪。"与张氏之画，两者相较，何啻霄壤。总之，张氏画固清丽动人，其奈笔墨意境太薄何？马叙伦先生《石屋余渖》有云"大千以画负当世盛名，然气韵不厚，模古有余，自创不足，骇俗有余，入雅不足"，最为的论。

马先生又谓："心畬以故王孙，多见宋元名迹，故其画，初以宋元为面目，而以天姿济之，初出问世，自具虚中，俄为流俗所赏，以并蜀人张大千，号为'南张北溥'，品乃斯下，全趋俗赏矣……若心畬者，不复自抑，则反朴无期，骄气日盈，天机自浅矣。"故溥氏虽具灵魂之感觉，而无完整之躯壳，使之附丽，然其运笔悬肘，淋漓活泼，如作行草书，绵延不绝，颇为生色，但画面刻意求工，欠于生动，巨幅尤病气魄不足，惟尺页小品，差有可观；若小家碧玉，不乏动人韵致，至于雍容华贵，仪态万千，则病未能。国立北平艺专某教授谓："其文人习气太深，读书固多，游踪不广，画少全美之幅。"良以临摹功深，藻思泯灭，囿于古人藩篱，以致未能独往独来，自辟蹊径。虽然列子有云："圣人无全能，万物无全用。"此非求全责备，但愿两君稍自更张，今后自出机抒［杼］，则成功必巨，予岂好为饶舌，实寄厚望，不觉言之率直，更无私人好恶，存于其间，惟识者谅之！

《医药与书画》在《中华医学杂志》第31卷第5、第6期发表。

秋

　　海熙楼收藏"苏东坡书嵇叔夜《养生论》"真迹。

　　本年，中西医学研究社复社；撰《医药书画艺人考》（初稿）、《今后国画的方向》；撰《赠汪声远教授》《汪教授周甲像赞》《寿汪声远教授》诗。

1946年（丙戌）40岁

7月

中西医药研究社拟设上海中医科学训练所，向上海市卫生局呈成立缘起及章程。

被《华中医药报》聘为特约撰述。

8月13日

《急性胃炎与霍乱》在《华美晚报》医药周刊第5期发表。

8月23日

《燻灸肺病之害》在《华美晚报》医药周刊第6期发表；《胃肠病常识》在同期报纸连载。

是月，《徬［彷］徨中之中医教育》在《健康医报》第6期发表。

10月

《中西医药》杂志复刊，第1期为总第28期。

《中医教育之展望》在《华西医药杂志》第1卷第7期发表。

11月

撰《标准中国药用植物图谱》"弁言"及《中医药之分析》在《中西医药》总第29期发表，后者云：

学问有专门与普通之分，涉及专门的高深问题，固非常人所能置喙，医药问题，人尽知其为专门也。然而社会大众每能自道其病原，一知半解，自误误人，而民间各有治疗之方，互相传授；学贾不就，读书不成，退而行医者，大有人在。大黄通泻，砒石毒人，夫人知之；然此乃常识，并非学问，必也知其可以泻下，何以杀人，方是为学之道。故学问者，真知也，非尽人可晓，常识也；虽五尺之童，亦可知其当然。一如饥食、渴饮、水溺、火焚，耳闻目睹，可学可知；故不能道其所以然者，皆不得谓之学问也。今日之中医问题，毁之誉之，似无定论，或者避而不谈；均非吾人应取之态度，因不得不伸其说，□解后学之惑焉。

历　史

（1）时间不足贵：我国医术，已有四千余年之历史，事实也；然徒有历史□不足以傲人。医药乃学问之一部，学问为真知识，非一成不变之物体；历史□久，或成陈迹，例不胜举；矢石御敌，今人犹沿用之耶？上古衣冠，近代仍□穿戴耶？历史之所遗留，可为后人参证利用或发扬光大者，仅为其中一部分矣！

（2）有不可靠之经验：目前头脑清明之士，鉴于中医说理之玄虚，又退守□经验之丰富以自矜；经验亦隐含若干真理，不容弃置，一切大事之演进，何莫非以经验为基础；经验出于事实，学问亦不离经验，是则经验之可贵也。但经验须当明辨其当然与偶然，往往有似是而非之处，不可不察。医药之学，更须事事依据事实，自无待言；今以浅近易见者为喻，我人积数千年之经验，皆知天动地静，日月升迁，为天经地义，其实适与事实相反；故经验虽多，未可尽凭。我国医药，曾无独立完善之系统，惟有经验可谈，因其只凭经验，以致未能发展，成为独立的专门学科，但是项经验，乃为人体试验之结果，可采之处不少！苟不加以整理，而盲目尝试危害亦多，反为所累矣！

学　术

（1）医学是科学的：科学须有条有例丝毫不苟，言之有物，事可征信者。必以分析出之，切忌笼统肤浅。中国历史虽久，至今少有发明者，正坐此弊，言之无物，乃为最大缺点。故须充实现代科学知识，必奠其基础，否则，即不足以言改进。科学虽非万能，但为各种应用学科所必经之阶段，又为现代人类知能之表现也。

（2）哲学与科学联系：治哲学者，若就皮相观之，似与科学无关，殊不知哲学亦须利用科学方法，不明科学，而高谈哲理，则流于虚玄而不自知，非为真正之哲学矣！我国医药徒事推想，凭空假设，不务实际，遗误实多；此后应以归纳分析诸法，为致力之途径，庶有发明之望。

（3）凭藉艺术手腕：科学哲学，既不足为中医立足之基点，于是乃有以艺术立论者。诚然，中医之治疗，全凭个人艺术手腕，换言之，无异生意经耳，以操纵病家心理，为业务之竞争，无关学术。中医书籍虽多，而专论病之体系，不涉空论者，实不多觏，所以日趋没落，自非无因。

（4）诊察偏重主观：治病必先识病，识病首重诊断，诊断务求精密；主观诊察，虽非绝对无用，但客观的器械诊察，亦属必要。中医既未有病症体系之专籍，诊断仅凭主观演绎，于是武断臆测，为必然之流弊，诊断不确，治疗岂能有准乎？

药 效

（1）医药并非一事：中国医药问题，向来混为一谈，实应分别而论。医术为一事，譬如何为真正伤寒病，何为真正痢疾病，属于医学范围，但药效另为一事，如麻黄发汗，半夏止呕；然其发汗止呕之理，探究所以然之故，乃为药理问题矣。

（2）幸中与偶合：治绩不尽可凭，适逢其会之例，最所常见，病者或本非绝症，致人于死之病，本不甚多，不治亦愈者，往往有之；中药因非精制之品，较少烈性，人因谓之王道，有人以果子药称之，投剂获效，未必尽皆药力作用也。

（3）过于夸张：文人之笔，识士之口，故意混淆是非，颠倒黑白，最为可恶！是以载籍所记，殊多失实；笔墨渲染，播为美谈，谓某医疗病如神，其药取效俄顷者，其实多夸大之词，无可凭信也！

秘 传

真实学问，无秘可言，秘者，不足为外人道也！中医于病源、病理、药效之所以然，皆以意为推断；人自为说，本无准则，药效之获得，仅凭偶然发见之事实，及普通之常识；所可得而言者，不过一二锦囊巧诀，其为秘也，亦势所必然，非尽有特殊价值可称耳！

医学教育

今有少数浅狭的爱国思想，或善于利用时会者，往往大谈中医教育，谓保存国粹，须广设学校；但中医学说，尚未一致，派系纷歧，互相水火，教材师资，均成问题；此皆因于不明医学真相，与不谙教育本旨之失，就实际言之，惟有开业中医之补充教育，乃为要着。

研　究

以学术言，研究中国医药，可由各医科学院特设专系以资研究，集中专材，分工合作，利用科学方法，彻底整理，始有成就。以前中央国医馆，虽亦以科学整理相号召，惟以认识未真，人才缺乏，动机亦不甚正确（其后更以行政为目的）；今后欲为中医研究者，自非重订计划另觅途径不可也。

结　论

中医药之改进，确为目前一大问题，不容置而不议者。经验不无可取，中药确有治效，不应全部抹煞；且国药出产丰盛，购求甚便，关系药农、药商，生活至巨，一旦弃置不顾，事实亦非所许。甚望医药专家能将习用方药，分别研究，分析试验，及阐明其药理作用，以补新医药之不足；而职业中医，自宜接受科学训练，充实新知，以获取改进之机会。故中医药问题，初非存废两字，所可解决一切；非于中医药问题有深切了解与认识者，即不足以语此，亦非单纯的政治力量，所能廓清积弊，扫除障碍。凡事之积重难返者，尤宜因势利导，循循善诱，庶几事半功倍。必以学术研究，与补充教育，同时并进，始有彻底革新之望；否则，一波未平，一波又起，适足延长纷歧混乱之局面，医界前途，转增无限隐忧矣！

《王履之医学与画艺》在《中西医药》同期发表，云：

王履，字安道，号奇翁、畸叟、抱独老人，昆山人，元至顺三年壬申（公元1332）生，自元入明，后为秦府良医正，卒，子伯承能世其业，永乐中，医名噪于两京，无子，传之壻沈仲实，仲实孙承先亦善医，县令方豪以其愈母疾，书"助教"二字赠之。履博览群书，学医于金华朱彦修，尽得其术，作《溯洄集》《百病钩元》《医韵统》等，兼善绘事，工诗文，少师马远、马逵、马骥及夏圭之作。洪武初，挟一仆遍走秦晋，尝游华山绝顶，作图四十二幅，记四篇，诗一百十首，为时所称；说者谓其行笔秀劲，布置茂密，作家士气咸备。

初履游华山，见奇秀天出，乃知三十年学画，不过纸绢相承，指为某家而已。于是屏去旧习，以意匠就天然。明代画家一千余人，而能写景知于临以外尚有造化者,仅十余人而已,王履乃杰出者也。《华山图》以宋范宽为最早尝自语曰:"与其师于人者,未若师之物,与其师之物者,未若师之于心。"履之言曰:"吾师心,心师目,目师华山。"固全以宽法为法者,金时党怀英,元时刘因、虞集、李孝光、张蓊等,亦皆有《华山图》,题咏者颇不乏人。游华山者,往往至青柯坪而止,至韩退之登其颠不能下,恸哭与家诀,其语闻于耳,而仙掌莲花间,永绝缙绅先生之迹,而仅为樵子牧竖所有,安道独能以知之岁,扶策冒险,凌绝顶,探幽宅,与羽人静姝问答,归而笔之,记若诗矣,能托之于画,而天处三峰,高奇旷奥之胜尽矣。冒黎虽曾作游,而未曾作画;王摩诘则能画,而未尝或游。盖图,传神也,记,志事也,诗,道性情也,图有记有诗,备此三者,要以王履为首选乎?是以王履《华山图》记之喧腾于人,良有以也。

履游山时,在洪武十六年癸亥(公元1383年)七月二十日,回即作,越十四日不得讫工,九月中就船作记作叙,明年图成,又明年帙成,迨后忽又不甚恰意,欲重为之,而精神为病所夺,欲弗为之,而笔力过前远甚,二者战之胸中,久不决,其弟立道激之,由是就卧起中,强其所不能者,稍运数笔,昏眩并至,即闭目敛神,卧以养之,少焉复起,运数笔,昏眩同之,又即卧养,如是者数次,劳且瘁不可言。几半年幸完,傅色将半,忽精神顿敝甚,欲毕焉,而披与推,举不足用,思"满城风雨近重阳"一句,尚可寄人,况此乎?遂罢,以其弟立道,其子绪皆酷好画,爰授之,并曰:"珍之亦可,忽之亦可,私之亦可,公之亦可,用为睹物思人之具亦可,视为手泽,使后子孙相与慎惜亦可,贻诸好事亦可。"于此亦可概知其风度矣。

此图明时朱存理先见之于沈维时有竹庄,图仅盈尺许,笔意纵放,出自绳墨之外,若诗若文,皆蝇头小字,书满鳌簪,然天真之妙,烂然可把,不待诵其言,则于一览间,知其用心良苦也。因录副墨,相假以归。正德己卯,又见于太仓武指挥家,王世贞谓:归武氏时曾失其四,后于长干酒肆见之,宛然延津之物也,倾橐全购归,为武氏雅语。王氏复从武侯所借观,得见其画册与诗绝,曾令陆叔平摹二十许幅,十年前尚闻有人挟之求售者,凡两厚册,无损败,收藏甚佳,上册游踪题诗,下册为画,首有金寿门题签,系金笺篆书,画重水墨,稍加青赭，色淡而墨厚，甚沉郁也。此际烽烟漫天，不知尚在人间否？深为系怀不止！

……王氏画艺医学，皆戛戛独造，出类拔萃，罕有其匹，而其说不为世重，陈氏《中国医学史》竟不载其名，宁不可叹耶！王氏固不幸，而我国医学尤大不幸也。今后亦当知所反矣。王文恪公（鏊）曰："予读《溯洄集》，知安道之深于医，不知其能诗也。及修《苏州志》，知其能诗，又工于文与画也。呜呼！画末技耳，诗文姑舍是，予于安道之医，深于取焉尔。"王氏固早有知己者在，予特钩其沉而发其潜耳。览此者亦将有动于中乎！

是月，被《新中医药》月刊、中国医学研究月报社聘为特约撰述。

12月

《研究中国方剂应取之途径》在《中西医药》总第30期发表，其导言云：

晚近吾国以化学之进步，与生药学之发展，而本草之研究，亦渐见昌明，吾医药界中，致力于此，孜孜不倦者，颇不乏人。论其研究之方，新医学者，大都以化学检查为入手，药理学实验为论断，一本自然科学之法则，以阐明每一药物之性能，所以贡献于临床应用者，厥功甚伟。惟历年以来，因研究人材之缺乏，种种设备之困难，盖是项操作，既非个人之力所能举办，今国家虽有研究所之设，但以有限之经费，简单之设备，而欲使研究者，得以充分表现其工作，亦殊不可能；故业绩之微，令人失望。至中医界人，则因于化学及药理学、生药学之操作，非所谙习。虽有整理研究之决心，但以知能所限，不过袭取科学研究之报告，为中药性能疏注而已；不能自成系统，为彻底之探索也。

虽然，今日医疗上所普通应用者，除少数科学医疗之外，仍为中药方剂，于民间仍有绝大地位，需求之广，人所共见。则研究中国方剂，以确定其在治疗上之价值，较之仅为单味药之研究者，似有过之，并可为化学研究之参考，非无贡献。吾国方剂应用，起源甚早，方书之多，汗牛充栋，仅就汉唐之际著于载籍者而言，见于《汉书·艺文志》者：经方二百七十四卷，共十一家（始五藏六府痹十二病方，讫神农黄帝食禁）；《隋书·经籍志》：医方四千五百十三卷，共二百五十六部（始

《素问》《甲乙经》讫《四海类聚》，单要方）《旧唐书·经籍志》：方书四千四百四十六卷（始《神农本草》讫崔知悌（旧误作"悌"）方一百二十部）。以上医方诸书，虽未必尽有方剂之记录，但方剂确占其大部分。原书多数散佚，然遗方断简，存于《伤寒》《金匮》《千金》《外台》诸书者，尚属不少，犹可检得；古代文献，遗留今日，可供吾人大量发掘与利用，诚为研究上必需之资料也。

夫方剂之相成，本始于单味，所谓单方是也；此则各国皆然，其后因药物之理论与应用，逐渐发展，乃有配合少数单味，为一种方剂之事，更进而有复方之制，于是方剂之应用日广，配伍禁忌，亦渐有定则，吾大试一究其进化蜕变之迹，一方之中，谁为主药，昭然可辨；有时因各药配伍不同，而方名亦异，或因加味，则主治亦有不同，乃又另立方名，例如：桂枝汤、麻黄汤、麻黄附子细辛汤、桂枝加厚朴杏子汤、桂枝麻黄各半汤等，均尚保存古代原始方剂（复方）之形式。盖古时均标揭主药为方名，主治何症，一望可知。其后方剂组成，日形复杂，往往有配伍两种以上之主药，或两种方剂，合成一复方者，但方名既不能尽举诸主药之名，而须合乎简明之条件，并显示某种病理意识使人有望文生义之便，故此种方剂，已另立方名，建中、四逆、白虎、真武之类（据日本和气氏《伤寒论》，从古本考证，四逆系回逆之误，真武汤本作玄武汤，据此：玄之易真，乃后世避讳而改，回逆之误为四逆，竟成千古疑团，吾国宋世已无古本可读，读书宜求善本，于此可见），不再以药名方，是亦汉晋之际，复方应用，日有增加，药物研究，渐见昌明之证。或谓此种方剂，来历可疑，甚至断为后人伪造者，亦好古之过，未能视为定论。惟方剂之学，以唐代最称美备，迨至北宋以后，诸家逞臆立方，用药庞杂，已甚少可取。善哉，洄溪徐氏之言曰："既而积习相仍，每著一书，必自撰方千百；唐时诸公，用药虽博，已乏化机，至于宋人，并不知药，其方亦板实肤浅；元时号称极盛，各立门庭，徒聘私见；迨乎有明，稻袭元人绪余而已。今之医者，动云古方，其指不一……若谓宋元所制之方，其法可传者绝少，不合法而荒谬者甚多，岂可奉为典章；若谓自明人以前，皆称古方，则其方不下数百万，夫常用之药，不过数百品，而为方数百万，随拈几味，皆已成方。"盖已尽失立方之旨矣！

《中医训练有利于卫生行政》在《中西医药》同期发表。

是月，中华医史学会在中华医学会大礼堂举行一特别展览，以庆祝抗战胜利，并以介绍中国医药文化与西方同道。

中华医史学会举行庆祝抗战胜利特别展览会，王吉民（三排左一）、宋大仁（前右三）与参观者合影［采自张圣芬主编《中华医学会会史概览（1915—2010）》］

冬

撰《重印康平古本〈伤寒论〉》序：

王履曰："伤寒温暑，其类虽殊，其所受之原，则不殊也。"《小品》[1]曰："伤寒雅士之词，云天行温疫，是田舍间号耳。"因知伤寒云者，乃假定之病名，非真为寒邪所伤也。前人惑于字义，望文生训，徒事寒字性质之推求，妄生议论，于是伤寒病之原因愈不明，《伤寒论》之本义愈晦阐。岂知仲景《伤寒论》，不过记述古代传染病之症治而已，并非专论某一种疾病之书也。历来注释者，辄限定"寒"字，自囿境域，强为论断，竟有所谓："有北方之药，而无南方之治。"更有所谓："南方无真伤寒之病。"是何言哉！故今日之论伤寒病者，不当再泥于《伤寒论》一书可知矣。惟仲景《伤寒论》之症治记述，与夫用药之经验，非无可取之处，尚不失为中医惟一之参考文献，其重要价值，亦有未可弃置者；惟其然也，乃不得不推究版本之优劣，

[1] 即南北朝时陈延之著《小品方》。

良以传世既久，错伪夺误自多，盖《书经》三写，乌焉可以成马，是以不得不考求乎版本，版本之善者，当求之古，求古者，正所以体认其真面目也。不则，自必将错就错，误以传误，民不堪命矣。医为司命，权操生杀，故其慎重考订，将为如何耶！

汉代仲景《伤寒论》，早成遗佚，即王叔和手订之本，已不复得见，今日我人所得见者，自推东邦所传康平（我国北宋嘉祐时）古本为最善，较之国内传世诸本，尤为恰心，叶君橘泉，视如至宝，喜而不寐者，良有以也。惟予尚有不能已于言者，盖以我国医学，鲜有进步，要在过于尊崇仲景，尤其囿于伤寒字义，仅知率为圭臬，而自封自划，殊失研究之旨，是以今之治《伤寒论》者，宜三致意焉。

丙戌仲冬中山宋大仁

本年，中西医药研究社在上海复社，改设董事会、理事会、学术审议委员会、中医教育委员会、医史学委员会、本草学委员会、民间药委员会及出版委员会。研究与业务范围为：①研究中国医药历史，搜集医史资料及器物图像。②讨论中国医事改造问题，介绍实用医药新知。③调查医药分布状况，整理中国本草，搜集各种生药标本。④筹备中医科学训练所。⑤接受国内外医学事业机关委托研究、调查事宜。⑥接受委托办理中医药讼案处方鉴定事件。谱主任该社常务理事及中医教育委员会主任[1]。

撰《关于中山先生遗体的肝脏》；彩色精绘《标准中国药用植物图谱》300种（藏北京中医研究院）。

与王吉民馆长接待前来参观中华医史博物馆的美国军医访问团全体成员并合影[2]。

1947年（丁亥）41岁

1月28日

《我的"命理"观》在《时事新报》发表。

---

[1] 中西医药研究社总务部：《中西医药研究社近况》，1946年7月。
[2] 张圣芳：《中华医学会会史概览（1915—2010）》，《中华医学会（北京版）》2010年。

29日

《再论命理答袁树珊书》在《时事新报》发表。

是月，被马来亚医药之声社聘为名誉撰述主任。

《重印康平古本〈伤寒论〉序》在《中西医药》总第31期发表。

2月25日

为中西医药研究社开设中医科学进修班呈上海市卫生局文，获准备案[1]。

4月1日

《〈中药新典〉序》在《中西医药》总第32期发表，云：

夫中国医术，起源甚早，徒以说理玄虚，每以阴阳消长、五行生克为言，以致千余年来，终鲜进步，转落人后，为世诟病久矣。延至今日，旧法医疗所以犹能幸存者，无非药物之功耳！吾国本草之学，托始神农，原非信史；然本草之名，见于西汉成帝即位之初，乃公元前卅一年，王莽时，有楼护者，能谱诵本草、医经、方术数十万言，至东汉之季，已有本草专书，高诱注《淮南子》，明引本草可证。华佗弟子吴普、李当之辈，均有撰述本草之举；迄乎梁代，陶弘景撰《神农本草集注》一书，为世所称，但《名医别录》，乃为别一陶氏所遗，非出宏景之手，予已别有考证。其后本草之书代有增修，唐有苏敬等之《新修本草》，宋有《开宝本草》《嘉祐补注本草》，及大观二年之《经史证类备急本草》等，为其最著者。元时复成《新修衍义本草》卅一卷，明清两代，虽又重修，但明之《弘治本草》，及清之《重修本草品汇精要》（近年始由商务印书馆出版），当时均未刊行。惟明万历间李时珍著《本草纲目》一书，至今盛行于世。以言图谱，虽有唐显庆与宋嘉祐之《图经》，及《新编类要本草图经》等，然图绘拙略，且图与说异，两不相应，或有图无说，或有物失图，或说是图非，混淆失误，不一而足，难以按索；稍可称述者，惟明之《救荒本草》，清之《植物名实图考》而已。而二书均非纯粹本草之书，时医固未尝涉猎及此，故影响甚鲜，今世之所备用，亦惟《纲目》是赖；但《纲目》之书，搜罗虽富，最为驳杂，转录旧文，尤多割裂，缺少考证精神，反不若《新修》与《证类》之可贵；是以今日本草学者，乃有舍

---

[1] 上海市档案馆藏档案，档案号：Q400-1-2571。

《纲目》而取《证类》之趋向矣!

虽然时至今日，世界医坛，由于自然科学之突飞孟晋［猛进］，药物研究，将以化学及生物制剂是赖，生药用途，日形淘汰，已何待言；则本草药用之是非似可置而不议矣。曰：是亦不然，吾国自新医发达以还，进步甚速，惟于药物自给一点，尚欠努力，事无可讳。国产药物，产量丰富，取撷便利，若能研究而精制之，其效用之宏，当不在西药之下，且近世科学制剂，脱胎于生药者甚多，奎宁与爱米丁之应用，即其最著之例也。然则整理本草，研究国药，提供科学医疗之用，以谋药物自给者，诚为今日急切之举；果能考核名实，力求发明，亦不朽之业也。惟以吾国药物，品类繁多，化学研究，更非旦夕可致，遂令当归、防己成分之发明，转非国人所成就，良可叹惜！不佞留心本草之学，历有年所，曩与同志创组中西医药研究社，每以统一中西医学，改进固有医药为职志。尤于本草学及民间药，均特设专门委员会，从事研究。十余年来，搜集本草标本，考正名实，辨其异同，花叶根实，均详为论列，先后成本草原物摄影及标准图谱各数百幅。惟于本草文献之整理，现尚未暇及此，前虽略有撰述，兴之所至，随手辑录而已。王君药雨，于本草生药之学，素有研究，兹辑其所获，费十载寒暑，成《中药新典》一书，予喜其搜罗渊博，考核精详，吾国药得以提供科学医疗之用者，将以是书为嚆矢乎？此书出版，行见家喻户晓，人手一篇，世之崇奉《纲目》者，必将转其趋向，而今后从事中药科学研究者，其唯一参考资料，亦将舍此莫属矣！余故乐为之序，并致吾愿焉。

中山宋大仁识于中西医药研究社图书馆
三十六年元宵

《铜人与针灸》在《中西医药》同期发表，云：

针灸之术，起源甚古，我国旧时，于人体图像之制，素不精明，最古之图如何，现已失传，无从考得。今针灸师施术所凭藉者，大都依据《针灸大成》等书之绘图为准，其实此种经络孔穴图像，并非实地考验人体所摹绘，且与古代《明堂针灸图经》之部位，大有出入。惟铜人亦为后世经穴诸图之范本；铜人之制，创于宋代，乃根据《明堂孔穴图经》等所流传之平面图绘，易为范铸而已。古时《图经》，虽有解剖根据，其粗拙疏陋，后世更无精密方法，以考订之；犹如晚清王清任氏《医林改错》诸图，出于亲身体验，仍多错漏，绝非近世解剖图谱之观察细密，图绘精审者可比，此则限于时代，无足深责；是铜人图本非人体解剖之直接产物，自可无疑矣。

古时明堂诸图，考之载籍，有《神农明堂图》《黄帝明堂偃侧人图》《十二经脉明堂五藏图》《明堂针灸图》《扁鹊偃侧针灸图》《明堂孔穴图》《偃侧图》《明堂人形图》《明堂经图》等多种，自铜人及铜人针灸图经盛行，而诸书即佚失无传。据先代记述，各书腧穴，多有不同，至宋铸铜人，腧穴部位名称，始归一律。宋天圣中所铸铜人两具，据近人详细考证，其一于南宋时流入襄州（即今襄阳），章叔恭官襄阳时见之；其一不明下落。清置药王庙中之铜人，乃明英宗时仿制之物（清英廉等《日下旧闻考》说，又清末御医任锡庚亦主此说）。庚子之乱，不知所终。日本博物院所藏者，亦无法证明为何代之物，惟决非宋时旧铸，或即明时仿制，恐为倭寇战乱中所掠去耳。

清乾隆初，曾有重铸铜人之举，凡参与《医宗金鉴》之纂修者，各赐一具，本市中华医学会博物馆所藏，乃太医院福海氏旧物，重七斤半，高十五英寸，装有锦盒；此铜人内空无脏腑，且不能开合，刻有腧穴，但无腧穴名称，与宋铸内有脏腑，为背面两器，可相合者不同。谢利恒先生前于故宫延德殿所见，亦体内全空，不可开合，更无脏腑诸件，绝非宋制之旧；谢氏认为天圣遗物，今方慎盦君，亦作是说，误矣。盖宋铸铜人，明时已不复见，庚子之后所见者，倘非清时制作，至多亦仅为明代英宗时仿制之品而已！

至于针灸之术，受玄学之影响较少，吾人颇欲一探其究竟，为发扬国粹之计。予既卒业医科大学，嗣复东渡，专攻胃肠病科有年，因日本科学医家，亦尝致力于此，并有针灸学会组织，少数医校中且设有讲座，足见重视之一斑。曾往访彼邦针灸学权威数人，因知孔穴之学，与新医"血管神经刺戟点"之学说，颇为接近，亦如电疗为辅助疗法之一种，惟孔穴部位，繁复而多错误，不及西说刺戟点之指示，细密精确。彼邦昔以肺痨、癌肿，世界尚无特效疗法，以最大希望寄之于汉土之针灸疗法，曾集合多数患者，实地试验结果，均告失败；

但于神经性之疯痹、疼痛诸症，病在躯壳而无其他病原者，颇能达止疼及缓解痉挛之效；此因针及神经，能致变性，血管被针刺戟，形成一时性收缩之故（灸法则更有物理学上之热力作用，其生理反应，与针法有异）。其应用范围如此而已，因附及之。谓能尽治内外科多种病症者，乃欺人之谈，于理论、实验，均少有依据，不足一辩也。

《夹阴伤寒真相》在《中西医药》同期发表。

5月8日

出席中央卫生实验院在南京召开的中华医史学会第二届大会暨中华医史学会十周（年）纪念会，并为十周（年）纪念合影题照。

宋大仁为中华医史学会十周（年）纪念留影题照
前排：陈邦贤、耿鉴庭、伍连德、王吉民、胡定安、宋大仁、范行准。中排：李涛、洪贯之、侯祥川、丁济民、张昌绍、叶劲秋、刘永纯。后排：马彌德、经利彬、伊博恩、启莫道、江晈鸣、金溱波、吴云瑞（自左至右）（采自张圣芬主编《中华医学会会史概览（1915—2010）》）

在第二届全国医史学术会议上，当选为第四届（1947—1950）医史学会委员会会计。[1]

在上述会议期间，撰旧体诗《中华医学会大会谒中山陵》《四一生辰述怀十咏》等。

[1] 参见：《中华医史学会第二届大会记略》，《医史杂志》1947年第2期。

是月，在中华医史学会年会上，被推选为执行委员；被四川医药声通讯社聘为顾问。

7月13日

《竹庄先生邀观〈黄山大观图〉》诗在《申报·春秋》发表。

是月，《葛稚川之医药与炼丹术》及《灵芝考》在《中西医药》第33期发表。前者云：

葛洪，字稚川，号抱朴子，晋之丹阳句容人，生于蜀汉延熙时（公元220—257），晋咸和（公元326—334）中卒，年八十有一。少好学，早遭父丧，饥寒困瘁，躬执耕樯，复遭兵火，遗籍荡尽，乃伐薪买书，夜必诵读，遂以儒学知名。好神仙导养之法，先从其从祖玄徒郑隐学，后师事南海太守鲍玄，既精化炼，兼综医术；石冰之乱，洪起兵平之，迁伏波将军，年才二十余，后又赐爵关内侯，洪皆敝屣视之。三十岁后，写成《抱朴子》等书，凡数百卷，史称洪博闻深洽，江左绝伦，著述篇章，富于班、马，诚非过言。晚年求为勾漏令，欲炼丹以祈遐寿，道出广州，刺史邓岳留之，不听，去，乃止罗浮山炼丹，优游闲养，著述不辍。洪化炼之说，今尚见《抱朴子·内篇》，所言亦有吻合今日科学方法者，而吾国炼丹之术，较诸欧西炼金术为早，故化学史上，中国先哲之实验精神，亦足多矣。总洪所学，不仅儒学与丹术并有成就，其于医学，亦殊有贡献，观于《肘后方》曾详记天花流行之情况及症状等，盖为世界上记载天花病最早之一人……

是月，被医药研究月刊社聘为特约撰述。

8月

被广东旅沪医药界联谊会推选为常务理事。

11月10日

《海熙吟草》《中华医学会大会谒中山陵》等旧体诗十八首及叶恭绰题句在《中华学艺社社报》第14卷第3期发表：

中华医学会大会谒中山陵

一别瞬十载，重谒中山陵；冠裳数百辈，不惮石崚嶒。巍巍崇国父，冉冉偕云升；怪哉敌作伪，双缶贻讥腾！（倭寇宣传国父就医协和，剖验肝瘤遗脏，未遵咸族之嘱焚化，存留院内，伪政府因有奉安灵脏之举，盛以两缶，置灵榇之侧，今犹存焉）

予也忝乡邑，医学探明灯；忆向党史馆，搜采独竞竞（赴党史馆摄取国父与医学史料），金陵葱郁地，松柏翠相凝。

首都沈市长邀游玄武湖
少长欣同乐，湖妃乍靓妆，舟行鱼戏水，道合鸟飞翔；花底余春色，松间闪夕阳；娱情还寄兴，我独赏孤芳。

策进医史研究
医事宜征史，似水溯源泉；愿以勖同道，未许比蹄筌！

长歌留赠与会诸公
重游石头城，车过震胸腹，繁华刦火余，尚闻杜鹃哭！名侪列强林，阅墙争更酷，我辈异簪缨，科学追先觉。医原世界同，流派各守独；说理妙且赅，分化旋起伏，药剂竞赛时，应共寻归宿。愧予十年来，锐志医史学，复攻消化病，胃肠尤研鞠。然尚觉空疏，虚心甘师竹，觏兹千载盛，与会洵多福。欧亚集群材，足音鸣空谷，新识监权威，恍睹芝田熟；撷回研究资，绝胜珠百斛。

车中偶睹农民勤苦情景有感
中华古农国，耕者几人田；那堪重征实，何来大有年？一家数口众，粮绝困颠连，并无机器助，力竭复谁怜！拼我四体勤，赤日水泥煎，苦哉彼农夫，行见沟壑填！

德奥格博士服务中国四十周年纪念大会征文赋诗以颂
医科学理初垂教，华族欣闻博士名；
圣约翰生沾化雨，宏才硕德两堪倾！
仁心仁济仁医史，历劫沧桑总不磨，
四十年来功绩著，鸿泥处处印痕多。

偶　感
中华医派争何烈，统一虽艰志未灰；

笑我研残医药史，卅年几化扁仓才。
救人济世原天职，欲挽狂澜贵重心，
若向议坛工说法，尽多鼓掌感知音。

自题泼墨山水"柳亭春燕"
遮莫春光上柳梢，亭边燕语若相嘲；
不知历劫沧桑后，可有闲情问六朝。

前题 用张埜元拍
一角茅亭，万丝烟柳，雨后春光如拭；依约昵人燕语，飘向低空，浅波澄碧。对眉峰几抹，怪文君缘何愁织？好风光，且付丹青，尝遍图中晨夕。我是乾坤寄客，良相良医，只觉今生寥寂。恍忆儿时风景，一刹那间，玉尘堆积。感东皇来去，任花落，微闻香息；露华浓，分洒枝头，讶似声乾还滴。

自题 仕女"倚阑人"
慵妆初罢，春光满眼，璇闺何以消永昼？嫩柳舒青，杂花绽艳，几欲倦垂罗袖。缛草通碧径，池水被风吹皱；多少清愁，等闲收拾，讵当抛却秋千手。粉与脂香互嗅；懒画眉，绝世冶容依旧；态若游龙，娇如舞凤，夺得蕤姑研秀；图里真美活，兼备环肥燕瘦；嗔宜喜似，黛痕淹翠，笑付微涡酒。

叶恭绰题句：
游丝乳燕一纷拏，寂历春痕趁晚霞；
倚遍红阑无可语，闲愁交与隔帘花。

自题田家春 泼墨
我本古农国，春来布谷声；妇也事蚕桑，夫也勤躬耕。和风扇大地，未觉多苦辛，桃柳及时妍，陌上钿车迎！何当语东皇，壶榼娱平生。

叶恭绰题句：
劳作事耕桑，悠然忘帝力；谁知禹稷心，已饥还已溺。人穷应返本，好诵诗无逸！

自题"今年之春"　泼墨

人间尽说春常在，髑颅遍地春非春，风挟血腥吹战骨，寇降又起阋墙争。莺燕不见柳尚秃，乌鸦飞啄夜响晨，啾啾似诉萁豆怨，如此相煎空劫尘。回看先烈革命史，黄花冈畔何成仁？只为国家为民族，中华面目重翻新！今日操戈为底事，夺取政权犹抱薪；抱薪厝火火益炽，多行不义将及身；谁能一笑誓杯酒，释兵同作泰平民。

叶恭绰题句：

掷尽好头颅，相斫还成史，天地何不仁？吾民亦劳止。谁欤占既济，乾坤救将毁；世运赖斡旋，庶几非浪死。

观许士骐教授画展赋赠

黄山天下胜，云海排空成，虬松倚石壁，谡谡涛声鸣。许君本高士，收取入丹青，实夫子自道，即此见平生。君擅解剖术，认予为同道；予也耽卧游，书画成癖好，魄羁尘海中，未遑研国宝。输君墨妙成，翩翩年未老；综观六十帧，山水居半数，久踏黄峰云，旋听巫峡雨。境随踪迹殊，心与神仙侣；昔贤倘可作，亦当惊相语。鹤性最孤洁，梅花吐暗香，余虽名色多，讵足掩其长。有时造佛像，笔墨殊老苍；画从品学出，根柢费平章；何日随君游，云松宛在望。

竹庄先生约观俞剑华教授《黄山大观图》

黄山别自有天地，写入丹青景各殊；
不识简中真面目，云松虽妙总模糊。
剑华游迹遍天下，四幅图成蔚大观；
岩壑纵横云幻灭，围屏距厌百回看。
文院天都造化奇，松峰罗列显雄姿；
如椽笔写如仙境，未许寻常艺史知！
我正搜奇恣壮游，披图先向此中求！
无端似听山灵笑，笑尔浑疑孕索丘[1]。

---

[1] 宋大仁按：按"八索""九丘"言其胸中博学也。

汪麟石侯文英夫妇扇展诗以美之
新安画伯传家学，写出黄峰云更奇；
况有如花仙眷属，丹青两代一帘诗。
琼闺姓氏朝宗裔，绝艳人钩绝世人；
最羡珠联成璧合，流传艺苑作奇珍。

题双影　用张先元拍
新妆乍罢，偷闲踯躅，心神俱静。最难耳鬓斯［厮］摩，听雁唳，银河回。秋风近，罗云竞；山翠滴，修眉斗影；问郎绮想如何？郎不语，情思永！

砚耕女史写山东黄月季相贻谱蝶恋花一阕谢之
月能开花将月期，莫讶姚黄，别把芳名计。写入丹青深感伊，花开称人意！此是相关吾道事，道若花开，万里应先寄。天下苍生多少泪，露光湿透花间字。

灵芝　予尝据中外文献为《灵芝考》一篇并缀以诗
莫因野菌赞灵芝，底事争传绝世奇；
几见神仙真不死，独输实验昧先知。
朱柯翠羽珊瑚干，赤箭丹葩玛瑙枝；
药石养生应有据，沉迷千载笑庸医。

是月，以本社医史学委员会名义拟就《中国医学史分类法》在《中西医药》第38期发表，云：

夫医史之学，为晚近新兴学问之一种，吾国医学史料甚多，但能以史学方法分类研究者，殊不可得。近来国内致力医史者，渐有其人，而研究之道，首宜有完善精密之分类，以处理史料，始易著手；陈邦贤先生曾向本社医史学委员会为"中国医史分类研究"之提议，盖医史分类有断代、分科、专史、传记等诸大纲目，以前研究医史者，大都就其性之所近，整理其中之一部，或为断代，或为分科，不能互求通贯，于全部医史活动之真相，殊不足以窥见。尤其吾国医史资料，甚为芜杂，较其他专史之分难，更感困难，一人精力有限，何能举其全部史实而研究之；虽然研究医史之初步工作，乃为审查史料，非有正确之史料，即不能成为真正之历史著述，但事先不有合的分类法，则虽有史料，亦有无从归纳之感，偶有所得，仍不能为有系统的记述，诚为遗憾。同人等鉴于过往尚无完善之医史分类法，爰经拟定纵横合一之"中国医学史分类法"，提示分类研究之范围，将全部医史，预分数类，每类之下，先举总纲，次列其目，务使研究之际，有条有例，各以类从。惟每类之中，或有仅举总纲者，因本文主旨，重在分类列纲，以利研究。纲目以下，亦各有子目，自无须抽蕉剥茧，层层排列，细为分条。盖学者于每一纲目之所属范围，已能举一反三，故概从省略。至于中医特有史料，间有不能纳于近代分科之范畴者，亦各为列举（如旧法治疗，及本草方剂，近代医事制度等，亦予另立纲目）。否则不再特为提纲，俾免割裂重复之嫌，如疾病史、分科史之混合分目，即其例也。兹举其数目如次：尚希海内鸿博匡正之！

12月3日

出席在上海绍兴路会所举行的中华学艺社三十周年暨三十六年度京沪杭区年会。

撰《卅周大会歌》："神州古国非矜夸。论学与艺今太差。不见世界科学进化到原子，民族争存，急应重建新中华。回忆春秋战国诸子之学艺，声光化电都萌芽。何况礼乐兵政刑法所创制，周孔孙管韩非不害胥专家。可惜当时纷纭割据才力散，无复国家物质奖励，种得豆与瓜。溯自辛亥革命满清倒，帝制推翻势已如流沙。然而军阀继争内战久，岛夷乘隙遽入寇。卅余年来岁月长，国府政权常掣肘。三民主义纵颁行，政治建设仍落后。日寇投降胜利临，疮痛犹余阋墙斗。独是学艺诸贤海上来，复员首次大会开。集合我国学艺成，有关各科资研讨，应兴应荣，共同策进，积极罗真才。惟当同心协力，各有精密之组织，具体之胚胎。不以空言无补，一若久旱闻虚雷。此类野人献曝，愚者一得，郢歌巴曲备鸿裁。"

《中山故乡四景山水画并题十六绝》在大会书画文物展览会展出，洪贯之云："社员作品内有海上名医宋大仁君手绘国父故乡四景镜屏，配以对联，最为特色。宋君长于艺事，运笔落墨，大气磅礴，淋漓尽致，逸趣盎然，所作泼墨，媲美石涛，可称并世罕觏。或谓画必有法，画必求工，此浅见之言，宋君之艺，实画艺之正宗……笔者固知宋君长于绘事，今见此四幅，立意新颖，自成蹊径，才气横溢，跃然纸上，题诗十六韵，一气呵成，雄浑俊逸，写作俱精，不可多得，洵属传世之佳构，尤为'学艺'书画展生色不浅，用为特写，以志眼福。"[1]

12月20—21日

在中华医学会大礼堂举行的医史学会与中华医学会合办的中国医史文物展览会上，与王吉民、丁济民各捐献50万元[2]。

本年，胃肠病院更名为上海胃肠病诊疗所，任主任医师（至1958年）；加入上海市中医师公会，并被聘为该会顾问；提供医史文物珍品参加在中华医学会礼堂举行的医史文物展览会；撰《游苏纪事诗》及《赠全能画家李丁陇》诗。

参加中国民主社会党；当选为上海市参议会候补参议员。

敦煌莫高窟最早的临摹者、美术家李丁陇

1948年（戊子）42岁

1月12日

致函中国民主社会党上海市党部主任委员金龙章，申明退党，注销党籍，掷还照片[3]。

1月13日

在《大公报》上刊登放弃国大代表竞选启事。后云："曾于1947年下半年间，被蒋……宣传所诱惑，同时过于天真，以为从此可以发扬民主精神，曾经一度预备参加医界的国大代表的竞选，恳托朋友，在各医刊中刊登竞选启事，这是我资产阶级出风头主义在作怪。后来发觉了蒋……的腐败和种种黑幕，倘若入候选，则非加入国民党

---

[1] 洪贯之：《国父故乡史画特写》，《中华学艺社报》1948年第1期，第16—17页。
[2] 参见：《医史杂志》1948年第3期、第4期。
[3] 上海市档案馆档案，档案号：Q400-1-2571。

不可，入党又非我的意愿，幸而当时醒觉得早，没有跌进泥坑。"

3月

在东南医学院上海同学会发行的《校声》上，发表《放弃竞选启事意有未尽缀十绝名解嘲并示爱我诸公》诗[1]。

5月

作《勖同学》诗，在《东南医讯》复刊第3期发表。

7月

分别任广东旅沪同乡会理事兼该会医院董事、广东旅沪医药界联谊会常务理事（至1953年）。

是月，《中医古代人体寄生虫病史》在《医史杂志》第2卷第3、第4期合刊发表，云：

"今为明了往昔寄生虫学发展之历史计，先就古代寄生虫文献，加以整理，草成专文；复以行文之便利，因所得资料，多寡不一，仅能择其性质重要、文献较多者，定其先后，而不据近世寄生虫学分类之顺序，以免影响文字之完整性。"介绍中国古代寄生虫之发现及其分类、古籍所载寄生虫之证候、中国古代所见之原虫病、中国古代所见之螺旋体病等。

余云岫主编之《医史杂志》

《医史杂志》主编余云岫

7—9月底

医史学会举行募捐活动，目标1 000万元，捐20万元，共募得

---

[1] 周明忻：《宋大仁年谱》，《中华医史杂志》1999年第4期。

1 369万元（《医史杂志》，1948年第3、第4期合刊）。
9月

被东南医学院聘为医史代课教授（至1949年2月）[1]。

9—10月

《美国医学史杂志书评》（Reprinted from Bulletin of the History of Medicine）第十二卷第5期刊维恩（Iiza Veith）氏书评，介绍《中国医药八杰图》内容，并认为这种工作值得注意，应当广泛地努力和继续下去。

10月9日

中国民主社会党上海市党部主任委员金龙章，令该党部组织处将党表及照片转部转呈[2]。

12月

《史学发展与医学史的关系》在《马来亚医药之声》第6期发表。

本年，在中华医史学会全国医史学术演讲会上作《近年史学进展与医史的关系》的演讲[3]。

为中国佛教会会长圆瑛法师治愈便血症，亲笔题额相赠致谢；被广东旅沪同乡会推选为理事（1948—1953）；被聘为上海市中医师特训班主任兼教师。

撰《自题诊余著书图》《赠黄宾虹先生》《题黄宾虹赠画》《题黄宾虹、汪声远、俞剑华与予合影》《题与丁福保丈合影》等诗词。

1949年（己丑）43岁

4月

《海熙楼丛书》之三《世界医学变迁史》（上古篇）出版；《国父与医学及其肝病经过》由中西医药研究社出版增订版。

5月下旬

上海解放；被选为里弄冬防队队长，从事肃反工作。

---

[1] 据"履历表"。
[2] 上海市档案馆档案，档案号：Q400-1-2571。
[3] 王吉民：《中华医史学会第三届大会纪要》，《医史杂志》1951年第1期。

9月25日

由余云岫组织的"改造中医座谈会"在上海中华医学会礼堂举行，出席者有：余云岫、唐哲、瞿绍衡、汤蠡舟、张昌绍、顾学箕、王吉民、江晦鸣、陈义文、李士珍、叶劲秋、沈乾一、姜春华、宋大仁、庞京周等。

主持座谈会，致词云：

中医革命问题，已经过二十多年，首先倡导的，是余云岫先生，为什么到今天还要讨论"改造中医"这个问题？就是由于过去的政治不能和学术结合，单靠学术人士呐喊，徒然无用，所以一直到今天始终还是个没有解决的问题。目前中医究竟有多少呢？他们自己曾经号称过83万，据另外的估计，最多不过30万人左右，并无正确的统计。但事实上中医的人数之多和深入民间的普遍，那是毫无疑问的。因此，今天的中医依旧以不科学的医术，占着他们广大的人数，普遍地替人民医病，这对于人民的健康，实在是一件很危险的事。当然，对于将来公医制度的推行，也是一个最大的阻力！所以我们今天这个座谈会，要求理论必须与现实结合，学术必须和政治结合起来，我们应该根据学术立场，贡献意见，把我们共同讨论的总结，提供中央人民政府作为处理中医的一个参考。本来预备邀请的，有老解放区的医务工作者，和上海市中医师公会的重要负责人，由于老解放区来的医务干部，他们表示只可听取意见，不便发表意见；而中医师呢？他们认为还是由新医界作客观地讨论的好，我们为尊重这两方面的意见，所以没有广为邀请。

在"结论"中指出，综合各位先生的意见，中医改造是社会进化所必需的，今天所得到的原则和方法，大要如下：一、改造中医的第一步：（一）登记；（二）登记资格；（三）不合上列条件的不予登记，协助或劝导转业；（四）一次登记期满以后，不再办理登记；（五）学校均予停办，私人绝对不准再收门徒，永远停止产生。二、改造中医的第二步：举办中医再教育。三、改造中医的第三步：厉行中医的甄别和淘汰。四、改造中医的两个附带任务：（一）整理中药，供临床应用和药理研究；（二）帮助中医成为新中国的公共卫生员。

座谈会讨论要点：

（1）如何处理中医问题：①登记问题。②限制产生问题。

（2）如何予以再教育：①教育的范围。②教育材料时间及方法。③教育机构如何组成。④城市与乡村如何分别实施。⑤中药的处理。

（3）如何领导中医协助公共卫生。

（4）如何领导中医推行新民主主义的政策[1]。

12月18日

在胃肠诊疗所发起并举行新国画研究会筹备会及国画改进座谈会，出席者有陈叔亮、沈之瑜、陈秋草、汪声远、潘挈兹、陈大羽、温肇桐、孙雪泥等，讨论民族形式和国画改造的原则问题。

12月21日

《文汇报》以《新国画研究会筹备会举行国画改进座谈》为题报道云：

本市新国画研究会筹备会，于十八日下午七时在愚园路由文艺处美术室召开国画改进座谈会，到陈秋草、汪声远、孙雪泥等十余人，首由宋大仁提出改造国画的意见，大家踊跃发言，并在民族形式问题上展开了热烈的争辩，文艺处美术室陈叔亮同志指出民族形式是决定于内容的，即它必须和科学内容大众方向结合。最后由茹茹同志提供了国画改造的四个基本原则：①在唯物辩证法与历史唯物论的思想基础上改造。②在《共同纲领》文教政策的方针上改造。③在学习社会学习马列主义的修养上改造。④在新现实主义的道路上改造。在座谈会上并决定今后经常进行讨论，以从事建设新的国画理论。

冬

参加全国自然科学工作者代表大会筹委会上海分会公卫组会议，讨论《处理旧医实施步骤》，并获通过；与余云岫、江晦鸣共同起草《处理旧医实施步骤草案》：

一、目的

依照毛主席的指示："对于旧医生们的态度，是采取适当方法教育他们，使他们获得新观点、新方法，为人民服务。"应以团结、教育、改造的方针，对于现有的旧医加以再教育，并为彻底解决旧医问

---

[1] 参见：《改造中医基本方案，改造中医座谈会记录》，中医新教育促进社，1949，第7-8页、第28-30页。

题起见，对于产生旧医的任何方式的教育，速即予以革除。

二、措施

（一）第一步，登记

（1）登记期限：限期办理全国旧医一次总登记，方式务取宽大，公告期间，至少九个月，使边远的旧医，不致失去登记的机会；一次登记期满以后，绝对不再补办登记。

（2）登记机构：由各大行政区督促地方政府办理，层报汇转中央卫生部备案。

（3）登记资格：①解放前曾经领有伪政府资历证件（包括伪考试院中医师及格证书、伪卫生部中医证书）或地方政府开业证件者。②虽未领得上项证明文件而现有开业事实者。

（4）登记证明：①合于第一项登记资格者，概凭原有证件，并取具当地领有开业执照之旧医三人出具保证书，负责证明。②合于第二项登记资格者，应取具当地领有开业执照之旧医三人，出具保证书，再由地方卫生机构（或县级公安机构）负责查明有无开业事实，用书面报告，以免蒙混申请之弊。

（5）登记结果：①登记合格者，一律给予临时性的开业执照（由省市地方政府发给）。②不合登记资格者，一律不许继续执行旧医业务。③自总登记公告之日起，各地旧医学校一律令其停办，私人亦不准再收门徒，永远停止产生。

（二）第二步，再教育

（1）再教育的召集：旧医经总登记后，其年在六十岁以下，凡领有上列第一步第五项的临时开业执照者，由各大行政区督促卫生机关，迅速开始筹备训练事宜，决定各地区分期召集，以人数多寡，或分班或合班教育之；务须于三年内，全国各地一律完成训练。

附识：①如乡区辽阔、交通不便、在时间上不易就地经常集中者，可指定适宜地点集中之；学习期间，除附近往来便利者外，供给膳宿。②偏僻地方往来不便者，分批调训，如于通知后，延不报到者，应予以说服。因此项训练，只以一次为限，为其自己增加知识，应以忘我精神为人民服务，不得借故推诿，否则将被淘汰。如在训练期间，其家属最低生活不能维持者，仍应由其本人设法克服困难。附带贡献下列意见：本地医事团体（公会或联谊会）就互助立场，应有计划地设法补助生活困难的会员家属；或由尚未调训的同道协商，采取轮流互助的方式解决之；由其戚族及亲友集资补助；或其他办法。

（2）再教育的方式：系短期的、业余的，以形象教育方法，参考老解放区训练医务干部速成教育经验进行。

（3）再教育的期限：为期九个月，分为三个阶段，每一阶段为三个月。

（4）再教育的纲要：其课程的大要分配如下。

［第一阶段］

1）政治学习（□□□□□，□□□树立为人民服务的观点）。

2）医学发展简史（我们古代医学如何发展到现代医学，并强调从迷信到科学、从治疗到预防的发展过程）。

3）简易的诊断学：①直接的诊察法：a. 望诊、闻诊、问诊。b. 切脉。c. 触诊。d. 打诊。②间接的诊察法：听诊器、体温计、耳镜、肛门开放器、喉头反射镜和诸种反射检查等。③实验诊断概要：如检查细菌、寄生虫卵，检验便、尿、血、痰等。

［第二阶段］

1）常见的证候（特别注重□□□□、病原的分析）。

2）简易的技术：消毒法、灌洗法（导尿、灌肠、洗胃、洗眼）、注射法等。

3）急救处置：包扎、止血、创伤、脱臼、骨折固定、火伤、昏迷、中毒、人工呼吸、担架、输送、防毒法等。

4）传染病知识（附地方病）。

［第三阶段］

1）公共卫生大意：预防医学、卫生行政、医事法规、社会保健（包括妇婴卫生、农村卫生、工厂卫生、学校卫生）等。

2）基础各科的补充。

附识：①编辑教材时，须随时提出旧医理论之错误和合理之处，如编辑望、闻、问、切时，须提出旧有的望、闻、问、切来对照，可以借此加强他们除旧布新的观念。②编辑教材时，须先授个别脏器或躯肢的解剖、生理及病原、病理等之简明概要，以免在第三阶段中的各科补充时，重复再教。③所谓基础各科的补充，即指第一、二阶段课程中所未曾讲授的（解剖、生理、病理、诊断等）总论，及前面细目中脱漏的部分。

（5）再教育的实施：①由中央卫生部颁布统一课程，编订教科书及教授法，交中央出版机构——新华书店统一印行，其余书坊不准翻印，以免传讹。②省市以上卫生主管机关，应筹组旧医训练或进修学校，省以下由卫生主管机关担负训练任务，利用当地中级医学教育机构，或卫生院（所），或医院，或卫生事务所等现有机构，设立专班训练。③其师资由该医学教育机构之教师（技术人员），或聘当地正式医师担任之。如果县单位缺乏师资，或该地卫生机关不易抽调人员担任训练任务者，应请求上级政府调派适当师资，或组织医务工作队前往，同时办理教育及诊疗两种任务，一面训练旧医，一面为人民服务。

（三）第三步，甄别

（1）甄别的规则：①凡旧医经再教育期满后，施行考验及格者，给予证书，并由中央卫生部发给正式医士执照；不及格者，不得继续执行医务，助其转业。②凡旧医年在六十岁以上，经登记后满一年以上，并无业务过失者，得免予受训，发给正式医士执照。③凡应再教育召集的旧医，届时无故不愿接受训练的，不许继续执行医务。④旧医经再教育后，特别对某一课目不及格者，得再予一次（或二次）的补习机会，但仍须经考验及格，方可给以证书，并发医士执照；不及格者，不得继续执行医务，助其转业。⑤再教育期间，认为可资深造者，得准其投考中级医学校或高级医学校，予以深造之路。

（2）甄别后的地位：假定医师制度分三级，高级称医师，中级称医士，初级称医佐；凡旧医之甄别及格者，一律称为医士，因旧医向称医士，且中级医务工作者，如护士、助产士等，都称做"士"，比较衡量，亦尚相当。

附识：符合总登记资格者，发给临时性开业执照时，即可正名为"医士"。废除中医师称号。

备考：

1）如各地区在解放后，已由地方政府限期办理旧医登记完竣者，可不必再补办总登记，但训练步骤，仍须从速开始实施。

2）旧医施行注射，应确定其范围，以传染病预防接种及急救的强心、止血目的为限；其余各科病症，须先经医师诊断后，方准旧医施行注射治疗，以免流弊。

3）将来"医士"应按照地方实际需要，限制地区开业问题，系属整个卫生行政计划的一部分，不在本案讨论范围之内。

4）走方串医（走方郎中）及接生婆（稳婆）处理办法另订之[1]。

本年，参加上海美术工作者协会，为该协会会员；撰《膈症治疗心得》《痢疾刍言》《怎样防治泻痢》等。

《改造中医基本方案——改造中医座谈会记录》由中医新教育促进社出版。

本年前后，与考古及文物同好郭若愚、蒋玄怡、秦廷棫、顾丽江等成立上海美术考古社[2]。

1950年（庚寅）44岁

3月15日

为《处理旧医实施步骤草案》附余云岫《医学革命论初集》（第3版）撰跋云：

《处理旧医实施步骤》为上年冬季全国自然科学工作者代表大会筹委会上海分会公卫组，提出特别讨论之问题，且由会议通过，推余先生与予及江晦鸣同学共同起草，经详细检讨及多次修正，刻已完成草案。不久将由"科代"正式建议中央，以期采纳。兹先附载书末，所以示余先生医学革命之最后胜利，其功绩为不可没也[3]。

是月，代表愚园路235弄12户居民，致函上海市人民政府为房屋征捐基数与实际不符，指出曾三次函请财政局要求更正，该局不允改正错误，批复"歉难照办，希即知照"，官气十足，特请市府查复。

---

[1] 余云岫《医学革命论初集》上，载祖述宪编注的《余云岫中医研究与批判》，安徽大学出版社，2006。

[2] 蒋炳昌：《亦师亦友郭若愚先生》，《东方早报》2012年12月23日。

[3] 余岩原著，祖述宪编注：《余云岫中医研究与批判》，安徽大学出版社，2006，第420页。

4月14日

市府复函，认为意见正确，将春季房捐溢征部分退还。

是月，为余云岫《医学革命论》第三版付印、校对[1]。

7月5日

提供25件医史文物图片，参加华东卫生部假跑马厅举行的第一次全国卫生会议及卫生展览会预展[2]。

8月下旬

以上海美术考古学社名义编印《物质文化研究资料：中国考古》及《物质文化史研究资料：中国考古图谱》，在前者的"附启"中云：

这个集子，只是一些考古资料，以及社中座谈会的工作记录暨收集的参考文献。而考古资料的文字，则有些是早已（1948年）写成的，其中除记录资料以外，也附带说及一些事实，反映当时学术界的情形，在文字上未免有些欠妥的地方，对资产阶级考古学的论说的批判也是不够的。当编印时，因为社中同志们大部注意在中国南部的考古资料，所以先检［拣］这几篇付印，而在各地的作者，都有他的本位工作，因此没有寄去重写一遍，其中如发现不准确的地方，尚希读者指正。不过，我们深信，在不断地学习中，这些缺点，是会不断地加以改正的，树立起唯物的历史观。

我们过去，有一种错误的看法，就是把古器物当作古董看，或当作珍奇宝藏，把新发现当作个人的专有秘密材料，或是就器论器推断年代。现在，我们是把它当作物质文化史的资料，当作劳动生产者的历史、劳动生产者的成绩来研究。因此，凡有所知，凡有搜集，就把它印了出来，而且还向各方面征借资料，同时把它印出来。我们觉得资料是愈多愈好，愈详愈好，使一个地域、一种类型，有大批的文献与实物图片，对考古工作、历史的研究工作，都是有利的，祛除过去那种就器论器、孤证单据的去推断历史与年代。为了有这样的期待，所以希望考古工作者、业余爱好考古者，多多供给我们资料，尤其是新发现的调查记录、新材料的整理记录、新发现的古器物摄影（愈大

---

[1] 余岩原著，祖述宪编注：《余云岫中医研究与批判》，安徽大学出版社，2006。

[2] 宋大仁：《有关中国医史文物的整理和展览》，《物质文化史研究资料·中国考古》第一册，上海美术考古学社出版组，1950。

愈好，最好是底片寄来）。

8月30日

《有关中国医史文物的整理和展览》在《物质文化史研究资料·中国考古》第一册发表，云：

第一次全国卫生会议及卫生展览会，八月初旬在京举行，华东卫生部已于7月5日假跑马厅举行预展，历史部门之文物，征集不易，兹将历年搜集有关医史之文物图片，加以整理，选出25件应征，并将出品说明如下。

1. 画轴

（1）龙门古药方（二幅）：此为我国药方勒于碑石之最早者，时在1370年以上，龙门在河南洛阳县。

（2）龙门古药方校勘记（一幅）：龙门药方石刻二幅，字迹残蚀甚多，宋大仁医师根据文献多种校勘而成。

（3）鉴真和尚碑记（一幅）：中国医学之流传日本，要以鉴真和尚为始，时在唐天宝间。鉴真生于1073年，殁于1149年，存年77岁，该碑存扬州，早毁。

（4）道藏内景图（一幅）：精神修养，为我国古时医学之一大特点，此乃表示人体"精""气""神"生理作用之理想图解，1886木刻。

（5）何鸿舫处方笺（立轴）及诗稿：何鸿舫（公元1800时人）精医善书，此其所处方笺及诗稿。

（6）傅青主字联（一副）：作者傅青主精医，敦品励行，不屈威武，不淫富贵，书法尤为士林推崇（1601—1683）。

（7）陆九芝真迹：陆九芝清道光时人（约公元1840年）医学著作甚富，此其手迹。

（8）吴尚先真迹：吴安业字尚先（1806—1886）卒年80岁，为外治之宗，《理瀹骈文》作者，书法雄浑，论医颇具科学头脑，在当时殊不多觏。

（9）金德鉴手迹：金德鉴清末时人（公元1900年）善医，尤精书画。

（10）钟馗逐疫图：钟馗逐疫，乃吾国民俗医药迷信之一斑，此种绘画，到处有之，不可胜计，特举便面二页示例。

2. 锦屏

（1）流沙坠简：流沙坠简为我国魏晋时（220—419）医方之刻于木简者，当清光绪时（公元1908年）英人斯坦因（Stein）访古于我国西北边区，发掘罗布淖尔北之古城获得之，经法人沙畹氏（Chavannes）证明，又我国考古专家罗振玉、王国维两氏为之分析考订者。

（2）敦煌药师佛绣像：敦煌千佛洞佛画，以药师佛变相绣像为最大，英人斯坦因（Stein）于1908年在我国西北考古时，被其攫去，兹从其《西域考古图记》摄出，借留史迹，上图为全幅，下图为该绣像之左半幅放大者，此画在宗教、美术及医史上之价值甚巨。

（3）宋王惟一铜人腧穴像（六幅）：铜人腧穴像，宋天圣十五年（公元1027年）王惟一奉诏制，经元、明、清三代，均置太医院中，庚子之祸，联军入京，历代宝藏被劫，铜人亦于是时流入日本，藏帝室博物馆（是否宋代原铸，或以后复制者待考），今得其印本，正、背、左、右、左侧、右侧、形图六帧，摄影清晰，足资研究。

（4）医林十五圣像：我国医事画，寥若晨星，此轴绘于1846年，虽属理想抽象之作，惟于医史艺坛，两关重要。作者苏长春，字仁山，道咸间，粤东顺德人，为一时人物画之杰出者，干笔焦墨，雄劲绝伦。

（5）学卖药酒称先生：我国医药业，向乏管理，任何人皆可随便行医卖药，"旧时管店今已盲，学卖药酒称先生"，乃典型之描写也。以前社会咸视医为小道，有志者不屑为，遂致医学式微，流品之杂，亦为重要原因。作者苏六朋，字枕琴，号怎道人，清道咸间，粤东顺德人，擅人物，工山水，能以指画人物大轴，其细笔小品，皆写民间实际生活，能将神态动作，表现无遗，具现实主义作风，迥异流俗，一振百年画坛萎靡风气，在当时绘画界中，占有崇高地位。

（6）药王庙影片：药王为我国医药两界之师祖，药王相传有四，其最早者，约在四千年以上，此乃后人崇敬师祖，建庙以祀之。

（7）《宣明论方》书影：此书为宋氏海熙楼所藏，原刻于元代，距今790年以前，已为孤本，故甚名贵。

9月16、17日

出席上海中华医史学会第三届大会并合影；发表《中国医史考古》

中华医史学会第三届大会全体代表合影（采自张圣芬主编《中华医学会会史概览（1915—2010）》）

论文[1]。

10月

领取上海市卫生局颁发医师临时开业许可证（医甲字第346号）一件。

本年，撰《齿科学简史》初稿；被推选为全国美术工作者协会上海分会地区小组长、上海美术考古学社委员、中国卫生史研究会总干事、长宁区新华园街道居民委员会主任兼爱国卫生工作组组长、静安区人民胜利折实公债推销委员会第二支会常委。

1951年（辛卯）45岁

本年，中西医药研究社解散；任上海市卫生工作者协会静安区分会常德路地段学习组长；为上海市卫生局精选所藏医史文物数十种，参与北京第一届卫生代表大会之全国卫生展览会。

---

[1] 王吉民：《中华医史学会第三届大会纪要》，《医史杂志》复刊本1951年第1期。

编辑《历代医哲像传》并序；临《李晞古疗背痈手术图》并考证；绘《韩康卖药图》并题词。

1952年（壬辰）46岁

5月4日

《纪念阿维森纳》在《文汇报》发表。

是月，《纪念伟大的医学家、科学家、哲学家阿维森纳》在《健康报》第227期发表，对阿维森纳的生平与贡献作了介绍，其云：

我们今天纪念阿维森纳逝世一千周年纪念。阿维森纳生于布哈拉（现在是苏联的领土），家里人参加公职，因此他在十岁，熟习了可兰经典和阿拉伯经典，在以后六年中，他又得到了哲学、数学、天文学和医学方面的知识。在十七岁那年，凭着他的医学知识，把萨曼尼王朝的君主努·伊宾·曼瑟，从很危急的疾病中救活，因而获得进出皇家图书馆的权利，使他有机会作高深的研究。他在阿拉伯医学极盛时代，为巴格达病院院长。他知道化学硫酸、酒精的制法，又知道糖尿有甘味。在阿维森纳以前有个名医Abbas（死于公元994年）因其著述《医学分类手册》一书而获盛誉，当时的波斯皇室亦给他题上Al-maiki的称号，意即是"皇家的医书"。这部著作，

宋大仁撰宋李唐（字晞古）绘《疗背痈手术图》考

杰出的阿拉伯医学家阿维森纳（资料图片）

在阿拉伯盛行了一百多年。直到阿维森纳的《医典》（Canon）出现，就取而代之了。该书分五册，第一册略述解剖、生理学、病原学（atiologie）、症候学（symtomatologie）、卫生学、预防法、治疗法，都是关于理论方面。第二册内容与第一册相同，但分得较细，并

说明简易药物及其作用。第三册内容范围较广，特别如病理学、治疗法、内脏解剖、生理学，都在每章中详加说明，包括眼、耳、鼻、口腔、喉头各种病症，在附录中还有产科学。第四册包括外科学，一切热病学（fieberlehre）中通常见之急性传染病，还有毒物学、皮肤病、整容卫生等。第五册论及药草、处方及各种医科用具之消毒法。他从一定的观点，依其特出的分排，把整个医学中理论与实际严格分类写成，清楚扼要，被认为是东方的权威医学教科书。阿维森纳又是出色的科学家、哲学家，写过许多哲学、自然科学及医学的著作，但是自从1044年萨曼尼王朝结束后不久，他也就周游于中央亚细亚诸国之间，并在里海边上的遮古讲演天文学和论理学，他又到了哈马丹担任沙姆斯·阿道拉的大臣，因为士兵叛变，他险遭杀戮，在伊斯法汉王室的统治者征服哈马丹之后，他的职位易为医药、文学和科学顾问，在那个职位上他工作了好多年。到了晚年，寿终而殁。

在八世纪末叶以后，哲学中心由希腊移到了阿拉伯的巴格达，阿拉伯人在八世纪至十世纪期间是文化和精密科学的唯一担当者。他们深入地研究了天文学、数学和医学。阿拉伯哲学的贡献，主要是对于希腊哲学的注解，尤其是对亚里士多德的哲学体系的注解，对于西欧中世纪的经院哲学起了不小的影响。主要是这一时期的阿拉伯人，是希腊哲学的保存者，阿维森纳便是主要的代表者，也就是阿拉伯最伟大的哲学家之一。他的哲学著作，都以亚里士多德为依据的。阿维森纳在少年时代，能够博闻强记，可以背诵亚氏的重要著作《形而上学》，而于其《论理学》特别有研究，认为亚氏的论理学，乃是攻究哲学的重要工具，曾把哲学分为两类：一、理论哲学——如物理学、数学、地质学；二、实践哲学——如论理学、经济学、政治学，当时这种分类法被视为古典的分法。他曾对亚里士多德的玄学及逻辑律，有详尽的批判，但欲企图隐蔽自己真正唯物论的无神论的倾向，所著《渎神论》虽为时人所传诵，然仍不免受到一部分人的责难。

世界和平理事会主席——科学家约里奥·居里，评论阿维森纳说："他的一生活动，都是以真理和理性的需要为基础的。"我们纪念他，正是因为这种"文化遗产是人类取之不尽用之不竭的泉源；它使得不同时代的人们能互相了解，使得当代人民能识别把他们联系起来的纽带，它在他们的眼前展开了普遍和谐与了解的景象；在相互了解空前必要的时候，它每时每刻都在加强他们对于人类的信心。"

6月

被推选为里弄卫生工作检查队总负责人及负责北京西路地段组防疫接种注射宣教等工作。

是月至8月，上海市卫生协会办理高级卫生人员领证工作，谱主小组对其签注意见："东南医学院毕业……个性刚直，敢发言，肯批判自己缺点，尽量批评和帮助人家，不过不能婉转，往往引起人家误会和反应，以往好出风头，解放以后，逐渐改进作风，人是好人，对防疫保健优抚及里弄工作，是积极的，办事亦很热心。"

7月3日

被推举为静安区爱国卫生分会第二地区支会"爱国卫生展览会"秘书长，筹备三天后开幕，展出一星期，观众达26600余人。

是月，参加上海市医务人员爱国卫生训练班学习，被推为第三大组长兼第一小组长。

8月

荣获上海市静安区人民政府颁发"在爱国卫生运动中工作积极成绩优良"的表扬信一件。

10月

被新华园街道里弄居民委员会评选为爱国卫生工作模范；被静安区人民政府颁发"热心参加本区中小学学生健康检查工作"的感谢信一件。

11月6日—11月10日

应庆云里、连生里、新华园、地丰里、1790弄至1804弄、同德里、福安坊、文德坊、觉园等八居委会邀请，作静安区各界人民卫生代表会议的传达报告。

是月，建议静安区爱国卫生分会发起组织整洁市容劝说队，有80余人报名参加实施。

本年，被推选为中华学艺社理事（至1953年）。

1953年（癸巳）47岁

2月12日

应邀在国营上海市贸易信托公司大礼堂作关于爱国卫生运动报告。

是月，主持愚园路235弄及迪化北路195弄两爱国卫生座谈会；获静安区人民政府颁发的"优抚模范奖状"。

春

被推举为静安区春季爱国卫生运动突击月第二工作站宣教组干事，负责向第二办事处所辖各里弄作卫生宣传工作。

4月

与李丁陇、戈湘岚、徐子鹤三人合作的《中国伟大医药学家画像》24幅（扁鹊、仓公、华佗、张仲景、王叔和、皇甫谧、葛洪、陶弘景、巢元方、孙思邈、王焘、鉴真、钱乙、刘完素、张子和、李东垣、朱丹溪、李时珍、张景岳、王肯堂、吴又可、叶天士、王清任、吴尚先）[1]。

扁鹊秦越人之像（上海科学技术出版社版，后同） 　　仓公之像 　　华佗之像

---

[1] 宋大仁：《伟大医学家王叔和的生平与遗迹的考察并论述其脉学成就》，《中医药学报》1980年第1期、第2期，注19。

张仲景之像　　　王叔和之像　　　皇甫谧之像

葛洪之像　　　陶弘景之像　　　巢元方之像

孙思邈之像　　　王焘之像　　　鉴真和尚之像

钱乙之像

刘完素之像

张子和之像

李东垣之像

朱丹溪之像

李时珍之像

张景岳之像

王肯堂之像

吴又可之像

叶天士之像　　　　王清任之像　　　　吴尚先之像

7月12日

在谱主上海胃肠病诊疗所填写个人履历书[1]。

9月

《十六世纪伟大的医药学家植物学家李时珍》在《中华医史杂志》第5卷第3号发表，云：

 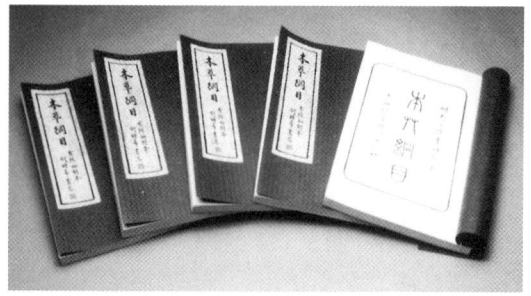

李时珍像（采自苏州陈雪楼医学著作手稿本）　　上海科学技术出版社重版之《本草纲目》金陵版书影（王国忠摄）

李时珍《本草纲目》金陵版重印本　　1986年11月24日，李约瑟、鲁桂珍两博士在湖北蕲春参观李时珍陵园（采自李时珍纪念馆）

---

[1] 据"履历书"。

在最近落成的苏联莫斯科大学新校舍的大礼堂走廊上，镶嵌着世界各国大科学家的彩色大理石像，其中有我国南北朝的祖冲之和明代的李时珍。从这里可以看出我们的盟邦社会主义国家的苏联，对于我国往昔伟大科学家历史地位的重视，也证明了中苏两国人民相互尊敬的伟大友谊，因此介绍他们在科学上所有卓越贡献和事迹，是必要的了。指出，时珍总结了历代药物和植物学上的知识及经验，著成（《本草纲目》）这部科学巨著，不但在医药方面有极大价值，而且在植物学方面，也有很大的贡献。因为我国药物多属草本产品，由于医药研究的需要，也引起了他对于植物形态和分类进一步的辨认和归纳，也就详细描写了药用植物的形态和类别，因此成为我国植物分类学上极其重要的卓越的文献。由此可见，李时珍的毕生业绩和在科学历史上的崇高地位，是应该受到我们后人和国际所尊重的！

10月17日

在中华医学会上海分会医史学会针灸座谈会上作《针灸的发展和在世界各国研究的现状》演讲，论述针灸的起源与发展、经穴和十二经脉、针灸在日本和法国的情况、新近学者的研究等问题[1]。

是月，《评〈国药提要〉》在《江西中医药》第1号发表。

11月

《对于〈从历史上看中国人民是讲究卫生的〉一文的意见》在《学艺》第23卷第3期发表。

本年，决心努力于祖国传统医学文化遗产的工作，云：

党中央和毛主席号召团结中西医，发扬祖国医学文化遗产，通过学习，我认识了以往的十多年来，由于没有得到马列主义的指导，治学的观点方法，都有错误，所以成就不多，从此决心转变方向，紧紧地靠拢党的指示，努力于祖国医学文化遗产的工作。

撰《中国医学发展史提纲》，拟在中国卫生史研究会座谈会上提出讨论。译成日本富勇猛著《世界医学史》。

绘成中国伟大医药学家画像[2]，计有：

---

[1] 参见：《医史杂志》1954年第1号。

[2] 有○号者已出版，其余大部分已在各次展览会先行展出；有△号者，准备加工放大（宋大仁注）。

[古代] 神农　黄帝　岐伯　伊尹

[春秋战国] 扁鹊（秦越人）○　医和　医缓　孙阳

[汉] 仓公○　华佗　张仲景○　王叔和　韩康　吴普　蔡邕△　董奉

[晋] 葛洪○　鲍姑　皇甫谧○

[南北朝] 陶弘景○　姚僧垣△　徐子才　张子信

[隋] 巢元方○

[唐] 孙思邈○　王焘○　甄权△　孟诜　苏敬　韦慈藏　鉴真和尚○　王冰　陈藏器　许胤宗　李翱　刘禹锡

[五代] 雷敩

[宋] 钱乙○　陈自明　王惟一　唐慎微　苏颂　宋慈　杨介　沈括　嵇清△　林亿　郭雍　许叔微　陈言△　庞安常　陈沂△　朱肱　章迪△　郭冯氏△

[金元] 刘完素○　张子和○　李东垣○　朱丹溪○　窦汉卿△　张元素△　马丹阳　危亦林　罗天益　罗知悌　曾世荣　王履

[明] 李时珍○　刘文泰△　薛己　张景岳　吴又可　陈司成　陈实功△　江瓘　滑伯仁　杨继洲　徐凤　王肯堂○　徐春甫△　楼英△　葛可久　戴思恭　王好古　孙一奎　陶华　汪机　秦昌遇　钦谦　李中梓△　李梴△　龚廷贤　戴曼公　傅青主　汪石山　邓苑

[清] 叶天士○　薛生白　陈尧道　杨栗山　吴鞠通　王孟英　赵学敏　吴其濬　徐灵胎　陈修园　汪昂△　吴谦　喻嘉言　张璐△　王清任○　吴尚先　吕留良　高鼓峰　卢之颐△　黄伯雄　雷少逸　张宗良△　何鸿舫△　凌晓五　唐容川　邱熺　关韬　黄宽　金韵梅　赵元益　尹端模　丁福保

[太平天国] 洪仁玕　李俊良　刘丽川

[民国] 孙中山　章太炎　郑文焯　张锡纯　曹颖甫　丁甘仁　谢利恒　张山雷　恽铁樵　僧达芦　曹炳章　叶劲秋　承澹庵

是年，加入中华医学会上海分会公共卫生学会。促成广东同乡会理事会将该会全部产业捐献政府，作救济之用。获静安区人民政府"优抚模范"奖状。

1954年（甲午）48岁

1月

　　撰在中国卫生史研究会专题演讲稿《从物质文化史资料来看中国卫生的发展》。

2月19日—2月28日

　　为纪念李时珍逝世360周年，中华医学会上海分会、中国药学会及中华医学会上海分会医史学会联合举办的"李时珍文献展览会"，提供《时珍殉学图》及与徐子鹤合作之《李时珍事迹图》义诊、辞官、采药、著书四幅[1]。

3月

　　《针灸起源和发展》在《中华医史杂志》第6卷1月号发表；《从中药本身的发展来看中药的改进》在《江西中医药》3月号发表。

　　撰中国卫生史研究会专题演讲稿《原始社会时代穿颅术的成就》。

5月

　　《悼余云岫医师——从余云岫先生逝世谈到我国医学革命过程》在《学艺》第6期发表。

8月6日

　　与华东师范大学历史系束世澂教授讨论医史问题。

9月23日

　　访华东师范大学吴泽、束世澂两教授，讨论医史问题。

10月25日

　　与复旦大学历史系胡厚宣教授讨论医史问题。

　　本年，为中南同济医学院礼堂绘制《中国伟大医学家画像》二十六幅及李时珍事迹图四幅。

　　被上海市嘉定县人民政府中医师进修班聘为讲师；任卫生工作者协会常德路地段学习组组长（至1957年）。

---

[1] 王吉民撰《李时珍文献展览会特刊》，1954。

1955年（乙未）49岁

1月5日

汪殿华教授过访，讨论中国医药史问题。

1月15日

与郭若愚讨论医史文物问题。

1月16日

张赞臣赠《中国历代医学史略》《经穴治疗学》及《因是子静坐卫生实验谈》三书。

3月20日

束世澂教授为治愈其胃病赠旧作一册留念。

3月28日

胡厚宣教授访谈，与耿鉴庭同往修文堂访书。

4月16日

陈蒙安教授来谈文史和医史问题，赠《嵩山开母阙白兔捣药》拓本，并转让王惟一《针灸腧穴图经》残石拓本。

4月17日及5月22日

在中华医学会上海分会医史科学会中国医史研究方法座谈会上发言云："医史工作当前的任务，主要应为医学今后发展方向，须坚持两个原则，爱国主义与现实主义。以往《医史杂志》上却登过好多实用主义观点方法的文章，现在学术界已展开对胡适思想的批判，我们也应展开这个运动，肃清医史界的错误思想。"并对张孟闻教授提出的医史分期（上古至周末、秦汉时期、西汉年间、鸦片战争以后迄解放前、解放后）提出三点意见：

一、他将中国医史随意分为五段，一方面可以说对的，另一方面也可以说不对的，因为依照资本主义史学观点的老方法来分，是对的；倘若以历史唯物主义的观点来衡量，就不对了。试问张教授的第一期"上古至周末"根据什么标准呢？

二、原始医学，是从巫分家出来的话，也是陈旧的说法，其实医学的起源与巫无关，在原始的狩猎和战争中，人们学会了简陋的治疗创伤的方法，随着农耕和畜牧的发达，逐渐发明了一些植物和动物的药物，所以巴甫洛夫说："从有了人类，就有了医疗的活动。"宗教意识发生于新石器时代后期，发展于奴隶制时代，这种专门的宗教工作者——巫觋和祭司，从劳动人民那里攫取了药物知识和医疗方法，加以一系列的驱鬼求神的魔术形式，把朴素的医学知识，神秘化起来。但是劳动人民在生活实践中的医学经验，仍旧继续发展着。我国到春秋战国间伟大的医学家扁鹊（秦越人），出来极力反对巫医，才把它划清界限，医与巫本来是两个系统，反转来说：医从巫来，是错误的。

三、我们应该根据社会发展的阶段来分期，但是我国历史分期问题，尤其奴隶社会阶段的下界，到什么时候为止呢？我国史学界讨论迄今已三十年了，还没有得出最后的结论，但照现在的趋势，大约一两年就能解决问题的。在目前我以为暂时仍旧依照一般通史的分期，也不过十段左右（如：原始社会，商殷，周春秋战国，秦汉，魏晋南北朝，隋唐五代，宋，元，明，清至太平天国，太平天国至解放以前，中华人民共和国成立以来）。根据通行的方法，总比不成熟的方法来得稳妥。

又指出："对张孟闻同志的五段法，我应该慎重考虑的，有人说为便利编写医史或教学讲义，可以人为的分期，但是历史分期要掌握社会发展规律的，教学讲义，更加不可草率从事。个人写稿，可以自由发挥，提到学会来讨论，那么，在目前情况反而不容易得到一致性的结论。"并认为："分类不妨分两方面做。一方面以现代疾病为主附以古代疾病，另一方面以古代疾病为主附以现代疾病，此二法并不矛盾。另编一套或双方都编未尝不可。"[1]

4月18日

接中国美术家协会通知，与徐子鹤合作的《李时珍事迹图》四幅入选1955年全国第二届美术展览会。《宋大仁自传》云："该展览会为文化部及美术家协会主办，在全国36个省市和人民解放军的工作单位等美术工作者，在初选万余件作品中选出四千余件，再经数度评选，最后选出994件，参加美展，这可称为医史画的杰作。"

4月27日

应江苏医学院之邀，赴镇江演讲祖国医学的伟大成就。

---

[1] 中华医学会上海分会医史科学会：《中国医史研究方法座谈会各次开会暨发言记录（一）》，《中华医史杂志》1955年第3期。

4月28日

赴南京出席南京市卫生局举办的中医药展览会筹备会议，出借与李丁陇合作的《李时珍静海寺审药归来图》等文物图片500余种；晚与卫生厅吕炳奎厅长及邵国华秘书同进晚餐；晚应中华医学会南京分会之邀，赴南京大学礼堂为南京卫生工作者、卫生局所属单位、中央卫生院分院及科普协会等听众演讲祖国医学的伟大成就。

4月30日

与老友叶橘泉副厅长往狮子山访查李时珍采药遗迹。

5月11日

出席南京中医药展览会开幕式。

5月12日

尹石公教授赠《筠清馆法帖》一函。

5月24日

陈邦贤教授、赵全铎中医师前来叙谈。

是月，《清代名医陈修园传略》全文在《中医杂志》第5期发表，云：

陈修园，名念祖，又号慎修，福建长乐人，家在溪湄。早岁丧父，家徒四壁，好读书，经史医药各书，无不精研。初习举子业，兼行医自给。目睹时医崇尚唐宋以后各家方书，而于古圣相传的《内》《难》、本草，以及仲景诸书，弃而勿习，大不为然。乃上溯炎黄，专宗仲景，寝馈其中者数十年不倦，自《千金方》以下皆甚心服。乾隆壬子（公元1792年）举于乡。寓京师，适伊云林（朝栋）患中风证，不省人事，手足偏废，汤米不入口者十余日，一时名医皆云不治，修园以大剂起之，名震一时，就诊者无虚日。后因某当事强令馆于其家，辞弗就，拂其意，乾隆癸丑秋（公元1795年）托病归。嘉庆六年辛酉（公元1801年）罢试南宫，就职以知县分省直隶威县。直隶臬台傅廉访素闻修园名，题其医集，有"东皋制义慎修医，万顷汪洋孰望涯"之句。见修园至，优加款接，修园深感之。时直隶妇女患阴挺者多，傅以问修园，修园因畅论其义，并著治法，语多可采。是年夏大水，修园奉檄勘灾恒山，以劳成疾，脉脱而厥，诸医无一得病情者，迨夜半阳回，神识稍清，自定汤液，二服愈。时湿疟流行，误于药者甚多，修园怜之，遂于公余采时方一百八首，韵为歌括（即《时方歌括》），医家按法施治，多所全活。嘉庆壬戌（公元1802年），直督熊谦患手指麻木，两臂及手腕痛，召修园诊之，按其脉，左手兼弦，两寸略紧，断为半身以上有痹痛等症，若不早治，必至中风，主以黄芪五物汤常服，以治其肝风，又拟丸方，以补肾而兼养肝[见《时方妙用》中风门不具录，书成于嘉庆癸亥（公元1803年）]。是年秋底，以母病回乡，自是家居者数年，戊辰（公元1808年）春间再出。谢芝田吏部患头顶强痛，身疼，心下满，小便不利，服表药无汗，反烦，六脉洪数，修园诊之，以为病在有形之太阳，但使小便一利，则所有病气，俱随无形之经气而解矣。用桂枝去桂加茯苓白术汤，一服遂愈。愈后夜间不寐，修园曰：此名虚烦，因辛热遗害，禁用枣仁、茯神、远志等药，投以栀子豉汤，病不复作。嘉庆十五年庚午（公元1810年）七月丁攀龙过陈氏，修园见其面上皮里暗黑，环唇更甚，目下微肿，鼻上略青，直告之曰："君有水饮之病根，挟肝气而横行无忌，此时急治可愈，若迟至二十日，病一发作，恐医日多，方日杂，总不外气血痰郁四字，定出搔不着痒之套方，即有议及水饮，缓治以六君二陈加减，峻治以滚痰黑锡专行，此敷衍题面，而题理题神，则尽错矣，以药试病，试穷而变计，虽卢再世，亦无奈何矣。"丁怪其言之过激，弗听。至七月下旬病作，中秋后渐重，九月下旬邀诊，修园语之曰：向者所说之弊，今一一见之，本无可药，苟必欲施治，惟有金匮十枣汤，尚合病情，姑拟以待有识者用之。坐中有一老医，力争不可，修园遂拟龙牡甘苓行水化气等药而退。丁不复再延，日招多医，以熟地、枇杷叶、炮姜、附子、肉桂、人参服之不断，渐至大喘肿胀，吐血大衄，耳目俱出，小水全无而殁。修园记其事于怪灾病案内，深为之惋惜。蒋庆龄谓修园年少气盛，治病时喜与人争辩，处方后又自赞自解，亲调刀圭汤药，服之如其言。及出山后，敛抑才华，其言呐呐然，如不能出诸口（见《神农本草经》读序）。嘉庆廿四年巳卯（公元1819年）修园以年老气休，归闽后，讲学于嵩山井上草堂，从游者日众，修园亦诲人不倦，有来请业者，必先授以自著之《伤寒论浅注》，及《金匮要略浅注》二书，亦寓取法乎上之意。其子陈蔚云："家严此二书稿凡三易，自喜其深入浅出。"古人于学问一道，竭毕生精力以赴之，不肯稍假借，俗儒偶有一得，非故步自封，即沾沾举以为能，以彼例此，其孰得孰失，必有能辨之者。修园尝谓：李杲治疾，以脾胃为重，温燥渗行，升举清阳，法虽未醇，足贵也。但东垣杂处，不可不知，惟以脾胃为重，故亦可取。而张景岳以八阵立说，不衷正法，尤为修园所指斥，平时立论，以小建中方治疗，虽世有议者，然其独具手眼，实非庸常所能及。其方药离合论、古方加减论、方剂古今煎药法，服药法，痨病论，景岳八阵砭，皆上述轩歧长沙之秘，示后学大法。修园医案好詈市医，其同道相聚而言曰："我非脉理虽不深，然修园骂为布医，岂我辈之医，只中布施用耶？"盖认市作布矣。卒后林则徐、赵在田序其集行于世。

修园著述甚多，坊本有题名二十三种、三十二种、四十八种、五十种、七十种、七十二种之别，其实只有：《伤寒论浅注》《长沙方歌括》《金匮要略浅注》《金匮方歌括》《灵素集注节要》《伤寒真方歌括》《伤寒医诀串解》《神农本草经读（公元 1803 年）》《医学三字经（公元 1804 年）》《医学实在易（公元 1844 年）》《医学从众录（公元 1845 年）》《女科要旨》《时方妙用》《时方歌括》《新方八阵砭》《难经浅说》《伤寒类方集注》《十药神书注解（公元 1857 年林跋）》。此外尚有《伤寒论注》《重订柯注伤寒论》《伤寒论读》《重订活人百问》《新订喻嘉言医案》《医医偶录》《金针》二卷等廿六种。《医约》《医诀》二书不传。以上各书皆平易浅近，读者易于接受，所以影响甚大。

在十八世纪时代，倡议及从事医学普及工作者，殊不多见，而陈氏对祖国医学的贡献及其伟大业绩，深足为我辈模范！

子二：长蔚，次元犀。孙心典，均能传其业。

《福建通志》不载陈氏生卒年份，但据陈元犀言："道光三年（公元 1823 年）家父七十一岁，于三月初旬，右胁生一疮疖，延至新秋，病势转剧，水米不能沾牙者十余日。"（见《医学实在易·霍乱门》）魏敬中云："修园勘灾恒山后三十余年，余返自都门，与修全闽通志，时先生辞世数载。"（见《医学从众录》魏序）按修园勘灾恒山时为嘉庆六年辛酉（公元 1801 年）。由此递推，至道光十二年（公元 1832 年），恰合三十余年之数，其时修园辞世数年。于十二年之中，除去数年，再以其子之言证之，则修园之死，必在道光三年也明矣。

因此推定修园生卒年份如上。

6月3日

上海电影制片厂陈鲤庭导演为故事片《李时珍》约谈，征询对该剧本的意见，提出修改意见并提供参考资料。

6月11日

中国药学会杭州分会两次来函索要雷敩史迹及其画像。

6月21日

李涛教授来沪作报告，抽暇来访畅谈。

是月，撰《宋王惟一铜人腧穴针灸图经残石响拓本》考，云：

余藏有《宋刻铜人腧穴针灸图经》残石拓本，因考该碑石乃宋翰林医官王惟一氏总结宋代以前针灸之技术经验而著，成此不朽杰作，并刻于石，同时铸造立体铜人，约在天圣五年十月，即公元1027年。该石初树于汴京（开封），广二丈余，高六尺许，碑面十六字为一行，百六十字，横为一层，凡五层，以为五段，到元代至元间（约公元1277年），移于京师（北京），元贞初（约公元1295年）在顺天府之皇庙，明洪武初（约公元1368年）铜人移置是内府，图经犹存（见《明一统志》），明正统间石裂，英宗命袭合，正统八年（公元1443年）

宋大仁为宋王惟一铜人腧穴针灸图经残石响拓本题跋之二（采自广东中医药博物馆）

又重修之（见《英宗实录》），明末碑已毁损，至清初仅存残石半边而已。然而世事沧桑，历世八百余载之吉光片羽，又不知埋没何所矣。清代金石学家陆增祥萃农（太仓人，道光进士第一，精鉴赏、富庋藏，著有《八琼室金石补正》），珍藏宋刻残石拓本，乃是正统重修以前之初刻，原物今归海熙楼，为世间罕睹之孤本，名贵异常，惟残石斑剥缺损，不堪卒读，因故金大定平水刊本《铜人腧穴针灸图经》校勘补残，复其面目，惟响拓不易，幸得友人朱孔阳君介绍绍兴李思绩君费半月精力，才抵于成，可感也。兹将书本文字与碑文违异之处列下：

一、和髎二穴在耳前总发下，书本"兑"作"锐"。

二、耳中嘈嘈，书本"嘈"作"嘈"。

三、可灸三壮，书本夺"灸"字。

四、听会二穴手少阳脉气所发，书本"手"误"足"。

五、针入七分，书本"入"误"八"。

六、耳门二穴耳鸣如蝉声，书本"耳鸣"误"鸣耳"。

七、此碑每行为十六字，而第三列刊妇人席下之一行，如依书本补缺字则得十七字，中脊腧一行依书本补缺字得十五字，想石本各行之字，字数未必有参差，当是文词与书本不尽同之故欤。

读残石仅九六，校勘后世书本，已有如上之错误，尤其"手少阳"，书本误"足少阳"，一字之差，所关之巨，所惜原石不可复得，后人失所依据，以讹传讹，贻害非浅，今举残石拓本为例，足证保护祖国医学文化遗产之重要，愿与全国同胞共勉之。

公元一九五五年六月

中山宋大仁（印）

宋慈造像在江苏省卫生厅主办的南京中医药展览会上展出四个月[1]。

是月前后，所藏"只此一家"药罐，经南京文物工作者鉴定，不能下结论，后请教于上海市文物保护委员会专家徐森玉，认为系南宋临安出土之越窑珍品，异常名贵。

7月

对宋慈墓作第二次详查，在建阳县卫生科李忠群、黄启唐等人协助下，在该县崇雒乡昌茂村山上的丛林中找到宋慈墓葬，并摄得墓葬远景、全景及墓碑照片三帧[2]。

宋大仁绘宋慈像（采自宋大仁海煦楼绘本）

是月，撰《宋慈惠父墓葬之断碑》跋：

---

[1] 宋大仁：《宋慈年谱》，打字修改本。

[2] 宋大仁：《伟大法医学家宋慈传略》。

宋慈墓（采自《文物天地》，魏以伦摄）　　宋慈惠父之墓断碑

宋公惠父（1186—1249）为祖国的，也是国际的，伟大法医学家。他的专著《洗冤录》在十三世纪五十年代已完成了，早于国际法医学专书350余年，内容丰富，至今学术上还有一定的价值，且已流传海外，如英、法、德、荷兰、朝鲜、日本、苏联等国被译成各种文字的版本。他的事迹湮没了数百年，我们通过考据方法，把它整理出来，详见拙著《宋慈年谱》。我们为纪念祖国优秀的科学伟人，于公元1955年5月间在建阳县崇雒乡调查他的墓葬未获，7月间再度搜查，发见于昌茂村山上之茂密丛林掩蔽中。原碑上段照例是记官衔和年份的，但因年代久远，断折散失，不知去向了，现存残碑，尚足为慈墓的证据，除摄影外，并拓其碑文，以资纪念。

后撰《宋代法医学家宋慈及〈洗冤录〉研究》，未刊（2007年5月22日笔者访金山周明忻医师）。

8月2日

友人陈蒙安患胸动脉瘤症，不治逝世，前往仁济医院告别。

8月4日

广东省卫生厅宣传科科长陈都及萧熙、梁乃津三人来访，约谱主回粤协助广东中医药展览会工作。

9月23日

赴穗参加广东中医药展览会筹备工作。

9月27日

在广州造访著名玉器鉴赏家、考古社社友陈大年，借得有关医疗用玉八箱，并拍照；另蒙赠汉玉研臼、玉研杵、汉铜研杵三件。

9月30日

下午7时，前往岭南文物宫出席广东中医药展览会开幕式；展会展出谱主考证题跋的文献文物有：

（1）针砭考。

（2）甲骨文疾病考。

（3）酒的起源。

（4）中国最早的兽医学家《孙阳治马图》并跋。

（5）汉石刻灭虫图拓本并跋。

（6）汉代军队卫生和医院。

（7）流沙坠简医方。

（8）晋王羲之书药方并跋。

（9）北魏温泉碑并校勘记。

（10）龙门古药方并校勘记。

（11）六朝青瓷药壶的发现。

（12）侏儒和侏儒俑的说明。

（13）王惟一像传。

（14）王惟一铜人影片。

（15）王惟一针灸图经残石拓片并跋。

（16）王惟一针灸图经响拓本并校勘记。

（17）宋李唐绘疗背痛手术图并跋。

（18）葫芦为医药标志的来历及其作用。

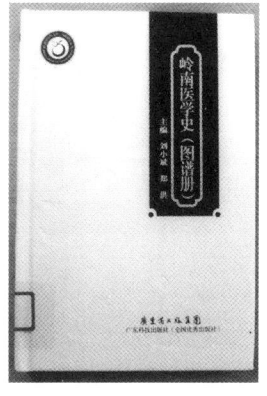

收入宋大仁医史文物藏品的《岭南医学史》

是月，《原始社会的卫生文化》在《中华医史杂志》第3号发表，论述火的发明提高人类征服自然的力量；食物来源的扩大与体质发育的关系；原始人的寿命；陶器的发明，人类饮食卫生有了显著进步；火葬的起源与公共卫生的关系；远古人类的疾病；原始人对于疾病的处理和医疗；药物的萌芽等问题。其结论云：

原始人类，依靠劳动，创造了自己，完成了从猿到人的过程。同时他们也创造了世界，生产方法和生产内容逐渐丰富，在衣食住三方面的物质生活逐步改善，虽然还很低下，但已奠定了文明时代卫生文化发展的基础，是值得我们重视的。

归纳本篇主旨，有下列几点：

一、寿命的长短基因于物质生活水平：根据近代科学的研究，中国猿人与尼安德特人的寿命，都很短促，可能是由于摄取食料的限制与自然界的灾害无力抵抗等原因所致，但是山顶洞人的寿命比较起来，已长得多了。

二、陶器的发明，是划时代的卫生工具：因为原[1]人生活环境需要，而开始创造，起初是从饮食的关系发现出来，它们所制的陶器多是用来储水、蒸煮食物及储藏食物的，它制作的动机，不是为美术装饰，而是为饮食卫生的目的而制作。因此有了陶器之后，可以减少人类的疾病和死亡率，陶器的产生，在卫生文化史上可以写上光辉的一页。

三、火葬为丧葬中最优良的方法，于公共卫生方面、经济方面和社会建设方面，都有其积极作用，查以往历史文献，约在二千余年的《墨子·节葬篇》为最早的记录，今据中国科学院最近（1949年12月）发表的田野考古报告，才能知道火葬的始源，实起于原始社会时代。但是这种优良的传统文化，被封建统治阶级提倡"礼教"所迫害而不能普遍发展。

四、原始人类的医疗手术：原始人类遇有疾病，所有的医疗工具，自然也只是日常使用的燧石制的和骨角制的器物。他们使用这样的简陋的器具，竟然能够展开了医疗手术。例如用燧石开切脓肿，施行划痕，或以骨针棘刺放血。后来又能用燧石之刀施行剖腹产术、卵巢切除术、断肢术、穿耳鼻术及穿颅术等手术。特别是穿颅术。

《中华医史杂志》同期发表《清代名医陈修园传略》摘要。

海熙楼主藏清代《孙阳治马图》。

[1] 疑为"猿"人。

海煦楼藏《孙阳治马图》

10月4日

在穗受到当地中医界巨子梁乃津、赵思兢、杨志仁、萧熙、邓铁涛、黄耀燊、罗元恺等公宴招待；中医进修学校教务主任邓铁涛赠该校《医学简史》讲义一册。

10月6日

为广东省会陈汝棠、文化委员会主任杜国庠、卫生厅长古鸿烈参观展会讲解。

10月9日

与张景述、邱晨波、萧熙于午餐后赴越秀山三元宫调查晋代葛洪妻、女医师鲍姑史迹；并撰调查记发表。

《宋大仁自传》云："三元宫附近有药王庙，除了供奉神农、扁鹊等外，还有雷敩塑像，为各地药王庙所无的，该像大约乾隆间物，雷氏像遍寻不获，今于此处得之，可谓'巧遇奇像'，此行收获不尠。"（第23页）

宋大仁为雷敩造像

10月10日

罗元恺校长赠校刊六册。

10月11日

广州卫生局医教科长陈炎冰，曾五次来电约谈，约至新亚大酒店讨论其多年研究的"温泉"专题，嘱代寻有关史料；谱主以北魏温泉碑拓本出让，并再为考查。

晚，学友杜振常及其兄明昭、蔚文三人，在新亚大酒店为谱主饯行，并赠多色象牙印章一方，边刻黄山谷《浩然词》百余字，行书，为七六老人于杰所镌；归沪后，请郭若愚以太平天国体篆刻三字。

10—12月

宋慈造像在广东省卫生厅主办的广东中医药展览会展出二个月。[1]

11月29日

受中华学艺社同事薛德焴教授之托，收集中国解剖学史资料。

---

[1] 宋大仁：《伟大法医学家宋慈传略》。

12月1日

应王吉民之约,设计《中国对世界医学的贡献》十幅医史画。

本年,撰《宋李唐绘疗背痈手术图考》,云:

原图高二尺一寸二分,广一尺七寸九分,无款识,上方右角有乾隆御览之宝藏印,图中人物六,老人肉袒略跽,以背就医,医者持刀刺其背,两人分持背肘,以防老人挣扎者,医者背后立一侍童,方揭膏药备用,医者刺及老人狂号,又一童子则骇而逸,隐身入后又放回其首,以觇动静,其惊悸之状宛然,老人之创深痛巨如闻其声,诚传神妙笔也。是画《故宫书画录》所著录,旧题宋李晞《古灸艾图》。按李唐,字晞古,河阳人,宋徽宗朝补入书院,建炎中画院待诏,以山水人物著名,此画之作当在公元1100至1130年间,但题作《灸艾图》者误,盖灸艾就六撮艾燃灼为事至简,病者痛楚不甚,灸艾时不需膏药,此其大较也,今图中医者所操持者为一利刃,而其手法作可割状,灸艾时有烟焰,图中则无此,且两人用力掣病者之臂肘及敷膏药等动作,作为灸艾所必无之事。《史记·项羽本纪》范增疽发背死,注者谓发背,背,痈也。史籍所载如宋留守泽,徐中山达皆以发背广,诚危症也。今医者举动安详,而病者不胜痛楚,其为治疗发背无疑,爰为更名如上。今西医于背痈亦率施行手术。祖国远在900年前即状之画,固足珍而有裨医史考证,更足珍视!现存医学文献中绘事一门,当以此为第一。

瑞士籍美国医史研究所所长、国际医史名家西格莱特(H. Sigrest)赠多卷本著作《世界医学史》第一册《原始社会》参考。

协助上海市医药展览会筹展。

1956年(丙申)50岁

2月15日

顾学箕教授来访,托谱主寻找公共卫生史料。

2月28日

上海中医专门学校同学叶劲秋患高血压症中风逝世,与王吉民同往致祭。

3月15日

  撰《宋慈年谱》，序言云：

  宋慈，字惠父（1186—1249），为祖国的，也是国际的，伟大法医学家。外国最早的法医学专书，在十七世纪初期出版于意国（公元1602年，Fortunatus Fideli 氏著），宋慈著的《洗冤集录》，在十三世纪五十年代（公元1247年）已完成了，早于前者350余年，为世界最早的法医学著作，内容丰富。它的技术经验，优点颇多，至今学术上还有一定的价值，且已流传海外，被译成法、英、荷兰、德国、朝鲜、日本、苏联等七国文字的版本，这是祖国医学文化产生出来的灿烂之花，值得我们骄傲！然而这位优秀科学人物的历史，湮没迄今，七百余年，《四库全书提要》子部目云：宋慈始末未详；清代历史及考据名家钱大昕所著《养新录》。《洗冤录》条云：此书不载于《宋史·艺文志》，慈不知何郡人；《洗冤集录》宋慈自序，自题官衔为湖南提刑，查《湖南通志》名宦门，不过将慈自序，作为慈传而已。古语有云：读其书想见其为人，我们本发扬祖国医学文化遗产的志愿，不能不对祖国法医学伟大人物的史迹予以勘探，多方搜索之下，得若干资料，兹以刘克庄撰《宋经略墓志》为基础，加以各种地方志、编年史、文集及笔记等文献，写成《宋慈年谱》，因此我们对慈的籍贯、生卒、出身、学历、经历、品德、行为，以及他的法医学识在当时和后世的贡献，了如指掌，而且可以知道宋慈学问广博，于文学、哲学、医学、法律、军事，皆所擅长，他的品德行为，可以看到许多优点：慎思、明辨、俭朴、侠义、聪明能干、智勇双全，然而慈生在当南宋孝宗十三年至理宗淳祐九年这一段时代，正是外患侵凌，天灾人祸，民不聊生，农民暴动的时候。慈出身官宦家庭，为统治阶级服务，不能了解广大群众的政治要求和动乱根源，而与慈先后时代称为民族英雄的岳飞也曾奉命围剿杨么（人民义军），韩世忠围剿范汝为（农民军），同样是留在历史上的一件憾事。另一方面，慈本着人道主义精神"为官以民命为重，听讼清明，决事刚果，雪冤禁暴，扶弱锄奸，得到广大群众爱戴"。尝曰："狱事莫重于大辟，大辟莫重于初情，初情莫重于检验。"又曰："狱情之失，多起于发端之差，定验之误，皆原于历试之浅。""慈于狱案，审之又审，不敢萌一毫慢易心。""或有疑信未决，必反复深思。"他总结了宋代和以前法医学的经验，加以本人四任法官的心得，编著成书，名曰《洗冤集录》，标志着"洗冤泽物，起死回生"的意义。该书流传国内外，为人类服务数百年。

我们对有关宋慈的史迹事项，曾经实地初步调查，除分栏发表外，概括地摘录于此，以便浏览：

（1）著作刊本：《洗冤集录》，影宋本未知落在何方，北京大学藏有元刊本，北京图书馆及上海历史文献图书馆藏有孙星衍覆刻元刊本，刻工甚精，不爽毫发。

（2）墓葬：得到建阳县人民政府协助，经过两次调查，已在该县崇雒乡昌茂村山上之茂密丛林掩蔽中找出来，并摄得影片。

（3）史迹：乡中及墓葬附近，没有史迹可寻。

（4）宗祠：建阳县没有。

（5）后裔：据乡中耆老谓数十年前早已迁徙浙江，但在何县未详，希望知者见告，以资联系。

（6）家谱：现仍无线索可寻。

（7）画像：根据文献记载，宋慈的形貌、职位、品德、行为，为慈造像（宋大仁造像，子鹤、海熙合绘）描绘其"丰裁峻厉，望之可威"的风度，所戴的帽子为进贤冠。于1955年在江苏省卫生厅主办的南京中医药展览会展出四个月（6月至10月）；又在广东省卫生厅主办的广东省中医药展览会展出二个月（十月至十二月）；1956年冬在福建省卫生厅主办的福建省中医药展览会展出一个多月，经过30余万观众瞻仰。

（8）《洗冤集录》的研究，得到上海第二军医大学法医学教研室陈康颐和江苏医学院医学教研组副教授汪继祖合作，以现代法医学知识，全面加以研究，指出该书的优点，并发扬其精华[1]。

与谱主素有交往的鲁桂珍博士后在其《针灸：历史与理论》（英国剑桥大学出版社1980年英文版）中称：现存法医学最早的著作《洗冤录》，是南宋宋慈于西元1247年所作。宋慈于1186年生于福建，是吴稚的学生，吴稚则是新儒家朱熹的学生，另外，他也受到杰出的

---

[1]《宋慈年谱》，上海图书馆藏打印修改本。

学者真德秀影响。他在 1217 年中举，却到 41 岁才获得官位。最后他被分配到江西、福建，而在广东县令任上完成他有名的著作。宋慈的书，在他的时代而言，是相当理性而又科学的，包括了许多新奇的事件[1]。

3 月 27 日

《浙江中医药杂志》编辑周歧隐医师来访，赠诗纪念诊治胃肠科廿周年：

    胃为仓廪肠传道，学贯中西洞一方；
    研究医经多著述，廿年实验在临床。
   空肠得酒生芒角（借东坡句），健饭犹叨胃口强；
    笑问专家宋学士，老夫诗癖有何方。
     宋大仁医师以胃肠病诊疗所廿年纪念
        戏成两绝，藉博 粲教

4 月 30 日

完成王吉民所托《中国对世界医学的贡献》十幅医史画。

5 月 9 日

治愈病家张华庭赠明代小瓷药罐一件，上书"参见陈皮""益寿堂制"文字。

5 月 11 日

上海电影制片厂美术设计部胡倬云、李永周前来商谈《李时珍》影片布景事。

5 月 12 日

与陈康颐教授合撰中国科学院中国自然科学史第一次科学讨论会法医史论文。

6 月 30 日

接中国自然科学史研究委员会关于提供的两篇论文均获通过的会议通知。

7 月 5 日

与王吉民同车赴京出席科学讨论会，并电催邱晨波、汪继祖即刻动身。

---

[1] 鲁桂珍：《针灸：历史与理论》，台北联经出版事业公司，1995，第 306 页。

7月7日

　　上午6时抵京，中国科学院代表耿鉴庭及长女秀峰前来迎迓；住西苑大旅社，中国科学院副院长、自然科学史研究委员会主席竺可桢前来旅社探望；会议期间参观首都名胜，观赏歌舞、戏剧。

7月8日

　　第一次科学讨论会预备会在西苑大旅社9号楼举行。

7月9日

　　第一次科学讨论会正式开幕，由竺可桢致开幕词。

7月10日

　　在会上宣读与邱晨波合作的《雷敩传略及其〈炮炙论〉的研究》，与陈康颐、汪继祖合作的《中国法医学的伟大贡献》。

7月11日

　　中国科学院晚在萃华楼（天津菜馆）举行招待宴会。

7月12日

　　上午，讨论中国自然科学史研究十二年远景计划；下午，在医学组发言；郭沫若院长致闭幕词并全体代表合影。是日，《竺可桢日记》记云："今日上午开自然科学史讨论会大会，侯外庐主席。由叶企孙作了报告……报告后一小时后分三组讨论。我参加了医学组，李涛主席，参加讨论的有陈海峰、宋大仁、陈邦贤、鲁德馨、龙伯坚、龚纯（女）……宋大仁做了许多明医匠［名医像］，现已发行云，他在上海医师［史］学会。"[1]

7月14日

　　出席李德全卫生部长举行的招待座谈会；徐运北副部长、郭子化部长助理出席。

7月15日

　　李涛、陈邦贤、龙伯坚、耿鉴庭在安东西菜社公宴王吉民和谱主。

7月16日

　　与会议代表参观故宫；晚上海美术考古学社社友杨宗安赠明代百寿药瓶。

---

[1] 竺可桢：《竺可桢全集：第14卷》，上海科技教育出版社，2008。

7月21日

　　出席中医研究院举行招待茶话会。

7月22日

　　出席钱信忠副部长举行的招待茶话会。

7月23—30日

　　出席中华医学会第十届大会。

7月24日

　　分科宣读会议论文。

7月25日

　　在医史学会宣读论文。

7月26日

　　北京医史学会举行招待茶话会。

7月27日

　　晚与王吉民同返上海。

8月

　　诚恳撰写《批判我对祖国医学遗产的错误看法》，并寄呈卫生部领导。

9月

　　协助福建省卫生厅筹备中医药展览会，并被该厅聘为展会顾问。（据"两历表""自传"）

10月2日

　　福建省卫生厅派吴云山中医师前来相约，赴福州筹办该省中医药展览会，并颁顾问聘书。

10月9日

　　晚与吴云山医师乘车经上饶同赴福州。

10月11日

　　下午抵达福州，往西湖展览馆。

11月4日

　　福建省中医药展览会开幕：第一部分为"祖国医学的发展和成就"，由谱主主持布置；第二部分为"解放前的中医情况"；第三部分为"解放以来的中医情况"；第四部分为"伤科、外科、针灸等"及本省伟大医学家专栏；第五部分为"中药馆"；第六部分为"生草药圃"，附设青草医顾问处；第七部分为"中医治疗顾问处"；第八部分为"中药服务处"。

《自传》云：

我［于］各部门都要顾问，忙到［得］不亦乐乎，每晚只睡四小时，脑筋不停在跳动着，精神兴奋，身体不觉得怎样累。我负责的主要工作有六项：

（1）策划筹备工作。

（2）编写各时代医学发展情况。

（3）布置展品及说明。

（4）训练讲解员。

（5）答复咨询。

（6）向参观团作报告和解答问题（第27页）。

中医药展览会展出谱主的主要作品（部分为展会所创作）有：

①人兽搏斗图。②井的起源。③中国青铜器时代医疗工具的发现和考证。④西周的医事制度图表。⑤《山海经》药物考。⑥《毛诗》和《尔雅》药物图考。⑦《内经》以前的医药文献。⑧《内经》的诞生。⑨逐瘦犬图（战国）。⑩汉代药函的发现和考证。⑪汉张仲景著书图。⑫华佗剖腹图。⑬西晋陆机《平复帖》考释。⑭晋葛洪炼丹图。⑮鲍姑——晋代优秀的女医师。⑯梁陶弘景审药图。⑰唐苏敬编新修本草图。⑱唐代医学教育图表。⑲唐鉴真和尚传播医学于日本的史迹。⑳唐代药王韦慈藏铜像说明。㉑北宋汴京的医药卫生情况图。㉒宋唐慎微征方图。㉓宋元医药书影说明。㉔明李时珍著《本草纲目》图。㉕清王清任观察脏腑图。㉖革命医生刘丽川事迹。㉗福建省伟大医学家宋慈和陈修园专栏（陈列像传、年表、著作、译本、手迹、墓葬等照片及文献）。㉘历代名医手迹。

1956年，宋大仁曾撰《汉代药函的发现和考证》，图为药函模型

11月13日

应福建省中医进修学校之邀，作《中国保健史纲要》的演讲。

11月24日

应中华医学会福州分会之邀，讲演祖国医学的发展和成就；下榻西湖福建工人温泉疗养院，并游览名胜鼓山。

11月26日

中医药展览会闭幕，受到该省卫生厅李英厅长表扬并合影；厅领导设宴欢送。

在榕期间，往阳歧乡向陈耕园请教炼升降丹的操作技术，学习秘方秘法，并出让丹鼎工具一副；另欲设法调查宋代伟大科学家和药学家苏颂在同安的史迹，又无暇前往，又因该地为海防前线，常有警报，故将详细资料和线索交该县参观团代为调查、拍照。结果有一赵姓者，未与谱主联系，仅从《本草纲目》上抄录一些《图经本草》资料抢先发表，而对苏氏科学研究部分只字不提。

离别福州时，胡友梅、赵棻、刘亚农、李健颐、吴云山、陈鳌石、林家尧等人题诗相赠。

12月2日

车过上饶，当地卫生协会秘书郑书常邀请至该会作学术座谈，因时间所限而未果；郑氏赋诗惜别。

是月，接旅缅甸仰光行医及经商的原上海中医专门学校同学赵泽汉回国观光函，因赴榕筹办展会而未能晤面，互感怅惘。

由丁济方等介绍，加入中国民主同盟为盟员。

本年，协助广东省卫生厅举办该省中医药展览会筹备工作[1]。

1957年（丁酉）51岁

2月19日

接卫生部办公厅（57）卫中医字第82号复函[2]。

宋大仁同志：

你给徐运北副部长的信已收到。关于你希望作医史教研、医史研

---

[1] 据"简历表"。
[2] 选自《宋大仁自传》，1958，第32页。

究工作或医学图书馆、博物馆工作的问题,我们已将你的原函及照片转上海市卫生局办理,请直接与该局联系为荷。

中华人民共和国卫生部办公厅(印)

是月,呈中央文化部请求重修伟大法医学家宋慈墓文,获同意,并通知福建省文物管理委员会办理,要求供给宋慈资料,委托代撰碑记,同意照办。

《宋大仁自传》云:"宋慈的法医学,经我们研究后,撰成论文,在中国科学院第一次自然科学史会议上宣读之后,送到苏联去,莫斯科纪念列宁医学研究院契利法珂夫教授,采取了关于宋慈的资料,编入其所著的《法医学史》中,并刊印拙作宋慈画像于卷首,称他为世界伟大的法医学家。""契利法珂夫教授赠我《法医学史》(公元1956年)一册。"[1]

4月

《从〈清明上河图〉看北宋汴京的医药卫生》在《浙江中医杂志》第4期发表,指出北宋的临症医药较唐代进步,唐代医学只有四科,宋代重新增为九科。本图描绘的两个儿科诊所,其中一所,门第气派不小,可见当时小方脉(小儿科)的发达了。在那个时候,伤科亦已成为专业,所以本图有"专门接骨"的医生。北宋政府为管理药品,设立药局,官方有卖药所,民间有药铺。本图药铺招牌写出"本堂法制应症煎剂"八字,很有道理;于此可知药铺称"堂"始于宋代以上。今日中药铺柜台形式,亦是宋代的传统遗型。据《东京梦华录》

宋大仁临摹《清明上河图》医药部分之一

宋大仁临摹《清明上河图》中医药部分之二

---

[1] 选自《宋大仁自传》,1958,第30页。

宋大仁临摹《清明上河图》中医药部分之三

宋大仁临摹《清明上河图》中医药部分之四

宋张泽端《清明上河图》医药部分之一

宋张泽端《清明上河图》医药部分二

及陈旉《农书》，可知当时汴京医药业的盛况及北宋公共卫生的情况。并认为本图是医事画之最早者。

5月

《张仲景画像考》在《浙江中医杂志》第5期发表，云：

宋张泽端《清明上河图》医药部分三

张仲景的庐山真面，到底如何？很难肯定。北京艺术学院蒋公[1]为近代人物画能手，绘画一张老态龙钟的人像，是成功的，可惜作为张仲景像，似欠根据。作者参证南阳医圣祠塑像，造像如下，其余18幅，没有一个面貌同样的。

（1）河南南阳医圣祠塑像。

（2）日本橘春晖1460年张仲景造像（宋氏海熙楼藏）。

（3）明代张卿子参注《伤寒论》木刻像。

（4）明代北京药王庙塑像。

[1] 应为中央美术学院教授蒋兆和。

（5）北京先医庙画像。

（6）广东省药王庙塑像（乾隆间）。

（7）《珍珠囊药性赋》木刻像（乾隆间）。

（8）《医林十五圣像》（清代名画家广东顺德苏长春绘于道咸间）。

（9）黄竹斋编《仲景传》影印日人画像（画者姓氏字迹模糊，有人题赞为1784年）。

（10）日本片仓鹤陵《医学质验》附图（全身立像）。

（11）日本《仙医图赞》张仲景画像。

（12）日本土肥庆藏《皮肤病学》附录（公元1914年）。

（13）日本《和汉药物学》附木刻像（公元1924年）。

（14）北京达仁堂医药祖师图像。

（15）王吉民、伍连德《中国医史》半身侧面像（英文本）。

（16）宋大仁《医药八杰图》画像（公元1929年绘）。

（17）广东中医进修学校画像。

（18）广东省中医实验医院画像。

（19）《存仁医学丛刊》医史专号画像。

（20）蒋兆和画像（中医研究院）。

（21）宋大仁《中国伟大医药家》画像。

河南南阳医圣祠张仲景塑像（采自《浙江中医杂志》）

蒋兆和为医圣张仲景造像（采自《浙江中医杂志》）

1957年5月，宋大仁参证南阳医圣祠塑像为张仲景造像（采自《浙江中医杂志》）

6月28日

原上海中医专门学校同窗、江西省卫生厅中医科科长郭伯涵及中医师杨志一来叙，并允赠该省中医药展览会参考资料。

是月，根据1955年赴宋慈故乡福建省建阳县的两次实地踏勘所得，"多方搜得若干资料，兹以刘克庄撰《宋经略墓志》写成《宋慈年谱》"，撰成摘要《伟大法医学家宋慈传略》并"年表"，在《医学史与保健组织》第2号发表。

与周绍奇、俞长荣合撰的《陈修园传》（附年表）在《福建中医药杂志》第2卷第3期发表。

8月

与丘晨波合撰《雷敩及其〈炮炙论〉》在《浙江中医杂志》8月、9月号发表，云：

雷敩是中国第一部制药专书《炮炙论》的作者，也是中国第一位制药专家。在对雷敩的史迹初步考证后认为："①从《炮炙论》书中制药方法及文字流露上看来，雷敩虽系制药专家，但并非以制药为职业，而似系道家对制药及生药学有专精的研究者。②他的年代……是唐代以后、宋代以

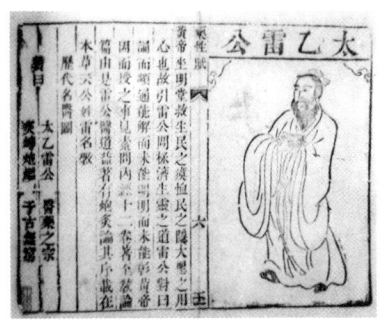

太乙雷公

前的人物；我们主观说法，可能是五代时人（约在第十世纪的前半期）。③他总结前人和自己实践的经验，写成第一部的制药专书，而且内容相当丰富，他的业绩，在祖国制药史上有一定的贡献，这是可以肯定的。"

其制药方法的特点是：①对生药植物学有深入的研究和广博的知识，因此书中常有"凡勿使用某某，真相似……"②很多的制药法，深合化学的原理。③其制药方法部分偏于道家的服食的目的，因而部分因经济上的理由，不适于广大人民使用。④极注意药物的药用部分，并注意修治，除去有害部分。⑤对药物特殊功效方面有深入的研究。⑥不谈阴阳五行。在概述雷氏蒸、煮、炒、焙、煨、炙、炮、煅、浸、酒浸、醋处理、飞及生药自然汁煎成膏等十三种制药方法后指出，雷

氏虽非职业的制药家,而主要系从道士服食的观点来制订生药处理的方法,但由于它的科学性及其实用性,影响中药加工垂一千年,一般所谓遵古法制,在李时珍以前绝大部分即系根据雷氏的方法,在李时珍以后,也还有很大的比例是依照雷氏的方法,雷氏于制药学及生药学,曾贡献出不可磨灭的功绩,其《炮炙论》一书,值得我们加以钻研,仔细学习。

9月16日

丘晨波药师来访,拟撰唐以前药学史,选送其宋以前主要文献六十五种目录。

9月22日

王筠默教授来访,送来吴其濬画像照片,希重绘放大收入《中国伟大医药学家画像》第二辑。

是月,《李时珍静海寺审药归来图》并序在《江苏中医》第5期发表,该序云：

宋大仁绘《李时珍静海寺审药归来图》

李时珍是我国伟大的医药学家,他的伟大著作《本草纲目》已被译成五国文字,流行于世界。他总结了十六世纪以前中国人民用药治病的经验,发明多种药物的真正效用,反对当时流行的臆说,为现代药物学的研究,提供了必要的资料,对科学具有卓越的贡献。

当他的《本草纲目》写成之后,就想将它刻印成书,以便把这些具有实用价值的知识,迅速地贡献给广大的人民。那时的南京,正是明代出版业的中心,他为了想找书商合作刻书,于是在63岁的那年(公元1579年,明万历七年)从家乡蕲州来到了南京。

李时珍到了南京,经常去静海寺研究三保太监郑和种植的很多"番药"。《本草纲目》里有关"番药"的部分,能够编得那样充实,和李时珍在南京时期下过一番钻研工夫,是分不开的。

1955年4月下旬,作者在南京协助举办中医药展览会,同时与叶橘泉、耿鉴庭等同志,为了考查李氏史迹,曾前往狮子山实地考察,得悉静海寺在太平天国时,因战事被毁!我们徘徊古迹,想念当时情况,不禁悠然兴感,特与李丁陇同志合作《李时珍史迹图》一幅。

《在党的中医政策贯彻下中国医药学家李时珍墓得到重修》照片四帧在《中医杂志》9月号发表,云:

李时珍墓地近景(宋大仁摄,采自《中医杂志》)

李时珍墓及纪念碑(宋大仁摄,采自《中医杂志》)

伟大的医药学家李时珍墓在湖北省蕲春县城外雨湖南岸,1955年秋,人民政府加以重修,并新建了纪念碑、亭、花坛和纪念塔等,纪念塔前刻着李时珍半身像,后为传记,墓前纪念碑有中国科学院郭沫若院长题词。

10月26日

文史学家朱贲如来访,讨论有关医史的碑帖和史迹问题。

10月28日

福建省文管会寄来宋慈碑记的修正意见。

是月,宋慈造像在福建省卫生厅主办的福建中医药展览会展出一个月[1]。

---

[1] 宋大仁:《伟大法医学家宋慈传略》。

《缅甸医学与中医概况报道》在《新中医药》第10期发表。该文以丰富的史料，从中缅友好和文化交流、缅甸医学卫生概况、缅甸的土医及缅甸的中医药等四方面予以了报道。

《中国伟大的法医学家宋慈传记史迹和〈洗冤录〉的研究》一书编竣，待出版。

11月3日

上海公共卫生学会组织会员参观本市西郊南张乡血吸虫病防治工作，与李穆生、苏德隆、顾学箕、张书侬、薛兆圣等50人同行。

11月9日

接《中医杂志》编辑部约稿函称："本刊下半年度拟系统介绍医史及名医传略，希供给这方面材料及图片，充实内容。"

11月16日

接卫生部办公厅（57）卫中徐群字第87号复函[1]：

宋大仁医师：

你于去年8月送给我部《批判我对祖国医药遗产的错误看法》检查书一份，已经给徐部长看过，认为你能自我批评是很好的，我们十分欢迎的。还希望你继续努力、前进，加强中西医团结，为继承和发扬祖国医学文化遗产而奋斗！奋斗！

中华人民共和国卫生部办公厅（印）

11月22日

与李丁陇合作之《李时珍静海寺审药归来图》在《健康报》第590期发表。

是月，《浙江省医史文物》照片晋代越窑青瓷研钵（两式），宋

宋大仁收藏的晋代越窑青瓷研钵（两式）

宋大仁收藏的宋代龙泉窑翠绿荷叶形研钵

---

[1]《宋大仁自传》，1958，第31页。

宋大仁收藏的唐越窑黄釉研钵（左）及宋龙泉窑梅子青药瓶（右）

宋大仁收藏的南宋临安出土的越窑釉彩淡壁青色（"只此一家"）药缸

代龙泉窑翠绿荷叶形研钵、唐越窑黄釉研钵、宋龙泉窑梅子青药瓶及南宋临安出土越窑土釉彩淡蟹青色药坛缸在《浙江中医杂志》第11期发表。

韩胜雄中医师来访，邀参加上海市第一家联合诊所——长宁区第十四联合诊所，同意半天工作。

12月18日

要求参加整风学习，静安区民盟汪主任同意编入第二批参加整风人员名单。

是月，文化部指示福建省文管会指名谱主代撰《重修伟大法医学家宋慈墓》碑文。

《中国法医典籍版本考》列举藏于京沪八家图书馆的69种法医典籍的历代版本以及藏于朝、日、法、英、荷、德、苏等国的12种法医典籍的各种版本，在《医学史与保健组织》第4期发表。

陈修园像在《福建中医药》第6期发表。

《六朝药壶》在《浙江中医杂志》第12期发表，云：

据日本小山富士夫《支那青瓷史稿》考证，原题为御物、法隆寺传来的越州窑药壶。查《法隆寺大镜》第二御物篇中说：该壶高八寸七分，口径四寸五分，圆高二尺三寸八分，四耳，口盖用古代锦。谱主认为，大概该药壶是唐僧传到日本，后由法隆寺再盛香药献纳于皇

日本法隆寺献呈天皇的六朝耕青瓷药壶

官的。瓷器是中国伟大的发明，六朝（222—588）越窑青瓷是由陶过渡到瓷的比较早期的瓷器，在世界陶瓷史上居于光辉的地位。

1958年（戊戌）52岁

1月7日

上海中医学院李鼎寄奉医史论文，征询意见。

1月23日

《健康报》医药科学组来函约稿，要求选择一部分有价值的医史文物照片送该报发表。

1月25日

参加上海卫生协会郊区挖蛹队义务劳动。

位于上海市零陵路的上海中医学院（采自张文勇等主编《上海中医药文化史》）

1月26日

接国际书店寄达的日本石原明著《医学史概说》一书，拟翻译。

是月，《伟大兽医学家孙阳治马图》在《中国兽医杂志》第1期发表。调查宋代科学家沈括、明末医学家傅青主及清初医学家徐灵胎的史迹。

《清代江苏名医——徐灵胎先生像传》（附年表）在《江苏中医》第1期发表，介绍其生平、自著、评注、后人辑刊、末刊、医学外及后人伪托之著作。云："灵胎于医学，积数十年之经验，能够将上下古今许多复杂的学说，融会解析，作系统的研究，不囿于一偏，是祖国医史上的杰出人才；且富有疑古精神，长于批评前人的得失……在他开始研究医学以来的五十年间，经他批阅的书，约有千余卷；读过的书，有万余卷，加之刻苦研究，逐步总结出他在医学理论方面的许

清代著名医学家徐灵胎（采自《江苏中医》）

多真知灼见,和临床上的许多宝贵经验,写出了有价值的医学著作。"

同时发表有谱主所绘徐灵胎造像、徐灵胎手录未刊稿本《管见录》书影、徐灵胎撰《画眉泉记》真迹(公元1762年)、清叶逢金绘《徐灵胎画眉泉故居图》等。

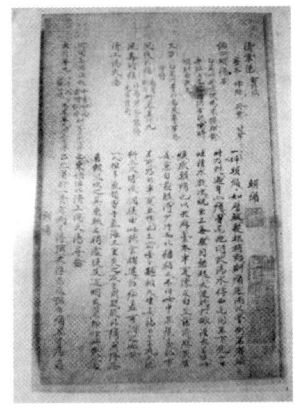

徐灵胎手录未刊稿本《管风集》书影(采自《江苏中医》)

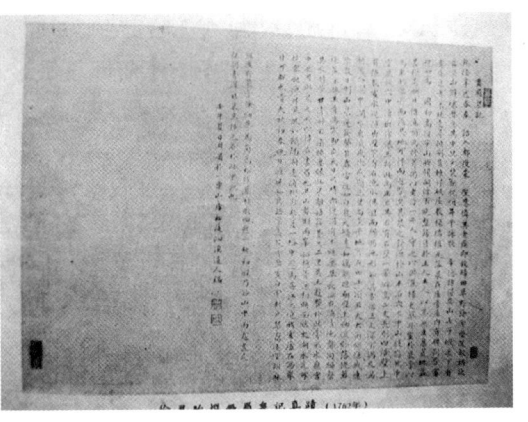

徐灵胎1762年撰《画眉泉记》真迹(采自《江苏中医》)

清叶逢金绘《徐灵胎画眉泉故居图》(采自《江苏中医》)

谱主在《徐灵胎手迹和史迹》一文中考证云:徐氏名大椿,连奉特旨六次,进京治病,并委任太医院供奉,灵胎坚辞,旋即放归,时乾隆二十六年辛巳(公元1761年,69岁)访得吴江县吴山七子墩之下,有画眉泉者,风景幽雅,筑室其间,怡然有终老之志。壬午(公元1762年）夏日撰《画眉泉记》，以志其事，灵胎亲笔正书，有甲申（公元1764年）三月友人邵齐焘及表弟彭启丰题词。

乾隆三十六年（公元1771年）徐氏逝世。这篇文章，后来不知怎样归于榆邨先生，于嘉庆二年（公元1797年），请叶逢金绘成《画眉泉图》，有蕺山汤埛、眉山官懋斌题词。至太平天国革命时，嘉庆七年壬戌（公元1802年）9月8日，该乡受战乱影响，被掠殆尽，此册遗弃地上，被邻妇拾得，将供剪裁，为叶熙恩（子良）取而收藏，转赠于南卿，有叶熙恩题词。

此文、图和题词为后人混合裱成一册，因其次序颠倒，且流传经过，又无题跋说明，其中情况，不容了解。但该记出于徐氏手书，该图系当时情景，这是毫无疑问的。该册现藏中华医学会上海分会医史博物馆。

晋代江苏名医葛洪画像在同期杂志发表。

3月18—19日

参加斗争龚姓、曹姓及尹姓三"右派"大会。

3月20日

参加上海市民主党派和无党派民主人士社会主义自我改造促进大会，会后举行万人大游行，向中共上海市委送呈决心书。

3月22日

参加斗争秦姓"右派"大会。

3月26日

参加斗争高姓"右派"大会。

是月，《陆敬舆像传》在《浙江中医杂志》第3期发表，云：

陆贽字敬舆，唐代嘉兴人，生于公元754—805年，少年时代，就很关心政治，十八岁举进士，以博学宏词登科，授华州郑县尉。唐德宗（李适）素知贽名，乃诏为翰林学士，转祠部员外郎。建中四年（公元783年）长安太尉朱泚，反抗德宗，包围于奉天（今陕西乾县），以致天下大乱，德宗的诏书，一日数百下，贽挥翰即成，不复起草，初若不经思索，及成而奏，无不曲尽事情，苏东坡曾说："文不起草者，古今一人而已。"当时德宗所以能暂时平定内乱，与陆贽贡献出许多适应时局的策略是分不开的。贞元七年（公元791年）拜兵部侍郎，八年四月为中书侍郎，到贞元十二年（公元796年）时，为群小排挤而去。从此隐退，绝口不谈政治，移居忠州十年，闭门谢客，人不识其面；又避谤不著书，惟潜心研究医学，所居地有"瘴乡"之称，人多疠疫，乃考校医方，纂辑《陆氏集验方》《新唐书·艺文志》作十五卷，《新唐书》本传作五十篇（《旧唐书》本传作五十卷疑误）。刊行于世，对人民的保健起到很大的作用。顺帝永贞元年（公元805年）逝世，享年五十有二。他所遗留给我们的著作，还有《陆宣公翰苑集》《陆宣公文集》《陆宣公奏议》等书。

4月1日

《中国伟大医药学家画像》由上海卫生出版社出版新一版；参加长宁区第十四联合诊所（筹）整风学习和写大字报活动。

4月4日

中华医史学会会员姜文熙老医师从浦东来访畅谈。

4月17日

南京药学院为筹展药史文物，派刘成基助教商借十数件文物。

是月，《宋代医学家杨介对于解剖学的贡献》在《中医杂志》第4期发表，云：

杨介，字吉老，宋代安徽泗州盱眙县人。约生于公元1068—1140年，举考廉不就，精于医学，治病多奇迹，闻名四方。解剖学上尤有卓越的成就。我国数千年来的封建统治，对毁伤身体发肤，视为重大罪行，所以很少机会解剖尸体，在数千年中对于解剖学有贡献的仅杨介和王清任两人而已。王清任生于清季末年，以42年的长期观察脏腑而著《医林改错》一书，毅力可佩；但杨介则早于王清任700多年，而且从事解剖，实地观察五脏之真，尤为难能可贵，在祖国医学上，贡献出了不可磨灭的功绩。这样的优秀人物，一向没有人为其作传，有之亦语焉不详，而史迹散佚，不易查考，今得若干资料述要……杨氏医术高明，为时人所崇敬；治学谨严，态度谦虚；对解剖学作了科学的贡献。对其生活的时代初步推测是熙宁元年（公元1068年）到绍兴十年（公元1140年）间的人。《存真图》成于崇宁四至五年间，当时杨介年37～38岁[1]。

[1]《医学史与保健组织》，1958，第2号摘要报道。

撰《自我批判——对祖国医药遗产的态度》在一般整风中向党交心大字报，云：

我本来是热爱祖国医药的人，但在旧社会里，没有获得马列主义的指导，认识不够，以致在钻研祖国医药学术的工作中，走了弯路，造成很多错误。兹检查如下。

一、我幼时，母亲告诉我，我的父亲，生了胃肠病，请了许多医生看不好，我出生才四个月，父亲就与世长逝了。当我中学读书时，就想到学医，始初在澳门，学一个时期，后来到上海来，进中医专门学校，继续学习祖国医学五年，在中医专门学校毕业之后，觉得我们生于二十世纪时代，如果能有现代的科学医疗学识，那么对于祖国医学，更能发扬光大，于是立志再学西医。我出身于穷苦人家，半工半读，在医科大学苦学六年，因为先学中医，我了解中医学术，是祖先历数千年来与疾病作斗争，从实践中积累起来的知识，有着丰富的经验与有效的药物，但缺乏现代化的理论和解释，正需要科学研究，所以约了几位有西医知识的中医范行准、叶劲秋等，发起组织一个中西医药研究社，本来的宗旨，是采取西医之长，补我之短，来发扬祖国医学，我们出版《中西医药》月刊，我着重研究医史文献文物，又因有诊务关系，无暇顾问编辑工作，当时范行准刚在上海国医学院毕业，没有开业，国文根柢很好，推他担任月刊主编，发行之后，引起中西医论战，展开学术讨论，那时一般老中医反对我们主张中医学习西医，当时他们不肯向西医学习，我们也尽力举出中医的短处，给他们看，刺激他们来学习新事物——世界新医术，以便更好地发扬中医之所长。实践的结果，适得其反，逐渐对立起来了，这是错误的开始。在那个时候，余云岫医师对中医典籍，读得不少，他吹毛求疵地找出很多中医的缺点，我们因为佩服他学问广博，从而也就承认了他对中医的许多谬误看法，引证他的论点和资料来为中医辩论，因此，我们逐渐接受了余云岫的影响，同时范君文笔犀利，流于尖刻谩骂，更引起反感。就我个人而论，素来抱中庸之道的思想，多少年来发表的言论比较温和，虽然和中医的某些理论作过不调和的斗争，却从未抹杀中医在临床方面的观察力与经验，及其在历史上的伟大成就，更未抹杀中药的功效。但是我跑进余云岫医学思想的迷雾中，偏重发掘中医的缺点，很少谈中医的优点，犯了严重错误，对中医界带来了很多困难。

二、三十多年以来，余云岫是一贯主张废止中医的，他在1929年提出废止中医的提案，被人民唾弃了。解放后，他没有很好地学习党与政府的政策，仍继续主张废止中医，1949年6月，在上海自然科学工作者代表大会筹备会上，曾为中医问题开过几次座谈会（我没有参加），又曾在《上海医药世界》月刊三卷二期上，发表了他自己写的《处理旧医问题大纲草案》，并于9月间发起改造中医座谈会，借中华医学会上海分会礼堂举行，他在座谈会上，重申废止中医的主张，要在一次登记之后，就阻止中医新生力量的生成。我当时以为他是老前辈，他的提议，一定会成功，也想投机取巧，跟着他跑，没有看出他的错误行为，所以这次座谈会，他叫我筹备，我就替他筹备了……在今天看来，完全违反了党的团结中西医和发扬祖国医学遗产的政策。

……现在看来，其实中医有一套理论体系和治疗法则的，不过与西医的基础不同，有些部分，照西医学理，还未能解释它的道理。中医的病因学说和辨证论治方法，是处处注意到病人的整体性和灵活性的，因人、因时、因地而不同。所以中医是有理论的科学，而且具有丰富多彩的内容，经过学习再学习，我深深体会到党对中医的政策是正确的。同时感觉到我解放前或解放初年，对中医理论的看法，是犯了资产阶级机械唯物主义的片面观点而造成的严重错误。以往廿年前我没有从整个祖国医学遗产作如何打算来继承和发扬上负起责任，先找出中医一些缺点，以为是对医学有贡献的工作，解放后学习中医政策，尤其是1953年毛主席号召发扬祖国医学文化遗产后，我体会到我从前走错了方向，是一件痛心的事，对我平生经历来说，这一问题在我脑海里打下一个深刻的烙印，我虽然走了弯路，但是反过来说，我能找缺点，也能找优点，因此我并不灰心，相反地更加坚强自己的信心，一定要在发扬祖国医学文化遗产方面做些工作。由1953年起，迄今五年来，都是写发扬方面的文章（另有记录），质量好不好是另一问题，在数量方面，已超过以往十年的数字，以补我的缺失，今后还想走上专［钻］研祖国医学文献和医史工作的岗位，达到我热爱祖国医学的初衷，为社会主义医学文化建设，起一个螺丝钉的作用[1]。

---

[1] 选自《宋大仁自传》，1958，第37-39页。

5月1日

　　陈义文、李士珍前来叙谈，嘱寻找肿痛史料。

5月3日

　　应广州市卫生局宣传科之请，提供该局卫生馆展览祖国遗产古代割治背痈图的参考说明资料。

5月14日

　　应卫生部卫生宣传处之请，提供李时珍故址的照片资料。

5月15日

　　长宁区第十四联合诊所开幕，谱主参加半天工作，并兼任医务组组长。

　　是月，《文物史迹对研究医史的重要性》在《江西中医药》5月号上发表，云：

　　社会主义时代的医史学是根据历史唯物主义、辩证唯物主义的观点阐述整个医学活动的规律，及其与社会发展的关系，积极整理祖国医学遗产，总结祖先们与疾病作斗争所积累的经验和技术，使过去为现在和将来服务。它与自然科学、社会科学各方面都有密切关联。可是我国过去从事医史研究的工作者，大都只在书堆、文献中鸡零狗碎地为考据而考据，对于物质文化遗存，注意不够，对如何使过去为现在服务更为忽视。其实研究医学文化史，要从各个方面搜集资料：①文献。②文物。③总结流传在广大人民中的传统经验。④中外文化交流。⑤医学思想史等。这里仅就实物史料在历史上、医史上研究的重要意义，略加阐述。

　　我国古代杰出的史学家司马迁，他在"足迹殆遍宇内"的旅行里，经常地考察历史的遗迹，在其所著《史记》里，有很多重视实物史料的范例。伟大的革命导师马克思更进一步把实物史料的重要性，给我们做了经典的阐述，他说：

　　"要认识已经灭亡的动物的身体组织，必须研究遗骨的构造；要判别已经灭亡的社会经济形态，研究劳动手段的遗物，有相同的重要性。划分经济时期的事情，不是作了什么，而是怎样作，用什么劳动手段去作。劳动手段不仅是人类劳动力发展程度的测量器，而且是劳动所在的社会关系的指示物。"[1]

马克思所说的劳动手段主要是指生产工具等实物。它能帮助我们看出"劳动力发展程度"与"划分经济时期",有力地说明了实物史料在历史科学关键性的问题上所起的巨大作用。又如我们通过工艺实物看到过去生产斗争、生活情况和文化发展等过程。可见以往的历史、文字的记述,虽极详尽,也不能得到亲见实物相等的具体明确的效果。

研究祖国医学史,不能单靠文献所载,必须要文献与实物史料相结合起来研究。我国文字史料,极为丰富,这是可以自豪的,但因受了历史条件的限制,对于医学文化史,很难全部反映出来。因此我们今天不能不在文献之外,充分利用实物史料,以求全面地反映社会生活面貌和发展规律。举例来说,最近郑州发现殷代遗址,使我们对殷代早期的社会面貌,了解得很丰富。河北兴隆和河南辉县出土的铁生产工具,对战国时期生产力发展的程度,提出了准确具体的"材料"。河北景县出土的玻璃杯,对研究我国六朝时期的化学工业发展,提供了宝贵的资料。敦煌壁画中对唐代的生产情况和社会生活,都有生动具体的描绘。医史方面也是如此:昂昂溪史前遗址中发掘出来了陶器,使我们知道在细石器晚期,我国祖先们已很注意饮食卫生。殷代疾病情况,文字史料方面,鲜有记述,甲骨文发现之后,才能找到殷人疾病的实物资料。汉墓冥器中的厕所(实物模型),足以表明汉代卫生设施的进步。甘肃居延海汉张掖居延都尉遗址所发现的一万多斤木简,其中有早于《伤寒论》一百年的伤寒医方木简,我们得以看到了最古的医方。又如敦煌壁画中的《得医图》,反映了唐代医人治病情况。这不过随便举几个例子来谈谈,说明了实物史料的重要性。它可以证实、补充和修正文献的记载,这种明确而具体的物质资料——历史遗存的证据,反映当时活生生的形象,帮助我们理解医学文化的发展过程,也是优良的教学工具。

在《江苏中医》第3期发表所绘之王履造像、王履绘《游华山图》真迹之一——"云海"、《游华山图记诗叙》《溯洄集》书影以及所撰《明代江苏名医王履及其所著〈溯洄集〉简介》。后者介绍曰:

王履(约1332—1391)字安道,号奇翁、畸叟、独抱老人。元

---

[1] 马克思:《资本论(第一卷)》,人民出版社,1953,第194-195页。

末明初江苏昆山县人。少时学医于金华养阴学派创始者、"金元四大家"之一的朱震亨,尽得其传,又博览群书,医学造诣精深,著有《溯洄集》二十一卷、《百病钩元》二十卷、《医韵统》一百卷、《标题原病式》一卷等,能诗文,善绘事,多才多艺,名冠一时。其医学见解,阐发精当,洞见症结;对伤寒三百九十七法有深入的探究;提出伤寒、温暑为治不同,为温病创立始基;对于温病治疗,需辨其因,正其名,察其形;对疾病的治效,应分析当然而偶然;指出对神农尝百草,"一日七十毒"之说,不能尽信。

宋大仁绘明代江苏名医王履之画像

王履《游华山图记书叙》

王履《华山图》真迹"云海"

王履《医经溯洄集》书影

6月16日

　　王吉民在上海赠李约瑟博士助手鲁桂珍由谱主提供部分展品的《李时珍文献展览会特刊》（英国剑桥李约瑟研究所藏）。

王吉民赠鲁桂珍《李时珍文献展览会特刊》（剑桥李约瑟研究所藏）

著名医史学家、上海中医学院医史博物馆馆长王吉民

　　是月，《韦慈藏传略》在《医学史与保健组织》第2期发表，指出，韦氏为我国药王之一，民间崇仰，千古不衰，但其事迹《唐书》无专传；医史之书，亦语焉不详；神仙传记所说，又诞妄无稽。且各家记录、名号、籍贯，俱有出入。因此参考《旧唐书》张文仲传、徐春甫《古今医统》、沈汾《续神仙传》、耿鉴庭《药王与药王圣诞》等书，加以考证整理，重写传略。

　　《宋代医学家杨介对于解剖学的贡献》（文摘）在《医学史与保健组织》第2号发表。

7月8日

　　人民画报社来函，商借李时珍史迹照片及底片21种。

7月15日

　　接中央卫生部卫生教育所来函称："我们现在准备祖国医学、卫生史、古代名医史迹等方面的形象材料，你对这方面都曾长期有所研究，希望能尽多地提供资料。"

7月30日

　　参加批判杨姓"右派"言行大会。

是月,《妇科学家陈自明像传》在《新中医药》第7期发表,云:

陈自明,字良甫,宋代临川(《古今医统》作建康)人,约生于公元1190—1270年(南宋绍熙元年至咸淳六年左右),70多岁。嘉熙元年(公元1237年)任建康府明道书院医谕(医学教授),他三代世医,家藏很多医书,他自己又遍行东南各地,所至必尽搜方书反复研究,根据历代有关妇产科的医书,系统地总结了前代和当代的知识,并结合其家传的经验方药和他自己丰富的临床经验,在1237年,辑成《妇人大全良方》。

这书共分八门,前三门(调经、众疾、求嗣)是妇科,后五门(胎教、候胎、妊娠、产难、产后)是产科。调经门共20论,分别叙述有关月经的生理与月经异常。众疾门共91论,记录一般常见的妇科病。求嗣门共10论,论及经后1~6日为受妊期,更指出劳伤血气,或血经闭涩,或崩漏带下,是造成不育的三种病症,可见陈氏经验的博大精深。

胎教门共8论,描述妊娠各期胎儿的发育状态。候胎门共6论,记述对早期妊娠的诊断及在妊娠期中应禁忌的药物。妊娠门共50论,叙述一般孕期卫生,着重记述妊娠特有疾病。产难门共7论,记载各种难产,大部分为胎儿所致之难产,描述其通过产道时之状态,及使胎位转正的各种助产法。产后门共70论,记述产褥期的护理及产褥感染,和乳胀及乳房炎。综计全书设论共272论。

我国妇人专科,始于唐昝殷:《产宝》,其后有李师圣之《产育宝庆集》,陆子正之《胎产经验方》,但是大抵卷帙简略,流传亦少,经过自明的采撷诸家,提纲挈领,于妇科证治,详悉无遗,使祖国妇产学科,从此成为一门独立的学科。

自明还著有《外科精要》一书,于外科也有一定的贡献。陈氏对总结和整理祖国医学遗产——尤其是妇产科学的工作中,献出了伟大的功绩。

是月,《关于徐灵胎史迹的更正和补充》及陶弘景像在《江苏中医》第4期发表。

梁代江苏名医陶弘景像(采自《江苏中医》)

8月初

加入上海市长宁区第十四联合诊所,任医务长[1]。

8月13日

代表第十四联合诊所出席上海市卫生事业"跃进"交流大会。

8月14日

参加全市联合诊所代表讨论"大跃进"问题,并参观卫生事业"跃进"展览会。

《宋大仁自传》云:"全市联合诊所代表会议上,听到他们的"跃进"情况,我所开办三个月了,对地段居民(一万多人)负责制度,如最基本的建立一户一卡和一人一卡制的普查工作。红十字卫生员的训练工作,还是一片空白,本所人手不足,不能赶上全市联合诊所的指标,我在传达报告时表示:愿意放下我个人的写作工夫,每日下半天,甚至迁就居民们晚上开会亦可,苦战一个半月,与同志们一道完成任务。"

又撰《整风的一些收获》云:"①认识自己的政治面貌,提高我的阶级觉悟,认识大是大非问题,辨别香花和毒草,从而更有可能掌握批评和自我批评的武器。②体会到毛主席说'骄傲使人落后,谦虚使人进步'的真理。③体会到党和毛主席号召发扬祖国医学文化遗产和西医学习中医、多谈优点、少谈缺点、不要妄加批评的重要性。④体会到划区医疗制度和医药送上门的必要性。"[2]

8月31日

在长宁区第十四联合诊所撰写长篇自传,其"前言"云:

光阴如白驹过隙,转眼已半个世纪了。回忆我一生的历程,于中学时代,就开始钻研祖国医学,在中医专校毕业后,继续学习西医六年,医学院毕业后,再学习胃肠病专科,卅多年来,除了治病讲课之外,编写《胃肠病丛书》和祖国医史著述。平生工作,不出医药范围中,解放前向不过问政治。我的经历,可分为四个阶段:①学医时期(1922—1932)。②办中西医药研究社时期(1935—1947)。③研究胃肠病时期(1936—1958)。④研究祖国医史文献文物时期(1935—1958)。

---

[1] 据"简历表"。

[2] 选自《宋大仁自传》,1958,第35页。

在办中西医药研究社时，曾一度受余云岫思想影响，轻视祖国医学，多谈缺点，少谈优点，这一错误，于医界影响甚大，解放后，曾经加以自我批判（见后）。我受到党号召团结中西医、发扬祖国医学遗产的启发，通过学习再学习，1953年开始大力搞发扬祖国医学遗产工作。

自从1957年冬，参加上海市长宁区各民主党派联合整风、反右斗争、双反运动、一般整风、搞臭资产阶级个人主义、总路线学习和交心运动，提高了我的阶级觉悟，看清大是大非问题，认识香花和毒草，今后决心通过不断革命，努力于最短时间内，成为工人阶级知识分子。现在将我的经历和重点工作，逐年分述于后。不过我在1954年以前，没有写日记，只凭记忆追述，很不全面的。从1954年起，每日在晚睡前随手写一些大事提要，以备遗忘，但因限于时间，略述片言，仅留鸿爪而已[1]。

是月，在民盟及联合诊所整风运动结束后，撰就整风小结、自传及修订个人红专规划，呈送有关领导机构。

《伟大正骨科学家危亦林》在《江西中医药》第8期发表。

9月

《南北朝时代的江苏名医——徐之才》在《江苏中医》第5期发表。

徐之才，字士茂，生于梁武帝天监四年至北齐后主武平三年（公元505—572年），享年68岁，为江苏丹阳人（其先族系出于东莞姑幕——今山东即墨县境内，后寄籍于江苏丹阳）。徐氏医学，为六代家传。之才八岁后即渐通医术，为南北朝时代的著名医家，对药学尤有特殊贡献。如总结药理，编成《药对》一书（此书早已亡佚，现《本草纲目》中尚辑有164条），详论：使、恶、反、畏，配伍禁忌。

宋大仁绘南北朝江苏名医徐之才画像

徐氏一门，世代业医，皆有传记可考，在医学界诚属少见，兹列其世系表如下。

[1]《宋大仁自传》，1958，前言。

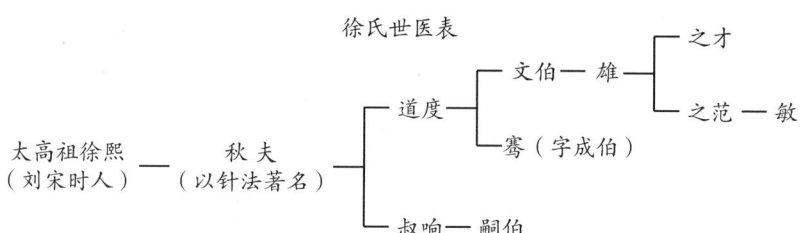

（注：表中所列诸人，仅为徐氏从事医业者，其无业医事迹的徐氏子孙，都未列入）

徐之才医学著作，见于著录者，有：

（1）《雷公药对》二卷（佚）。

（2）《家秘方》三卷（佚）：见《唐书·艺文志》及《通志·艺文略》。

（3）《徐王八世家传效验方》：《隋志》十卷（佚）。

按：东海徐熙，字仲融，以医著于晋、宋间，奕叶相传，至之才凡六世，并其族祖叔响及嗣伯为八世。之才撰其传家试验之方，以为编者。之才封西阳郡王，故称徐王（《医籍考》卷四十一）。

（4）《徐王小儿方》三卷：见《千金要方》卷五上。

此外，在《北齐书》本传中，尚有医案四则；在《千金要方》中，尚有《逐月养胎方》二十首；《医心方》中，尚有《小儿头疮方》及《小儿月食疮方》各一首。

徐之才墓志铭（图略），清光绪年间，于河北省磁县出土，1918年转至沈阳，今归沈阳博物院收藏。

原石74.5厘米×71.5厘米，字迹纤细，全部制版过分缩小，字迹无法看到，只发表首段数行，以留鸿爪。笔者藏有新旧拓本两种，前者四角已坏，缺84字；后者乃出土时所拓，尚觉完整，只损两字而已。

12月20日

撰《中国和阿拉伯的医药交流》一文，从阿拉伯输入药材和在华开设药铺、阿拉伯传来的医方、阿拉伯花露水和龙衣法传华、阿拉伯人的外科手术、元代阿拉伯医生主持的广惠司、侨居中国的阿拉伯籍名医、阿拉伯人遗留的方书以及从8—9世纪炼丹术由中国传入阿拉伯及欧洲、11世纪中国脉学传入阿拉伯、60余种中药传入阿拉伯、华佗医术西传、阿维森纳采用中医等双向交流,论述中阿的医药交流。该文后在1959年第1期《历史研究》发表。

是月,与丘晨波合撰之《雷敩传略及其所著〈炮炙论〉的简介》在《医学史与保健组织》第4号发表。指出生于第五世纪的雷敩为中国第一部制药专书《炮炙论》的作者,也是中国第一位制药专家。

12月

同期杂志发表的《鲍姑——晋代灸法专科女医师》一文云:

鲍姑,是晋代优秀的灸法专家,为广东南海太守鲍靓(太玄)之女,葛洪(稚川)之妻,约生于晋太康九年,卒于建元元年,即公元288至343年间人。

鲍姑事迹,湮没迄今,已一千六百余年,这是因为封建时代的历史记载,偏重于帝王将相,医生业绩贬为九流,不受重视,不过鲍姑及其父靓和夫葛洪,都是道家,所以要考查鲍姑史迹,尚可在《道藏》书中得到一些资料。虽然这些资料中,每多神怪之谈,亦有真人真事,错杂其间,我们应当批判地来接受,那末就可去芜存菁了。

鲍姑精医术,擅长灸法,治赘疣,效如桴鼓。据《西华仙箓》谓:"苹花溪相传是洪崖先生炼丹地,曾经有一老妪在其中采苹,不知其从何处而来,有人去问她,说:我是鲍姑,忽然不见了。"

《太平广记》及《历世真仙体道通鉴》均谓:姑与稚川相次登仙后,有崔炜者居南海,在中元节日这天,番禺人举行庙会,陈设珍奇异物,聚集百戏于开元寺广场,游人众多。适崔炜也趁庙会,忽见一老妪过此地,偶一不慎,滑了一跤,打破人家的酒甕,酒店要她赔偿,因为身边无钱,被掌柜殴打侮辱。崔炜见到这种情况,可怜她的遭遇,脱下衣服,作为赔偿了事,老妪不谢而去,隔日又于途中遇到,对炜说:多谢你解脱我的灾难,我善灸赘疣,今有"越井冈艾"少许奉赠,并授以使用方法,若遇赘疣,只一炷便可治愈。炜笑而拜受。后来崔炜

中国和阿拉伯的医药交流

游海光寺，遇到一个老僧，耳部有一赘肉，炜出艾试灸之，正如老妪所说的话一样，老僧很感激他，并说山下有一位任翁，家财巨万，也有这样的病，如能治好他，当有厚报，老僧立刻写信介绍，任翁见到崔炜，执礼甚恭，炜出艾一灸而愈。由是名声日大，求治者甚众。炜不敢忘，朝夕在念，一日复遇一人告诉他说：这位老妪乃葛洪之妻鲍姑，行此灸术于南海，已有很多年岁了。

据上文记述，虽未免有些夸大，但也可见鲍姑的灸法医术了。

她当时行医的所在地，就是现今的广州市越秀山下。后人为纪念她，就将她曾经住过的古屋和所用的井泉一口，保存起来，名为鲍姑井，并且为他[她]建筑一所道观，当时名叫越冈院，至明万历重修，更名三元宫，宫内设鲍姑殿，塑像供奉，历年求医香火不绝，可见她在民间留下深刻印象。其史迹记载见《广东通志》及《三元宫碑记》。

鲍姑为祖国很早的女医师，也是一千六百多年前的一位灸法专科医师，虽然她的技术没有记录下来，但她在医学史上是有一定地位的。

本年，撰写《中国火葬史》《原子医学史》及《薛生白像传》《吴鞠通像传》《凌晓五像传》等。

1959年（己亥）53岁

1月

《一生与病魔作斗争的王孟英先生》在《浙江中医》第1期发表。该文原名《清代名医王孟英像传》，分传略、著作两大部分。传略部分，分少年时代、一生与病魔作斗争、家族和亲友、门人、史迹调查；著作部分分为著述概况、著述版本考、对国医的贡献、年表等考证，全文两万余字，经精简后发表。

谱主在该文中称，王孟英于同治元年（时年56岁）迁往上海，殁于沪寓（年约60岁），

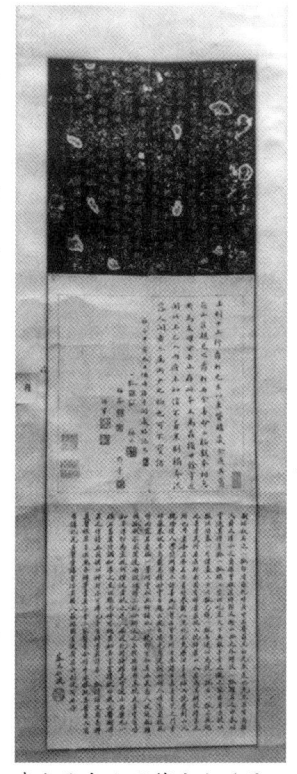

清代吴中名医薛生白（号一瓢）手迹拓本（宋大仁跋）

一生与病魔作斗争，既将自己多病弱体战胜，又将病家疑难重症治愈，诊余又积极著述，把前人和自己的经验加以流传，而且能在不安静的环境中不断写作，这种斗争精神和毅力，应该是我们学习的指师。可惜当时未有人为他写传，《杭州府志》《海宁州志稿》和《清史稿》，虽略有叙述，亦不详尽；特别是王孟英何年去世以及晚年事迹，均无史料可稽，海内同道，倘有知者尚希惠教是盼。

2月23日

《汪石山像传》在《中医杂志》第2期发表。该文从石山的容貌与个性、家传的医学、治学、医学思想的主流及著作等方面介绍其生平事迹。指出，石山家学渊源，于东垣、丹溪之学，潜研极深，更以行医40多年的丰富经验，凡病家之求治者，因脉制方，随投辄效，有如饥者得食，渴者得饮，而以善用参耆等剂，确有独特之心得，亦是石山医学的主流思想。

3月11日

英国牛津大学华人学者赵先生致函剑桥李约瑟博士，云谱主在中国《历史研究》上发表《中国和阿拉伯的医药交流》一文[1]。

李约瑟关于宋大仁、郭庆昌对中阿医药交流论文的札记
（藏于剑桥李约瑟研究所）

亲爱的李约瑟博士：

　　非常抱歉，我未能恭听阁下于周三晚在牛津的演讲，因为必须赶

---

[1] 英国剑桥李约瑟研究所藏。

回伦敦。

我刚看到一篇有关中医的宋大仁所撰的《中国和阿拉伯的医药交流》论文,刊登在1959年1月的《历史研究》第79-89页。致以亲切的问候。

李约瑟对宋大仁《中国和阿拉伯的医药交流》一文的意见

6月

郭庆昌《对宋大仁先生〈中国和阿拉伯的医药交流〉一文的意见》在《历史研究》第6期发表,该文认为,宋文对中国古典文献中的"西域""回回"名称使用含混,并商榷阿维森纳的国籍问题。

7月

《孙东宿小传》(附画像)及《钦谦小传》(附画像)在《辽宁医学杂志》第4期发表。

受谱主影响,日本汉医博士矢数道明在日本四处搜求张仲景画像,并于是月出版的日本《汉方之临床》第6卷第7号上发表《医圣张仲景画像考证》[1]。

12月

《关于"西域""回回"和"阿维森纳"问题——答郭庆昌先生》在《历史研究》第12期发表,就"西域"和"回回"的含义问题、阿维森纳(879—1037)的国籍问题作了回答,指出苏联的历史学专家,考订阿维森纳为布哈拉人是正确的。但不能硬说阿维森纳是苏联人,"绝不能认为是阿拉伯人"。阿维森纳生活时代,是在阿拉伯国家时代,可称为阿拉伯人;而布哈拉城属于波斯境内,所以或称为波斯人。因为阿维森纳是10至11世纪的人物,而俄国于1865年起占有布哈拉城,

---

[1] 矢数道明:《沉痛悼念中国医史学家宋大仁先生》。

列入俄国版图，距今不过 94 年的事。

是月，《中国伟大医药学家画像》新一版由上海科学技术出版社印制 2000 套出版。

是年，受上海市长宁区结核病专科学校之聘，编《祖国医药》提纲及讲义[1]。

1960 年（庚子）54 岁

2 月

《宋代伟大针灸学家王惟一的贡献》在《江西中医药》第 2 期发表，云：

王惟一是北宋仁宗时的医学家，担任翰林医官朝散大夫殿中省尚药奉御骑都尉。在针灸学方面，他完成了四项空前伟大的工作：①考定明堂图经络孔穴。②撰成针灸图经。③铸造立体铜人孔穴模型。④雕刻针灸图经于石上。此外又校正《黄帝八十一难经》。

宋大仁绘王惟一画像

王氏籍贯未详，生卒亦无文献记载。王氏历任仁宗、英宗两朝医官。宋天圣四年（公元 1026 年），奉敕编修《铜人腧穴针灸图经》。在制铜人完成后，经过三十余年，又校正《黄帝八十一难经》。他的生卒，可以这样推测：查仁宗年号为公元 1023—1063 年，英宗年号为公元 1064—1067 年，他在天圣四年编修铜人图经时假定 40 岁，又过 30 多年校正《难经》，假定他活到八十岁，那末王氏约生活于公元 987—1067 年的 80 年间。

一、考定《明堂针灸图》和编著《铜人针灸图经》

讲到《明堂针灸图》，首先值得提出的，是晋代杰出的针灸家皇甫谧，他把《素问》《针经》和《明堂孔穴针灸治要》三部书，去掉明显重复的部分，归纳成为一部系统的针灸书，确定穴道总数为 649 穴，其中单穴 49，双穴 300，穴名共 349。穴位的排列，以头面、胸、背地位，采取分线来部署，四肢则用三阴三阳经脉排列。到了唐代，针灸学在《甲乙经》的基础上，更进一步的发展，孙思邈以《甲乙经》

---

[1] 周明忻：《宋大仁年谱》，《中华医史杂志》，1999 年第 29 卷第 4 期。

来校勘南朝刘宋时代的秦承祖所著《偃侧杂针灸经》，发现秦图有缺漏，于是采用当时甄权的新定图来著针灸经（见《千金要方》卷二十九、卷三十，以及《千金翼方》卷二十六、卷二十八所列的针灸部分）。《千金方》的孔穴与《甲乙经》是相同的，不过在孔穴之外，增添了一些奇穴。另外唐代王焘所著《外台秘要》，其中卷三十九论明堂灸法，穴数与《甲乙经》有出入，要比它增多8个双穴，就是胆腑人第四，多了"后腋""转谷""饮郄""应突""胁堂""旁庭""始素"七穴，膀胱腑人第十一，多了"膏肓俞"一穴，除了旁庭、膏肓俞两名曾见于《千金方》及《千金翼方》外，其余六穴，不知出于何处。它的穴位排列，与《千金方》不同，是用十二经络的路线来排列的。

以上所述，是王惟一以前的针灸学发展情况。因为唐代的针灸图籍，都是辗转抄传下来，以致经络俞穴的部位，非常紊乱，不能一致。在北宋时代，政府重视整理医学文献，于是宋仁宗命殿中省尚药奉御王惟一考定明堂针灸经。

王惟一通过研究考定之后，在其《铜人腧穴针灸图经》中记载穴名，要比《甲乙经》增多"青灵""阴俞""膏肓俞"三个双穴和督脉的"灵台""阳关"两单穴，所以穴名454，总计穴数是657穴。穴位排列，是兼采《甲乙经》和《外台秘要》的两种方法，卷一、卷二是按十二经络和督脉、任脉的路线排列，卷三以下讨论各穴主治，则以头部（偃伏、侧、正等）、面部、肩膊、背腧、侧颈项、膺腧、侧腋、腹部、侧胁等来部署，对四肢各穴仍依十二经的次序。这样一方面使人了解古代的经络系统，另方面亦便利临床上的研究应用。这就是王惟一的突出成就，使宋代的明堂针灸经，得到了及时整理和进步。

二、制造立体铜人模型

翰林学士夏竦在王氏图经序文中说："王惟一素授禁方，尤工厉石……定偃侧于人形，正分寸于腧募。"可见王氏不但是一位医学家，又是一位雕刻艺术家，对铜人的设计起了重要作用。北宋天圣五年所铸的铜人两座，一座在南宋时流入襄阳，不知所终，一座在靖康年间给金人掠去，元始祖再从金人那边夺回。到明英宗时，又重修过，留在明宫。到清初时放在北京药王庙中，后由药王庙移到太医院里，这座铜人在庚子之役，被日人掠去，现存帝室博物院中。

宋时所铸铜人，极为奇巧，据周密《齐东野语》所载："昔在襄州，尝获试针铜人全像，以精铜为之，脏腑无一不备，其外俞穴，则错金而书穴名于旁，背面二器相合，则浑然全身，盖旧部用此试医者，其穴则涂黄腊［蜡］，中实以水，俾医工以分折寸，按穴试针，中穴则针入而水出，稍差则针不入矣。"

我们在日本还能目睹九百年前的实物，这座铜人，是青铜铸造的，铜质甚厚，中空，头部身体可以拆开，全身是十一件古铜质模型连缀而成，用金属线扎紧相连，面貌是个强壮青年男子，姿势端正，是一个与人体相等的裸体形象，表面似有一些涂料涂在上边，又有黑色涂料，记着经络和经穴名称，每一孔穴，有一分二厘的深。各部尺寸如下：身长五尺三寸，头围一尺八寸八分，胸围（乳上）二尺九寸四分，腹围（脐上）二尺七寸四分，手（肩骨到中指尖）二尺六寸四分，肘下（肘关节至腕关节）八寸六分，足（环跳至足跟）二尺六寸一分，足跗（踵跟到足中趾尖）八寸三分，手腕（腕关节至中指尖）五寸九分，项围一尺二寸二分，口角长度二寸，目部长度一寸三分，眉部长度二寸，耳部长度二寸七分，两乳间六寸六分。全身古色苍然，涂料大部分剥落，剥落的现象是很明显的暴露出来，一望而知其年代已相当久远。制作铜人模型，对学习针灸，有很大帮助，确是一项伟大的贡献。

三、石刻《针灸图经》

明英宗正统八年序谓："宋天圣中，创作《铜人腧穴针灸图经》三卷，刻诸石。"当时，树于汴京（开封），碑广二丈余，高六尺许，碑面十六字为一行，百六十行，横为一层，凡五层，以为五段。到元代至元间（约公元1277年）移于京师（北京）。元贞初（约公元1295年），在顺天府南明照坊建三皇庙内，供三皇并历代名医像，东南神机堂，内置铜人及石刻《针灸图经》。明洪武初（约公元1368年）铜人取入内府，《图经》犹存（见《明一统志》及丹波元胤《医籍考》）。明正统间石裂，英宗命耆合，正统八年（公元1443年）重修《铜人腧穴针灸经》，英宗自制序，乃拓印本也（见毛奇龄《铜图石经序》及《英宗实录》）。明末时石碑已毁损散失，至清初仅存残石半段而已。继而世事沧桑，历世九百余载之吉光羽片。又不知埋没于何所，至今仅存的残石拓片，原为清代金石家陆增祥莘农所藏（陆氏太仓人，道光进士第一，精鉴赏，富收藏，著有《八琼室金石补正》），以往藏家题作《千金方残刻》，陆氏改题《黄帝针经残石》，辗转为吾友文史金石家陈蒙安教授所得，以有关医学之物，约余共同研究，石刻残缺，不堪卒读，金石图籍，亦无详记，今据《铜人腧穴针灸图经》核勘之，始知实属王惟一之《针灸图经》，乃宋代石刻残石（当属正统重修以前之初刻原物），世间孤本，名贵异常，作者喜蓄医史文物，蒙陈君割爱相赠，今归海熙楼。惟残石斑剥缺损，因此拓本不易卒读，乃据金大定平水刊本《铜人腧穴针灸图经》相互校勘，兹将书本文字与碑文不同之处列下。

（1）和髎二穴，在耳前兑发下，书本"兑"作"锐"。

（2）耳中嘈，书本"嘈"作"嘈"。

（3）可灸三壮，书本夺"灸"字。

（4）听会二穴，手少阳脉气所发，书本手误足。

（5）针入七分，书本入误八。

（6）耳门二穴，耳鸣如蝉声，书本耳鸣误鸣耳。

（7）此碑每行为十六字，而第三列妇人下之一行，如以书本补缺字，则得十七字，中膂俞一行，依书本补阙字得十五字，想石本各行之字，字数未必有参差，当是文词与书本不尽同之故？

读残石仅九穴，校勘后世书本，已有如上之错误，尤其手少阳书本误足少阳，一字之差，所关至巨，所惜原石不可复得，后人失所依据，以讹传讹，今举残石拓本为例，足证保护祖国医学文化遗产之重要。

4月

《金代针灸名家马丹阳像传》在《辽宁医学杂志》第4期发表。

7月

《苏敬像传》和《陈藏器像传》在《辽宁医学杂志》第7期发表。

8月

入上海市徐汇区天山街道地段医院，任内儿科医师。

1961年（辛丑）55岁

6月

函请湖北省新洲县人委卫生科调查晋代医学家王叔和墓葬，后获知墓地药王坟在该县徐古区六合公社老爷山之药王冲,并摄得墓地及王氏宗祠照片数帧[1]。

 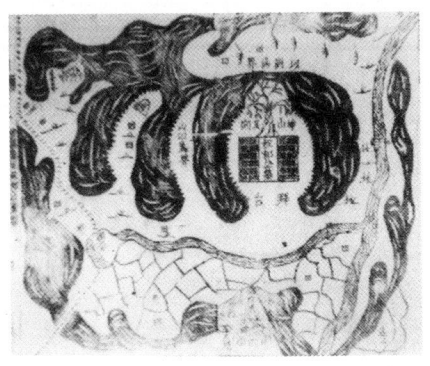

新洲县王叔和墓地(采自《中医药学报》)　　新洲县《王氏族谱》所载王叔和墓葬地理位置图(采自《中医药学报》)

本年,卫生部中医研究院、北京图书馆编辑及出版的《中医图书联合目录》收入谱主《医林艺人录》(1941年抄本)、《胃肠病病理文献展览会　中国医药书画艺术展览会提要》(1942年)、《中国医药八杰图》(1943年)、《世界医学变迁史(上古篇)》(1949年)、《中国伟大医药学家画像》(1955年)五种著作及作品。

1962年(壬寅)56岁

2—3月

《七星针》一文在《哈尔滨中医》第2、第3期发表。

5月2日

致日本大阪三木荣医学博士函[2]。

三木荣医学博士阁下:

我会是医学研究团体,搜罗有关医史图籍。顷闻大作《朝鲜医学史及疾病史》出版,内容丰富,敬恳惠赠一部,以供参考。我会愿以《中国医药八杰图》一册及《中国伟大医药学家画像》挂图24幅奉赠,

---

[1] 宋大仁:《伟大医学家王叔和的生平与遗迹的考察并论述其脉学成就》,《中医药学报》1980年第1期、第2期。

[2] 参见日中医学协会《日中医学》,2010年8月。

亦投桃报李之意也。当希勿却，并盼示复，为荷！
　　此致
敬礼

　　　　　　　　　　　　　　　　　　宋大仁
　　　　　　　　　　　　　　　　1962年5月2日

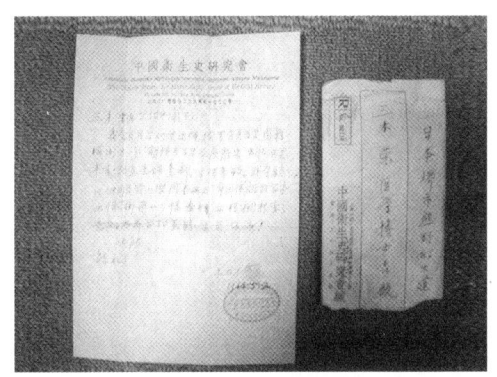

1964年5月2日宋大仁致日本大阪医学博士三木荣函（郭秀梅博士提供）

6月

　　《金代杰出的针灸学家窦汉卿》在《哈尔滨中医》第6期发表。

秋

　　据湖北省新洲县徐古区"王氏宗祠"王叔和元代塑像及有关考证，

宋大仁于1962年据王叔和元代塑像所绘画像（采自《中医药学报》）

新洲县王氏宗祠王叔和元代塑像（采自《中医药学报》）

重绘其造像[1]。

1963年（癸卯）57岁

5月

《傅青主与友人论病及处方真迹》在《中医研究通讯》第5期发表。

6月

《〈李唐灸艾图〉正误》在《中医研究通讯》第6期发表；《中国伟大医药学家画像》新一版由上海科学技术出版社第二次印制2000套出版。

11月9日

致函李约瑟博士，讨论关于中国古代白铜的证据问题，并请教所撰论文的中国和阿拉伯医学交流等八个问题（剑桥李约瑟研究所藏）。

李约瑟、鲁桂珍及其合作者黄仁宇在剑桥（采自《黄河青山——黄仁宇回忆录》）

---

[1] 参见日中医学协会《日中医学》，2010年8月。

11月

《清代伟大医学家徐灵胎的一生》在《江苏中医》第11期发表。

12月20日

致函李约瑟博士[1]。

尊敬的李约瑟博士：

我于1963年11月8日由邮挂号寄上《中国伟大医药学家画像》二十四幅。11月9日又寄上一函，计时四十多天，想必均已收到了。

一、关于白铜，实物证据问题，我前函（11月9日）第（6）项已经讲过，向历代钱币方面找标本，现在将我所得到的结果告诉你。中国的化学家向来对钱币的分析报告很少，收藏家又不了解它的成分，一般的钱币，肉眼能分辨的有三种色泽，青铜、赤铜、白铜，而用白铜做的比较少，根据现在调查研究，著名的有代表性的白铜钱有三种：（一）隋代五朱［铢］白钱：我们大家知道五朱［铢］钱本来是汉武帝时用青铜做的，到了隋朝开皇五年，改用白铜制造，并且白铜的成色很高，大家都叫它白五朱［铢］——很有代表性的白铜钱。《隋书·食货志》及《新唐书·食货志》都有记录，我找到这种钱币二枚，已拍照，赠给你一张。（二）"太［大］夏真兴"（这是六朝的钱币），有些文献记载，这钱是用白铜做的，据丁福保纂：《历代古钱图说》（1940年上海医学书局出版）记载，大夏是国号，真兴是年号，

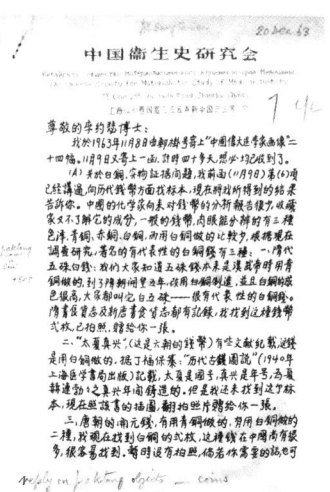

宋大仁致李约瑟函手迹（藏剑桥李约瑟研究所）

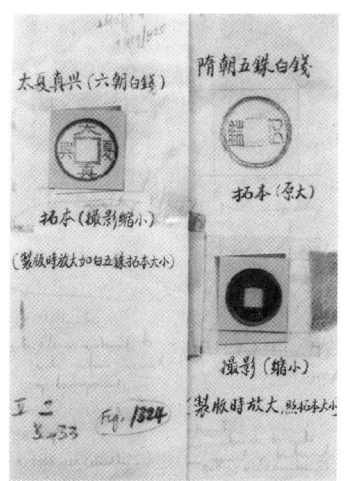

宋大仁为李约瑟所摄的太夏真兴及隋朝五铢白钱照（藏剑桥李约瑟研究所）

---

[1] 剑桥李约瑟研究所图书馆藏。

为夏赫连勃勃之真兴年间铸造的。但是我还未找到这个标本，现在照该书的插图，翻拍照片赠给你一张。（三）唐朝的开元钱，有用青铜做的，有用白铜做的二种，我现在找到白铜的二枚，这种钱在中国尚有很多，很容易找到。暂时没有拍照，倘若你需要的话，也可以代拍。

根据以上三种十八世纪以前白铜实物标本，足够可以说明问题。但是我们应该进一步进行分析，彻底了解，隋朝白五株［铢］与唐朝白开元的成分，它们所含"锡"和"镍"的成分若干？如果我能够找到朋友化验，再将化验结果告诉你，如果找不到朋友担任这种工作，只好等待明年夏天你到上海来时，我将这二个标本赠送给你，由你自己进行分析，你看对吗？

二、你需要的科学家画像沈括、苏颂、郭守敬、李时珍，这四个像已经画好，不日拍照寄赠。

三、我11月9日寄上的信，谈到八个问题，希望你逐一答复。

我等候你的来教，谨祝

著安

宋大仁
1963年12月20日

中国卫生史研究会

是月，调入上海市长宁区周家桥地段医院，任内儿科医师。

1964年（甲辰）58岁

5月25日

在周家桥地段医院填写《工作人员简历表》。

8月31日

英国科学家李约瑟及其助手鲁桂珍博士一行访沪，欲会见谱主交流医学史。

1964年9月3日李约瑟、鲁桂珍两博士参观上海中医学院医史博物馆（左一为傅维康馆长）（采自上海中医学院医史博物馆）

上海中医学院医史博物馆内景（资料图片）

是月，《美帝利用医药侵华的黑幕》在《史学月刊》第8期发表。该文指出：100年来，美帝利用医药传教是极明显的政治阴谋。它的教会所办医院和学校，在表面罩上了一重"慈善"的面幕，以致它的侵略活动，不易被人发觉，它派遣侵华的第一个刽子手伯驾，便是披着医学传道的外衣而实行政治阴谋的人，它倾销劣药，不但摧毁我中国工业，而且损害人民健康，美帝医生，不顾信义，在动手术时窃取孙中山肝脏，又劫夺北京猿人化石，使用细菌武器，罪大恶极，它是中国最凶恶的敌人！

9月

被上海市卫生局"安排"去武汉江岸区卫生局"考察"工作，以免与李约瑟一行会面。

2日

接李约瑟明信片。

宋大仁：

　　我们8月31日（周一）抵达上海，已经处理了很多事，获知先生出差不在上海，如果您周六中午之前可以回来（我们下午乘五时的火车去杭州），请与我们联系。我盼望见到您已很久了。我会在杭州停留四至五天，如果我们没有机会在上海见面，您也可以到杭州来，联络处的工作人员知道我们停留的地址。

　　祝好

李约瑟
1964年9月2日（周三）

　　是月，自汉返沪后致李约瑟明信片云[1]：

　　　　1964年9月考察武汉市卫生院经过长江大桥，口占一绝：
　　江水滔滔势如龙，天堑难关历古穷；
　　一桥飞架通南北，旭日辉煌任西东。
　　　　录呈指正，并祝
　　新禧

宋大仁于上海

1965年（乙巳）59岁

年初

　　赠三木荣医学博士武汉长江大桥明信片，并书《1964年9月考察武汉市卫生院过长江大桥口占一绝》，以贺新年[2]。

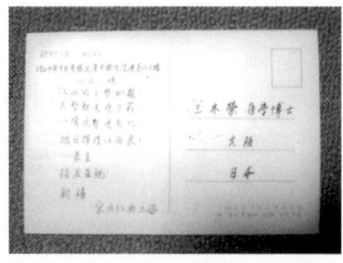

1965年初，宋大仁赠三木荣博士贺年片之一（郭秀梅博士提供）

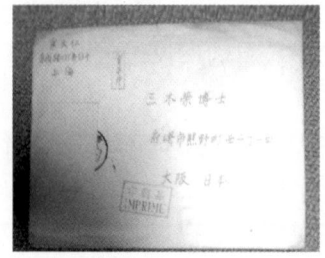

宋大仁致日本三木荣博士明信片之二（郭秀梅博士提供）

---

[1] 剑桥李约瑟研究所藏。
[2] 由日本东京都玉川学园郭秀梅博士提供，特此致谢。

宋大仁致三木荣博士明信片之三
（由郭秀梅博士提供）

9月

《金代河南名医张子和》在《史学月刊》第9期发表，云：

张从正，字子和，别号戴人，金代睢州考城人，约生于公元1156—1228年（72岁），他是杰出的医学家，为"金元四大家"之一，在大定明昌（1161—1195）年间，已成为名医，金兴定中（1217—1221）召补太医，但很快就辞却，在陈州等地民间行医。与门生麻知几、常仲明钻研医理，将平日见闻及其临床经验，汇编一书，名为《儒门事亲》。现在我们读其遗书，还可从中想见其为人。他临床胆大心细，遵古而不泥古，善于变通化裁，并且有很好的针灸技术。他很同情劳动人民，亦喜欢接近研究医学的读书人。他论病，都按经据理，暴露了众医的误处，因而招惹了不少怨恨和嫉妒（见《儒门事亲》卷九谤峻药篇）。他亲眼看到当时徒有虚名的医生，不虚心钻研，以人命为儿戏，是他所深恶痛绝的。他对医学水平的要求非常严格。他认为古人留下的药方，只是给我们一个规格，病情随时在转变着，不可固守成方而不加以通变（见《儒门事亲》卷九杂记门高技高孤篇）。可见他是当时一位轻于名位，热爱自己工作，重视医学学术提高的医学家。

张子和的著作，根据《医籍考》中统计，共有十一种名目，包括《儒门事亲》三卷，《治病百法》二卷，《十形三疗》三卷，《杂记九门》一卷，《撮要图》一卷，《治病杂论》一卷，《三法六门》一卷，《治法心要》一卷，《世传神效名方》一卷，《三复指迷》一卷，《张氏经验方》二卷。在上述著作中，《儒门事亲》集中体现了他的医学思想，书中有不少病例报告，对临症诊断有所贡献。

张子和的医学，师承刘完素，对《内经》《难经》《伤寒论》等都有研究，于内外妇幼各科，也都有独特的理论经验。因其法宗刘完素，用药多偏寒凉，他认为一个人主要是正气（主体的），正气就不能自病，如果被邪（外部的风寒暑湿燥火等）侵入，一定会得疾病。在正和邪之间，他比较强调邪气之为害，因此治病重在驱邪，邪去则正安。为了达到驱邪的目的，他力主汗、吐、下三法，创造性地运用，而自成一派，他的三法，范围很广，所包括的方法很多，汗法中除发汗药发汗外，凡能祛除表部之邪的，都可以叫做汗法。吐法中除催吐药催吐外，凡能祛除上部之邪的都可以叫做吐法。下法中除通便药通便外，凡能祛除下部之邪的，都可以叫做下法。这三法，怎样用法呢？张氏认为凡风寒留在皮肤之间或经络之内，所引起的疼痛、麻木、肿痒、拘挛等疾病，可用汗法，使用汗法的基本原则，就是先辨阴阳寒热虚实，如伤寒表虚用桂枝汤，表实用麻黄汤。汗剂中的辛温药，有麻黄汤、桂枝汤、五积散等方，用于外寒内热。汗剂中的辛凉药有通圣散、双解散等方，用于外寒内热。还常用五禽戏之类的导引法和烧地、暖室、置火、汤蒸于床下等一类的外治方法取汗。凡风痰宿食逗留胸间或上脘可用吐法，如伤寒头痛用瓜蒂散，杂病头痛用葱根白豆豉汤，痰食停滞用独圣散（瓜蒂一味）加茶末少许，两胁刺痛，水声濯濯，用独圣散加蝎梢等。并指出倘有吐至头昏目眩，不必惊惶，饮冰水或凉水即可。体健者，一次强吐即可，弱者可分二次或三次轻吐，张氏对吐法有丰富的经验和心得，惜后人对吐法每存畏惧之心，因而不被医家重视。凡寒湿固冷，或湿热客于下焦所引起的下部疾病，可用下法，张氏都用于宿食停留在胃脘之病，下后心下按之仍硬满的，可再用下法。张氏对汗吐下疗法的运用，不是凭空杜撰，而是从临床实践中体验出来的。

在张氏生活时代的医界中，有好用温补药的偏向，因此他大声疾呼，力求矫正时弊，在《儒门事亲》里，他写了一篇题名叫做《推原补法利害非轻说》着重阐明："夫养生者，当论食补，治病当论药攻。"就是说欲求补养，当注意于饮食营养，而药物只不过是有疾病时才起到治疗的作用。在这篇文章里，指出平补、峻补、温补、寒补、筋力之补、肾虚之补等六种补法，若施之于治病，'非徒功效疏阔，至其害有不可胜言者'，力戒世人不可轻用补剂。还指出了一些滥用补药的害处，当然，张氏也并非完全不用补法，他曾说："余尝用补法，必观病人之可补者，然后补之。"往往先攻后补，或功补兼施，只不是不滥用而已。

张子和的史迹，以往未有人调查过，无文献可查。

金元四大医学家，只有张子和没有史迹遗存，深以为憾。黄河水祸，是一大原因，几年来我们经过八个县的访查，费了不少人力、物力和时间，但仍得不到结果，但我们医史工作者尽了现阶段应尽的义务。至于进一步的发掘研究，尚有待于将来的努力。同时，希望了解有关张子和史迹的同志们，随时和我们联系。

张子和画像有二：（一）宋大仁绘《中国伟大医药学家画像》之一，1954年初版，1963年3版。（二）《日本医仙图赞》画像。

1966年（丙午）60岁

5月16日

"文革"爆发。

是月，在所在地段医院参加"鲁[迅]联[合]战斗队"，反对医院"当权派"。

"文革"初期，受到冲击，曾被打成"反革命""牛鬼蛇神"，并被抄家。

1967年（丁未）61岁

1月31日

是日，医院党支部下发《向宋大仁同志赔礼道歉并恢复名誉》的证明材料，为其平反[1]。

本年，鲁桂珍、李约瑟在《古代中国的疾病记录》一文中，引用谱主关于甲骨卜辞中象形文字"蛊"，表示在器皿中有虫的考证[2]。

---

[1] 宋大仁：《诚恳交代和批判我的错误和罪行》，长宁区周家桥地段医院人事科藏宋大仁个人档案，1971年3月10日。

[2] 布罗斯维尔，桑迪森：《古代疾病》，[美] Charles C. Thomas，1967。

1968年（戊申）62岁

4月起

在地段医院"清理阶级队伍"运动中被作为审查对象，长期未予定性定案[1]。

1970年（庚戌）64岁

9月24日

填写《上海市长宁区卫生系统职工登记表》。

1971年（辛亥）65岁

3月10日

撰《诚恳交代和批判我的错误和罪行》，交代中华人民共和国成立前当选候补参议员、参加中华学艺社、与法国神父和美国军医合影、自由开业时雇用职工、题画诗"夺取政权犹抱薪，释兵同作太平民"、为孙科夫人诊病、收藏陈果夫对联、请褚民谊为《中西医药》杂志题名、乘坐汽车问题及个人婚姻等14个问题，以及中华人民共和国成立后，审查时期的"罪行"，被迫检查与英国李约瑟的关系问题，云："虽然彼此在学术上有共同的研究，但是我们是两个制度下的人，我不应该和他通信，由于好名思想作怪，认为认识一个外国学者自己很有面子，一心想抬高自己的身价。"[1]

4月

英国李约瑟博士在《中国科学技术史》第4卷第3分册《土木工程与航海技术》中，引用谱主《中国和阿拉伯的医药交流》中关于《回回药方》一书，为元代阿拉伯或波斯医生所著，以及大约于公元1360

李约瑟《中国科学技术史》巨著第一卷导论中英文版书影（王国忠摄）

---

[1] 宋大仁：《诚恳交代和批判我的错误和罪行》，长宁区周家桥地段医院人事科藏宋大仁个人档案，1971年3月10日。

年译成中文的考证[1]。

1973 年（癸丑）67 岁

6 月 17 日

　　撰《我的检查和思想汇报》，检查中华人民共和国成立前的问题。

1974 年（甲寅）68 岁

　　本年，李约瑟在《中国科学技术史》第 5 卷第 2 分册《炼丹术的发现和发明：金丹与长生》一书中，引用了谱主与其私人通信中大夏国真兴年间（419—425）及隋朝五铢钱（约公元 610 年）的拓本和照片，并向其致谢[2]。

中国科技史大师李约瑟博士造像（朱坦绘）

1976 年（丙辰）70 岁

10 月

　　"文革"结束；在周家桥地段医院退休。

　　1976 年冬至翌年，以诗词形式向学术界诸友致意，抒发内心的喜悦之情，其中有郭沫若、钱信忠、黄文东、贾兰坡、胡厚宣、任应秋、马堪温等[3]。

上海市长宁区周家桥地段医院外景（2006 年王国忠摄）

---

[1] 李约瑟：《中国科学技术史（中译本）》，科学出版社、上海古籍出版社，2008，第 581 页。

[2] 李约瑟：《中国科学技术史（中译本）》，科学出版社、上海古籍出版社，2010，第 231 页。

[3] 周明忻：《宋大仁年谱》，《中华医史杂志》1999 年第 4 期。

1977年（丁巳）71岁

12月9日

赠英国科学家李约瑟博士《念奴娇》[1]一首，以贺其77岁生日，词云：

　　　　万流景仰，老权威，四海声名洋溢。
　　　　爱好和平持正义，科学界中雄杰。
　　　　生化胚胎，医工史学，造诣尤突出。
　　　　环球讲学，长期多任高职。

　　　　文章震古烁今，追溯渊源，半世勤发掘。
　　　　写成中国科技史，共赞辉煌业绩。
　　　　研究相邀，天涯知己，友谊由来密。
　　　　高龄七七，青松永茂遥祝！

是年，撰七律一首以明志[2]，诗云：

　　　　由来刚毅立其身，无惧无愁又乏瞋；
　　　　八载消沉逢巨浪，一生奋斗履征尘。
　　　　明贤秉政苏民困，科技向荣畅我情；
　　　　不愿残年林下隐，抛开垂老再争春。

1978年（戊午）72岁

5月14日

李约瑟、鲁桂珍两博士前来寓所访问，讨论有关科技史、中医药及针灸等问题。赠照片二帧及七册《中国科学技术史》，并为《中国原始社会医学史》题签。谱主回赠拓片、文献资料若干，元代白铜钱二枚及《中国伟大医药学家画像》一辑24幅，并书赠诗词两首，发表于同年6月11日《光明日报》。

---

[1] 金山周明忻医师提供。
[2] 宋奋升先生提供。

李约瑟博士来访有感
浪淘沙
巨著胜圭璋，缕晰精详，
中华科史荷揄扬。
回顾往事承过访，友谊深长。

胸内有朝阳，"四害"消亡，
红旗闪烁放光芒。
此后交流常会晤，醉月飞觞。

七律
喜降高轩扫径迎，欣逢把晤慰平生。
方期旨酒为君寿，忽听骊歌告客行。
叹我昔曾遭"四害"，承公过访感深情。
而今相见旋离别，再祝重来叙旧盟。

又赠鲁桂珍《西江月》一首：
赫赫华裔博士，
铮铮英国专家。
考研科史竟无差，
海宇咸称伟大。

纪事学通今古，
会文笔动龙蛇。
矫然巾帼显英华，
好似飞鸿临下。

16日

与胡道静、张孟闻同在锦江宾馆会晤李约瑟、鲁桂珍博士，赠《中国本草学发展史略》论文[1]。

是月，被聘为上海中医研究所医史文献顾问。

[1] 藏剑桥李约瑟研究所。

撰古体诗[1]一首，云：

英国李约瑟博士来华三次访问，并蒙推荐为中国医史名誉顾问。

稀龄再起赋长征，医史钻研萃一生；
追本探源寻奥义，岂甘伏枥贪虚名；
荷承李氏三过访，迎来旧雨一番新[2]；
疏慵自惭蒙聘任，不负推荐竭真诚[3]，
促进交流文化史，互相讨论结同盟[4]。
尔我相知偿素愿，燕雀鸿鹄共飞腾；
欣看百花成硕果，扬眉吐气焕青春；
冀期有日回访问，远游海外到伦敦。

1979年（己未）73岁

4月10日

《鉴真和尚医药史迹考——纪念鉴真和尚东渡1226周年》在《浙江中医学院学报》第2期发表。该文从鉴真和尚小传、鉴别的医道、鉴上人秘方辑佚及带往日本的唐代中药等方面进行考证。

是月，诸葛计撰《宋慈及其〈洗冤集录〉》一文，采用谱主《中国法医典籍版本考》中宋著在世界各地流行之材料，在《历史研究》第4期发表。

9月

出席北京中华医学会第一届全国医史学术会议，在会上发表《开展对中国医学史研究的现实意义》论文，并被聘为《中国医史杂志》编委会顾问。

本年，任中华医史学会上海分会执行委员。

---

[1] 金山周明忻医师提供。
[2] 英国剑桥大学院长，《中国科学技术史》作者李约瑟博士，1964年和1972年来访，不得会见。1978年5月重来，得到中国科学院同意，李约瑟、宋大仁会谈中国科技史问题。
[3] 李博士约宋大仁合作写中国医史论文。
[4] 李博士回剑桥后，向"东亚科学历史图书馆"推荐聘宋大仁为该馆中国医史名誉顾问。

1980年（庚申）74岁

1月

《中国古代人体寄生虫病史》在《浙江中医学院学报》第1～2期发表。

6—9月

《伟大医学家王叔和的生平与遗迹的考察并论述其脉学成就》在《中医药学报》第1、第2期合刊及第3期发表。该文对王的生平和史迹及其脉学的成就作了考证，并加以整理，云：

一、叔和名熙，世所不知。从《御览》引《养生论》及《千金·食治》《医心方》中考出。

二、叔和为高平人，经查汉晋之间高平王氏之见于史传者，叔和与仲宣同族，得随仲宣同至荆州，因而获见仲景，而仲景之弟子卫汛著书，引叔和语，则叔和与卫汛同时，年稍长于汛。以甫谧在公元256年时已42岁，而叔和在此以前已为太医令，并以撰次仲景遗论声闻于世，故叔和当比皇甫谧年长。

三、根据上述所知的史传文献，结合当时有关的史事记载，从而考查出叔和的生卒年代。

四、叔和里贯为高平，然有山阳高平与山西高平之别。历来史学家都误认叔和为山西高平人，今据《汉书·地理志》《后汉书·郡国志》以及洪亮《补三国疆域志》等书记载，考证叔和为山阳高平人，在今山东克［兖］州。

五、自宋代林亿《校定脉经序》，说叔和为"晋太医令"，因而后医家都说叔和为西晋太医令，一直到现在，仍然以讹传讹，其实西晋第一任太医令不是王叔和，而是程据。今举历史事实，正确阐述叔和之官太医令，当在曹魏时代，是魏太医令，而不是晋太医令，特别作了详细的论证。

六、叔和做了魏国的太医令后，利用其优越的政治地位，整理张仲景的遗著。并编撰《脉经》，晚年定居于新洲县，死后也葬于新洲。1961年时曾对叔和的墓葬、药王庙、宗祠、宗谱、塑像［等］古迹进行了调查。

七、叔和所撰《脉经》，是一部总结性的古代脉学名著，卷首列"脉形指下秘诀"，说明诊脉的部位和二十四种脉象的辨认方法，这些脉象基本上包括了所有气血循环生理等现象，其中很多地方，具有很高的科学性。叔和整理古代脉学，使脉书统化和专门化，在祖国医学诊断学方面，放一异彩。并且后来还对中世纪外国最进步的阿拉伯医学，起了很大的推动作用，阿拉伯名医阿维森纳所著《医典》第二编中，谈到脉学方面，大多数采自中国资料。这是中国医学对世界作出了伟大贡献，与王叔和氏的功绩分不开的！

欧洲名画中所绘西方医生采用中医切脉法情景（采自《中医药学报》）

2月10日—4月10日

《中国古代人体寄生虫病史》在《浙江中医学院学报》第1～2期发表。在我国古医籍中，找不到现代人体寄生虫学中许多种类的寄生虫病，但确有其病症。该文对此逐一考证、辑录和整理，从隋代《诸病源候论》中所述伏虫、蛔虫、白虫等"九虫"的人体寄生虫的发现、古籍所载各种寄生虫的证候及古医籍所见的原虫病三方面进行阐述。

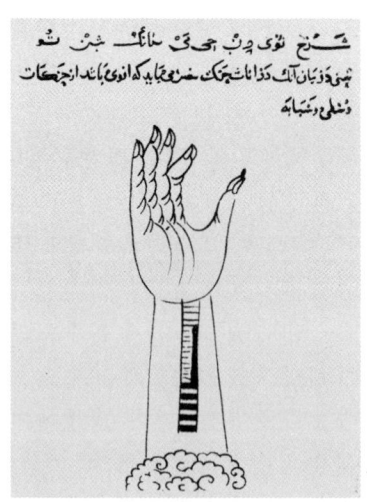

波斯著名医师及学者拉希德·丁·哈姆达尼的《伊儿汗的中国科学宝藏》一书中载有受王叔和《脉经》影响的《脉经图》（采自李约瑟《中国科学技术史》第一卷导论）

秋

在北京中华医史学会撰七言古体120韵[1]，为李约瑟贺寿，云：

---

[1] 金山周明忻医师提供。

李约瑟博士对中国科技史的贡献
祝李老八十寿辰
我国朋友遍天下，交流学术促文化；
知己天涯若比邻，东风浩荡春如画。
扶持正义共撑腰，友谊联成跨海桥；
山雨欲来风卷席，同舟喜与趁春潮。

国际友人情意密，论交不必曾相识；
乐从古史写新篇，尤佩其中李约瑟。
二十世纪第一春，诞生博士在伦敦；
风云多变新时代，勤学犹能造诣深。
一生锐意研科学，自然知识何渊博！
生物化学与胚胎，奥义皆曾精探索。
剑桥大学院长担，皇家学会会员兼；
博士院长声名重，培育生徒几万千。
北美西欧各学府，广迎讲学多寒暑；
诲人不倦任职多，权威经历难详数。
北京中国科学院，委员、院长享荣名；
英中友协充会长，团结人民友谊坛。
国际科学史会议，主席亦由博士继；
多年热爱新中国，合作访问尝来去。
十宿道人李丹耀，改用华名见热衷；
岂独中文能写读，难能且是亚洲通。
三十余年研究斐，写成《中国科技史》；
七卷十册篇佚繁，巨著辉煌作用伟。
各门科学皆详列，诸般技艺广包罗；
经典著作最雄辩，灿烂篇章论证多。

博士最富正义感，激进后中才学显；
关心世界爱和平，不信华人才智短。
底事中英远隔天，神州科技惹钻研？

接触华方科学者，产生兴趣动机牵。

三十年代常留意，发现中西人无异；
聪明才智尽相同，因多疑问探科技。
究我前期科技花，用与环球比等差；
求近现代科学果，中国有无影响加？
且探现代科技术，为何不始于中国？
根据历年研究来，已多铁证解其惑。

中国古代科技史，影响世界最先优；
三十余种重要术，早经先后传欧洲。
计时炸弹作用巨，震撼世界惊天地；
影响最大是西方，现代科学来有自。
现代蒸汽机改制，水排风箱原理通；
蒸汽机中往复式，水车转运磨盘同。
此种机械在中古，《农书》图式原形似；
水排＋风箱＝蒸汽机，博士因之立公式。
水碾、拱桥、农［龙］骨车，冶金风箱机亦佳；
活塞风箱、雨量计、风筝、马镫皆奇论。
自古重视天文学，赤道坐标理超踔，
最早发展浑天仪，配时动器更精确。
现代化学始炼丹，道家术士系统研；
且依物质亲和力，作出分类学说全。
水力机械式时钟，七世纪时即首创，
影响西欧最深远，苏颂记入《新仪象》。
火药、印刷与罗盘，促进西方发展繁；
造纸农医百工艺，后来居上有根源。
中古时期之中国，科学成就甚卓越；
不可小觑其贡献，博士讲演曾叮嘱。

奈有西方科学家，囿于成见妄矜夸；

错误观点与偏见，必须引史证其差。
历来社会多乖议，只认"西方有科技"，
中国成功"只工艺"，欧人自诩"多才智"。
什么"静止的中国"，"科学发源于欧洲"，
"西方才会用威力"，等等奇谈噪不休。
自然科学理论文，神州中古大批有；
实验记录系统化，准确数据知之否？

肯定科技是整体，世界人民早奠基；
欧洲命运与历史，非凡发明决定之。
"静止"滥调非正论，进步缓慢而稳定；
博士指斥及其余，历史证明皆谬甚。
博士所举仅什一，已能强劲辟嗡嗡；
实则中国科技术，影响欧洲数最丰。
仅从一艺谈医药，也对西方贡献硕；
可列举者二百余，算盘之类毋庸说。

中国千年科技史，流传世界列前驱；
皆系人民勤创造，卑贱聪明高贵愚。
过去进展何缓慢！皆由长期困封建；
科举制度是牢笼，儒家学说是鸦片。
农业社会黑云蟠，资产阶级发展难；
科技发明虽代有，安能相应猛登攀！
科学昌明非固定，原多后进超先进；
要从现实溯源流，方能正确作定论。
天安门上红旗升，三十年华务革新；
科研奇迹纷纷创，已从落后变先登。
核弹制成惊四海，宇宙卫星添异彩，
针刺麻醉跨尖端，断肢临床实峰踩。
中医历史已悠久，阐述中药很周详；
草药蕴藏今发掘，临床实用显其长。

热情探索真重视，创立论说写文章；
中西结合现代化，国际知闻皆赞扬。
其余成就似繁星，赖党领导正长征；
光辉思想指路线，革命红旗召永春。
社会主义制度好，能挖潜力能竟功，
敢将现实妄骄夸，还嫌贡献人类小。
中国人民志气豪，赶超先进已非遥；
"四化"宏图曾制定，本世纪内夺指标。

我于三十年代内，发起"中华医史会"；
兼筹"医史博物馆"，"中西医药研究社"。
医史学术性论文，亦曾写约三百篇；
分别发表各杂志，博士因之迅致函。
订交商讨科技史，医史文献劳征询，
照片、论著与画像，也各互始作馈赠。
六四年内复来书，言将访华识面初；
我适届时趋武汉，使其不遇去西湖。
自误良朋天外降，未践前约常惆怅；
从兹又历十余年，远隔重洋空想望。
七八年夏到中华，驾临陋居承过访；
二次未遇三次见，会晤畅谈精神爽。
科史合作征鄙见，讨论范围专且广；
学问渊博多谦让，世界权威感钦仰。
东亚科史图书馆，中国图书冠欧洲，
古今中外皆罗列，科技历史尽搜求。
荣誉受聘为顾问，自感才疏力不周；
人生幸得逢知己，当尽绵力作报酬。
瑰丽篇章写至今，尚余两卷未完成；
预期八四年前后，始能全部遂初心。
憾未早自十年始，来信慨然作此语；
我觉先期二十年，共研医史尤可喜。

中国科技全面阐，贡献伟大评价高；
郭老冀公嘉许甚，东西学者景崇交。

本世纪内科学界，伟大业绩划时代；
杰作寰球翻译忙，耄耋高龄春永在。
半世神交友谊浓，敬题《诗序》庆成功！
自惭学薄才疏浅，难表崇高治学风。

10月6日—10月11日

出席北京中国科学技术史学会成立大会，并成为该学会首批会员；会后赴安徽等地进行各种学术交流活动。

1980年10月，宋大仁赴京参加中国科学技术史成立大会及学会讨论会期间，与部分代表合影。从左到右，前排：梁家勉、宋大仁、袁翰青、夏纬瑛、王毓瑚、胡厚宣、王振铎；后排：曹婉如、程之范、严敦杰、杨直民、席泽宗、苟萃华（采自《中国科技史杂志》）

12月6日

致函《中医药学报》编辑部云：

本刊转来朱鸿铭医师写的《王叔和籍贯考证》一文，适因我赴京出席"全国科学技术史学术会议"，又在北京、安徽各处出席学术座谈会、讲演报告会，瞬经二个月，才回上海，稽延答复，乞谅！择读朱医师大作，与我的见解大同小异。西晋高平不是今之山西高平，这是一致的。西晋高平，究竟是什么地方？我以为是山东兖州，史从大范围来说，没有具体考证。朱医师经过一番考查功夫，结论是"山东邹县西南"。我认为是正确的，而且对朱医师指出我的疏忽和错误，深为钦佩！借此机会，为王叔和的籍贯，改正为"今山东邹县人"。

本年，加入上海市历史学会，为该学会会员；应邀参与《中国医学大词典》的审订工作。

撰七律[1]一首以明志，云：

  研究生涯矢志诚，恒凭医史慰平生，
  奔驰南北经风雨，贯彻中西酌古今。
  倚枕独披书一卷，焚膏惯历于三更，
  怡然自诩青春在，迈步堪登万里程。

鲁桂珍与李约瑟博士在其著《针灸：历史与理论》的序中，对中国大陆许多内外科医师以及医学史家王吉民、陈邦贤、张香桐博士过去数年来向他们提供许多神经生理学的解释，以及胡道静和宋大仁博士特别为他们收集基本资料，提供交流表示谢意（英国剑桥大学出版社，1980年英文版序）。

1981年（辛酉）75岁

2月

在《中华文史论丛》第一辑发表《中国本草学发展史略》一文。该文从药物的萌芽，药酒的出现，汤药的起源，《诗经》和《山海经》中的药物知识，早期的药物学专书——《神农本草经》，药和方、剂型的制备，炼丹术与制药化学，世界上最早的药典——唐代《新修本草》，继往开来的《经史证类本草》及对世界医药有重大贡献的《本草纲目》等方面，对中国本草学的萌芽、起源、发展的历史进程及其重要本草典籍作了精辟的介绍与论述。

宋大仁赠李约瑟《中国本草学发展史略》论文书影（藏剑桥李约瑟研究所）

---

[1] 由宋奋升先生提供。

3月

《中医药学报》编辑部在征得宋氏意见后，于第1期发表朱鸿铭《王叔和籍贯考证——与宋大仁同志商榷》一文，认为王叔和真正具体的籍贯实应为今山东邹县西南。并附谱主致该刊复信摘要。

6月

万方在《中医药学报》第2期发表《也谈王叔和任魏太医令及其卒年》一文，对谱主《伟大医学家王叔和的生平与遗迹的考察并论述其脉学成就》（该刊1980年第1、第2期合刊）提出商榷，认为王叔和任汉太医令的可能性很小，更不可能是晋太医令，并推断王叔和当在公元220—250年，任职为魏太医令，任职期间多久，难以断定；其卒年也应在公元260—263年以前。

《中国医学在朝鲜发展简介》在同期杂志发表，云：

中国医学早在公元5世纪就传入友好邻邦朝鲜。日本允恭朝三年（公元414年），已有医方从新罗传入日本，成为日本韩方鼎盛时代，及至唐代，又先后遣子弟来中国学习中国文化。于是新罗的医学教育，亦完全取法于中国唐朝，于孝昭王元年（公元692年）设医学，置医学博士二人，以中国传去的《本草经》《甲乙经》《明堂经》《素问经》《难经》《脉经》等书为教材来教授学生，使中国医学在朝鲜更加广泛地传播开来，并且从此生根、开花、结果，而成为朝鲜的东医学，所以中朝两国的医学文化，自古以来，就有着密切而不可分割的联系。

《中国和阿拉伯的医药交流》在《海交史研究》第2期重又发表。

12月

《纪念孙思邈诞生1400周年》在《中医药学报》第4期发表。该文对孙氏生平、著作、品德、对医学的贡献及其史迹作了介绍，着重指出了孙氏在强调妇儿科的重要、倡导综合治疗、方剂学的成就、重视饮食治疗与养生长寿及其发明火药配方方面的重要贡献，提出要学习其高贵的品德和勤奋治学的精神。

同期杂志发表与储维忠合撰的《中医"气"的本质》一文，对于"气"的本质认为：①无形的功能性的"气"的概念由有形的物质的气体演化而来，具有狭义和广义两种意义。②在宏观领域和某些微观领域，"气"指和有形之体相对立的无形的功能和作用，由结构和环境决定。③在基本粒子范畴，"气"既指质量，又指能量运动和功能（信息），三者可用"气"（场力）来统一。

是年，拟将毕生收藏的大量医史文物捐献故乡；与广州中医学院（今广州中医药大学）联系捐献事宜。

1982年（壬戌）76岁

2月20日

《五禽戏考》在《广西中医药》第1期发表。该文对东汉末年名医华佗总结的古代导引术"五禽戏"的功法作了考证，介绍后世各家据此写成的《云笈七签·导引按摩篇》《太上老君养生诀》《夷门广牍》《赤凤髓》《万寿仙书》《内外功图说辑要》《拳经·五拳》等十余种繁简不一的记录，以及近人胡耀贞、叶涛、焦国瑞诸大夫各种流派的五禽戏及其健身、治疗的作用。

3月

《古代医药百科全书〈本草纲目〉》在《辞书研究》第2期发表。该文从分类学、生物学、中药学、药剂学、药物栽培、中医学及自然科学等方面对其成就作了高度评价。

4月

《孙思邈的著作和史迹文物考》在《湘潭师专学报》（自然科学报）第2期发表。该文对孙思邈的医学、养生、道家等著作及其内容、存佚、辨伪等问题进行比较全面的考察，对有关孙思邈的文物进行了必要的考证。

《孙思邈的医学道德观及其在中国医学史上的影响》在同期杂志发表。

孙思邈像
据《孙氏家谱》宋大仁绘
《中国伟大医药学家画像》第一辑
（1954年上海科学技术出版社出版）

其文曰：

"芎劳不宜兹补。下白，纳少。粟米一石，资饮歠也。思邈。"

［淳熙阁帖是宋孝宗淳熙十二年（公元1185年）诏以御府所藏淳化旧帖，重刻石于禁中］

5月

与徐春霖合撰的《李东垣史迹片断》在《浙江医学院学报》第5期发表。该文从《元史·李东垣列传》、元砚坚《东垣老人传》考其史迹，并赴陕西省黄陵县北阿党公社东垣墓及李氏祠堂实地考察并摄影。

10月

出席陕西省药王山孙思邈逝世1300周年纪念会[1]。

11月

广州中医学院（今广东中医药大学）派教师刘小斌来上海谱主静安寺寓所，点验所藏医史文物，并经文物专家鉴定，共计1073种文物，

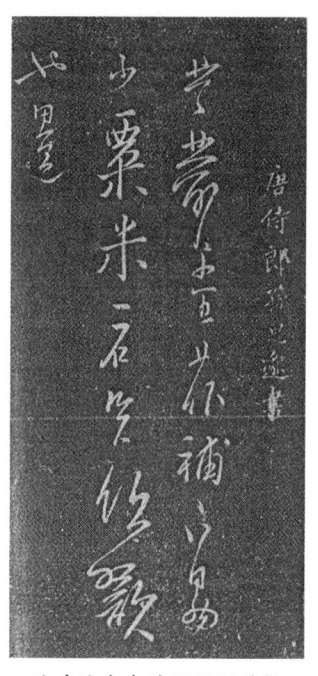

该手迹出自淳熙秘阁续帖

广东中医药博物馆外景（2006年，王国忠摄）

---

[1] 矢数道明：《沉痛悼念中国医史学家宋大仁》，《汉方之临床》1986年第2期。

分装2米×1.3米之木箱80箱运穗。

捐赠的医史文物有：青瓷盖罐（宋代）、磁州窑小瓶五件（宋代）、神仙瓶（高尺半，宋代）、月宫嫦娥铜锭及拓片（宋代）、青花葫芦形大药瓶（清代）、青花宝相花纹唾壶（清代）、研金鸡石瓷捣钵（清代）、青花圆形药瓶（四件套，清代）、天德堂小药罐（清代）、十二时辰小药瓶（清代）、十二生肖药瓶（清代）、绿釉陶罐（唐代）、药圣韦慈藏塑像（明代）、青瓷四系壶（晋代）、青瓷双系瓷壶（晋代）、青瓷唾壶（晋代）、鱼纹铜洗（汉代）、玉含三件（汉代）、玉眼罩（汉代）、青铜匜、青铜瓿、玉针与玉斧（商代）、"疾"字甲骨（商代）、豇豆红圆形药瓶（清代）、莲形盖白瓷罐一对（清代）、青花瓷罐（清代）、明清擂钵十具以及汉瓦当"延年"拓片、洛阳龙门药方全套拓本、宋代法医学家宋慈墓碑拓片及清代王晋绘叶天士像等。经上海博物馆邀请复旦大学教授郭绍虞鉴定，其中有国家一级文物十余件，成为后来广州中医药大学医史博物馆（今广东中医药博物馆）的基本馆藏[1]。

南宋越窑天德堂小药罐
通高6.4厘米，腹径7.77厘米，正面有"天德堂"款，背面书"只此一家"

药圣韦慈藏塑像（采自《广州中医药大学校报》）

[1] 2006年10月19日笔者对广州中医药大学郑洪副馆长等采访；又郑洪，罗英，贺小英：《广州中医药大学医史博物馆馆藏文物探析》，《中医文献杂志》1999年第4期。

是年，应广州中医学院老友邓铁涛院长之邀，调入该院任教授、广州医史博物馆顾问兼医史文物资料研究室主任；荣获"广州中医学院鼓励捐献医史文物"奖状，并颁发捐献文物奖金20 000元及兼职顾问费15 000元。

1983年（癸亥）77岁

3月

《伊尹创制汤液说是讹传》在《医学与哲学》第3期发表。认为我国封建社会文人考古知识薄弱，对远古情况一知半解，而崇古思想非常浓厚，对各种事物的起源，总想找出一个祖师爷来。后人只求"有书为证"，就不追求真相，以讹传讹。指出，伊尹不是创制汤液的医药始祖乃任庖宰之职而获商汤之信任，擢升为相，这是记载于史籍的确凿事实。应从历史事实出发，来辨清古代的传说。根据历史资料还伊尹历史之真面目。

5月

寄赠英国剑桥鲁桂珍博士《〈洗冤集录〉校译》稿。

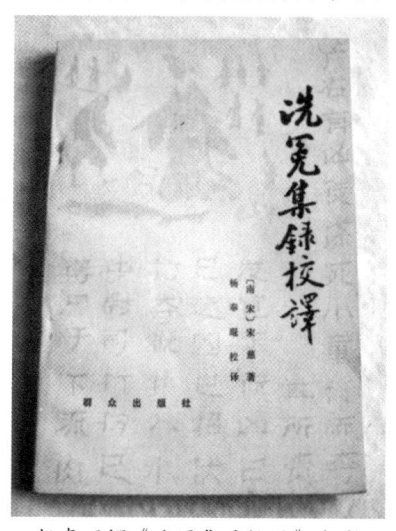

杨奉琨撰《洗冤集录校译》书影

6月15日

接剑桥东亚科学史图书馆负责人李嘉雯复函，云：

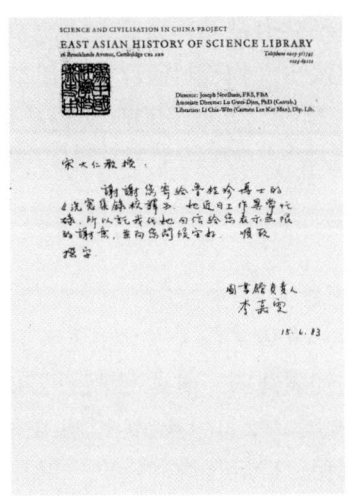

剑桥李约瑟研究所图书馆负责人李嘉雯复宋大仁函
（藏李约瑟研究所）

宋大仁教授：

谢谢您寄给鲁桂珍博士的《〈洗冤集录〉校译[释]》，她近日工作异常忙碌，所以托我代她回信给您，表示无限的谢意，并向您问候安好。

顺致

撰安

图书馆负责人李嘉雯

9月20日

日本好友、医学博士矢数道明应谱主之邀，为《中国医史学家宋大仁教授医史研究五十年纪念文集》作序[1]，恭贺77岁喜寿，文曰：

我得知宋大仁先生的大名，是从1957年开始的，那已是26年前的事了。当时，在《浙江中医杂志》5月号上，刊登了宋先生结合整理中日两国21份资料所发表的关于《医圣张仲景的画像和塑像》[2]的论文。恰逢当时，我正万分感激木村济世塾长、新田兴老师所赠的医圣张仲景的画像，其是根据中国明代万历年间的著作来推定的，可

---

[1] 矢数道明：《沉痛悼念中国医史学家宋大仁先生》，《汉方之临床》1986年第2期。

[2] 该论文题应为《张仲景画像考》。

谓是日本现存的最佳一幅珍品了。就在此时，宋大仁先生论文的发表，深深地打动了我，激励着我更加努力地在日本搜求张仲景的画像。我在1959年《汉方之临床》杂志第6卷第7号上，发表了《医圣张仲景画像考证》一文，并附了我后来在日本找到的张仲景画像。

从那时起，经历了23年的岁月，1982年10月，我受中华医学会主办的张仲景学说学术讨论会的邀请，作为日本东洋医学会学术交流访华团的名誉团长，访问了张仲景的出生地与墓地所在的河南省南阳市。大会第三天，我和与会的副会长吕炳奎、任应秋两位老师及其他代表一行，一同参加了在医圣堂前举行的世纪性大祭，并且，我就此前所述的四幅最具代表性的张仲景画像的珍品，以及在1828年由日本全国汉医捐建的"医圣汉代张仲景先生之碑"上，用颜体所书的210字[1]的碑文之经过作了演讲。此碑现存于东京都墨田区言问桥常泉寺中。而令我遗憾的是，当时宋大仁先生要出席在陕西省药王山举行的孙思邈逝世1 300周年纪念会而未能前来南阳赴会。

在宋大仁教授医史研究五十周年之际，众多门人因此为之出版纪念文集，而我则收到宋教授无比亲切的大函，希望我为纪念文集撰序，这份厚谊使我万分感谢。

宋先生在这50年里，克服了诸多困难，发奋地进行研究。他现任上海中医学院教授、上海医史博物馆顾问、上海医史文献文物研究室主任、广州中医学院教授、广州中医学院医史博物馆顾问等诸多要职[2]，发表的医史论文有380篇，著述20余种，所收藏的珍贵的医史绘画有60余种。在此，我对这部纪念性的巨著《中华文化医学史》的规划出版，并对其如此重大的功绩表示由衷地敬仰和祝贺！

我自1979年以后，曾先后四次访华。1981年春天，为确认雄浑社的日中共同策划的500部中医学书籍的翻译出版，我作为顾问团长访问了中国。那时，我参观了宋先生担任顾问[3]的上海医史博物馆，想起当时我对那些精美绚烂的展品的惊叹，我不得不再一次赞赏宋先生的巨大功绩。

---

[1] 该碑文实有1 200余字。
[2] 文中所述在上海部分的某些职务不确。
[3] 此说不确。

这次根据旨趣书的推算，得知宋先生虽已至喜寿之年，却老当益壮，仍保持着"天行健，君子以自强不息"的可贵精神。在此，我再次由衷地祝贺宋先生医史研究生涯五十周年的巨大业绩，更加衷心祝愿宋先生能健康长寿，在医史学研究的道路上继续迈进。

11月10日

赠日本汉方学家矢数道明《中国医药八杰图》三册[1]。

是月，《伟大的医药学家李时珍和〈本草纲目〉》在《医学与哲学》第11期重新发表。

12月

赴广州中医学院工作前夕，上海中医学院李鼎赠《菩萨蛮——寿宋大仁前辈》一首[2]：

宋大仁前辈，兼通中西医学，与王吉民、范行准诸友交往，专治医史、文物，且工绘画，为历代名医造像、立传，建树甚多。其时寓居愚园路，自号其居室为海熙楼；我则寓居江苏路，时相过访。先生原籍广东中山，"文革"过后曾受聘上海市中医研究所[3]，1983年12月，以七十七高龄，将离沪赴广州中医学院主持医史研究工作，索词相赠，因为赋《菩萨蛮》一词书奉。

　　海熙楼上蓝衫叟，
　　惯将古物摩挲久。
　　医事数从头，
　　从源理到流。

　　携来书画笔，
　　却写人间疾。
　　为我话家乡，
　　珠江连沪江。

本年，被聘为安徽医学院上海校友会顾问、《〈周易参同契〉集

---

[1] 矢数道明：《沉痛悼念中国医史学家宋大仁先生》，《汉方之临床》1986年第2期。

[2] 李鼎：《杏苑诗葩，医林诗词合解》，上海中医药大学出版社，2009，第112页。

[3] 当受聘上海中医研究所医史文献顾问。

注》顾问。

1984年（甲子）78岁

8月11日

邀矢数道明对日本汤岛圣堂之神农塑像摄影，研究其由来；矢数后寄赠该塑像彩照十桢，以便谱主向国内中医学界征询（矢数道明《汉方略史年表》，转引自郭秀梅《忆宋大仁与三木的通信》，刊日中医学协会《日中医学》2010年8月）。

12月15日

撰《奉赠老友医学博士矢数道明先生》[1]七言四章：

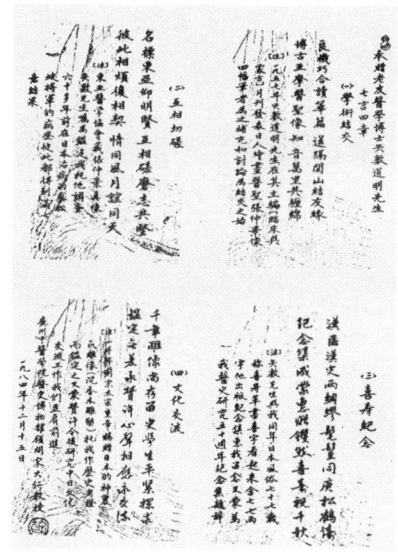

宋大仁赠矢数道明七言四章（采自日本《汉方之临床》）

学术结交

良机巧合读华篇，遥隔关山结友缘，
博古互摩医圣像，知音万里共缠绵。

注：1957年矢数道明先生在其主编《临床与处方》［汉方之临床］月刊发表日人绘画医圣张仲景像四幅，笔者为之补充和讨论，为结交之始。

---

[1] 参见〔日〕《汉方之临床》1986年第2期。

互相切磋

　　名标东亚仰明贤，互相磋磨志共坚，

　　彼此相烦复相契，情同风月谊同天。

　　注：东亚医学协会藏张仲景真像，矢数先生嘱为鉴定，我托他调查60多年前在日本治病的蔡松坡将军的病历，彼此都得到满意结果。

喜寿纪念

　　汉臣汉史两绸缪，耄耋同庚松鹤俦，

　　纪念集成蒙惠赠，镬然喜寿祝千秋。

　　注：矢数先生与我同年，日本风俗77岁称喜寿，草书喜字看起来含"七七"两字，他出版纪念集惠我留念。又蒙为我医史研究五十周年纪念集题辞。

文化交流

　　千年雕像尚存留，史学生平紧探求，

　　鉴定无差承赞许，心声相应永交游。

　　注：一千年前宋太宗皇帝赐赠日本的神农氏雕像（沉香木雕塑）托我作历史考证而鉴定之。又蒙赞许今后研究中日文化交流工作，我们并肩前进。

广州中医学院医史博物馆顾问宋大仁教授

是年，被聘为中国人体科学研究会广东分会顾问、中国麻风防治中心会刊编委会顾问及《中华医学史稿》顾问兼审订。

1985年（乙丑）79岁

2月15日

荣获中国民主同盟广东省委员会颁发的"从事文教科技五十周年对祖国繁荣昌盛作出贡献"的表彰奖状。

10月下旬

自广州赴浙江仙居出席中国医药史学术会议；日本好友矢数道明寄赠刊有《蔡锷将军的病历》一文的《汉方治疗百话》（第六集）。

11月6日

出席仙居会议后，转赴上海访友。

11月12日

在上海访友途中，突发脑溢血，送医院抢救。

宋大仁遗像（1907—1985）（由宋奋升医师提供，李德辉摄）

11月19日

未及留下遗言，在上海逝世，享年79岁。

12月30日

日本好友矢数道明撰《沉痛悼念中国医史学家宋大仁先生》，在《汉方之临床》，1986年第33卷第2期发表。

《中华医史杂志》后报道："医史学家宋大仁先生因突发脑溢血，不幸于1985年11月19日在上海逝世，享年八十岁。宋大仁先生早年业医，诊余从事医史研究多年，发表论文甚多，并收集了不少医史文物和图片；晚年捐助赠广州中医学院；曾任广州中医学院医史博物馆（筹）顾问、安徽医学院上海校友会顾问、中国人体科学研究会广东省分会顾问、上海药学会药史委员会委员等。"（1986年第2期）

附 录

附录一

沉痛悼念中国医史学家宋大仁先生

[日] 矢数道明

1985年11月19日，我接到来自广州中医学院教授、广州中医学院医史博物馆顾问、医史学大家宋大仁先生的爱女宋山山女士寄来的航空信，惊悉其父因脑溢血病突发而离世的讣闻，不胜哀痛。从信上获知，宋大仁先生不顾年迈，仍然为学界的发展而奔忙，鞠躬尽瘁。10月下旬，他离穗出席浙江仙居召开的中国医药史会议，11月6日，又奔赴上海，12日在外出访友途中，因突然发病而被送往医院，在一个星期里，一直意识不清，在家人的陪伴下，最终一句遗言也未留下，于11月19日逝世。

我结识宋大仁先生，其实是从拜读先生在1957年《浙江中医》杂志上发表的论文《医圣张仲景的画像和塑像》开始的。1983年，在宋先生77岁喜寿之际，许多门人为纪念宋先生"医史学研究五十年"而编撰纪念文集，而我则受先生所托，为纪念文集题辞。因此，与先生之间的书信突然变得频繁起来。特别是自拜托先生鉴定汤岛圣堂神农塑像的照片以后，由于先生多次认真考证，其间书信的数量更是达到了不可胜数的程度。

如今，接到先生的讣闻，发现两年前为纪念文集题辞的旧稿，特此揭载全文，以回顾当时与先生的交流情况，并对先生的逝世表示深深的哀悼：

为《中国医史学家宋大仁教授医史研究五十年纪念文集》而作（略，参见本谱"1983年9月20日"条）。

然而，我做梦也没有想到的是，这篇赞颂之辞现在竟成了悼词。

此后，我收到一帧宋大仁先生的近照。在照片的背面，有自题七律一首，其中有"八载消沉逢巨浪"一句，这正是宋先生在"文革"时，因多次与海外学者交流，被强行按上崇洋者的烙印，遭遇八年的下放、饱尝苦难的详细写照。当时，由于海外医史学者名册被烧毁后，宋先生为了重编新的国际学者名册，四处询问在日的中国科学史研究者的名字。

其后，在宋先生撰写其毕生的大作《中华文化医学史》时，被委托调查讨袁急先锋蔡锷将军去世的病因。他找到了1916年蔡锷将军在"九大"[1]耳鼻科去世时诊断记录，明确了正确的病因及诊断。我感到万分高兴的是，后来宋先生将诊断记录的复印本赠给了我。随后，我以《蔡锷将军的病历》为题，在《汉方治疗百话》第六集随笔篇中作了报告，并将其敬赠给宋先生。但从山山女史的信中得知，第六集到达宋先生在广州的府上时，他恰好在浙江省仙居出差，还未睹该书便去世了。这帧照片是梁月梅夫人特地赠送我的。

在此，我郑重地对宋大仁先生的去世表示哀悼，并为他祈祷冥福。

1985年12月30日

附记：

1984年12月15日，发现宋大仁先生向笔者赠送的七律共有四首。而一年前用毛笔书写的那首诗，被认为是宋大仁先生的精心之作。按写作顺序来看，该四首诗，系宋先生追忆其健在时关于张仲景像的学术结交（第一首）及通过神农像的文化交流而作。当时，笔者为了委托宋先生鉴定汤岛圣堂神农氏雕像，笔者曾寄了一帧高30厘米的神农像彩照给宋先生，由于他欲同时赠送北京、上海、广州、陕西的医史研究所、农史研究所等，总共寄了10帧照片。

（吴旻 译）

---

[1] 即日本福冈九州帝国大学医科附属病院。

附录二

关于宋大仁与三木荣通信的回忆

郭秀梅

近些年,笔者在医学界和史学界,特别是和韩国、中国大陆、台湾、香港的研究者有了交流的机会,然而,每次都让我感到痛心。原因是,一谈及三木荣所著的《朝鲜医学史及疾病史》的时候,一些人只是知道作者和书名,有的人根本一无所知。

虽然导致这种现状的理由可以列举多个,但是依我所见,其中最重要的原因是,能够读懂并理解日文的学者,渐渐地变得越来越少了;知道的人,也仅仅是看了一下书名,大概知道这本书讲的是朝鲜的医学史而已。

实际上,正因为如此,三木荣先生特地在书的总序上,用汉字写了"不通朝鲜医学,不可以说日本及中国医学"这句话。这句话,用中文写,正是为了希望本书能够在汉字文化圈的研究者之间广泛传播。而且,为了便于朝鲜的学者理解,三木荣先生特意使用了大量的汉字。然而至今为止,能够正确习得本书内容的学者屈指可数,本书对亚洲医学史研究的影响也很有限。为此,三木荣先生将已经解决了的课题,再研究了一遍,由于缺乏一些确凿的信息,出现了对于史实有不同理解的现象。为了改善这个情况,为了彰显三木荣的贡献,虽然有些冒昧,笔者还是决定将《朝鲜医学史及疾病史》翻译成中文。

三木荣先生的巨大贡献

三木荣(1903—1992),出生于大阪,九州帝国大学医学系毕业后,1928年被分配到京城帝国大学医学系,其后在1935年10月,转职到京畿道立水原医院担任院长。1944年回乡,1948年创业。随后便一直从事着医学史的研究。曾经被日、韩两国学术界授予很高的荣誉。

三木荣先生终其一生,广泛且深入地对西方、印度、敦煌医学等医学史进行了研究，构建了独特的医学哲学思想，有着很多的研究成果。特别是在对于朝鲜医学史的研究，投入了最多的精力，在二十余年的岁月里，完成了《朝鲜医书志》《朝鲜医事年表》《朝鲜医学史及疾病史》三部不朽的著作，留下了庞大的资料文献，其伟绩可以说是填补了医学史的空白，至今未有人出其右，现在仍然是这个领域的重要文献。但是，三木荣先生的学问并不仅仅限于朝鲜医学史，而是以此为桥梁，涉及了岛国日本和中国大陆的医学史。特别是关于医书、药物、医生等医学的交流及变迁的经过，通过研究中、日、韩三个国家的资料，反复强调了日本的中国医学，是先被朝鲜化后，再经由朝鲜半岛这一重要的桥梁才被传入的。通读本书，不仅能对朝鲜的医学史，而且能够对中、日、韩，乃至整个亚洲的医学交流经过，会有更加鲜明的认识和理解。

但是，这些著作为世所问的时候，已经经历了半个世纪了，也没有影响到全体亚洲医学史学术界，正如清代学者阮元所说："学术盛衰，当于百年前后论升降焉。"

宋大仁的索书信

2009年的黄金周，在九州大学白井先生的带领下，笔者探访了三木荣的故居，并且查看了很多现存资料。如愿以偿，这次经历成了我一生的重要回忆。正当我探宝似地查看大量的书籍、遗稿、书简、明信片、照片时，及至深夜，一封已经发黄了的信吸引了我的眼球。这封正是中国的宋大仁写给三木荣的信。从信封里拿出的"中国卫生史研究会"的公共信笺上，写着下面这段话：

三木荣医学博士阁下：

我会是医学研究团体，搜罗有关医史图籍。顷闻大作《朝鲜医学史及疾病史》出版，内容丰富，敬恳惠赠一部，以供参考。我会愿以《中国医药八杰图》一册及《中国伟大医药家画像》挂图24幅奉赠，亦投桃报李之意也。当希勿却，并盼示复。为荷！

此致

敬礼

宋大仁
1962年5月2日

在信中，宋先生称赞了三木荣先生的《朝鲜医学史及疾病史》，并恳请寄赠一册，作为研究会的参考用书，作为交换，宋将自己所著的《中国医药八杰图》等书物赠予三木。

先不说实际上互赠成功，至少可以知道的一点是，在当时，本书已经在中国受到关注。除了此信以外，还在三木家中发现一枚来自宋大仁的新年贺卡被珍藏着。由此得知，两人一直保持着通信来往。

这次的访问，正是得到了以三木荣的后人为首的多人帮助，才发现宋先生致三木的信。受此鼓励，笔者在旅日的得天独厚的研究环境下，更加坚定决心，今后要尽心地去研究和传播三木先生所构建的学问。

宋大仁和矢数道明的交流

以上述的信函为线索，关于宋大仁这位人物及其与日本的交流，进行了更加深入的调查。

宋大仁（1907—1985），近代中国的医学家，史学家，画家。祖籍广东中山，澳门出生。幼名泽，别署海煦楼主、医林怪杰，以字行。1933年，来日研修消化器官病，成为日本消化器官病学会会员。1935年，在上海设立中西医药研究社，担任常务理事以及医学史委员会主席。早期认同日本的汉方医学研究的成果，并自费购入了由富士川游影印出版的多纪元胤《医籍考》一书，为其在中国的影印出版作出了巨大的贡献。

宋大仁和在汤岛圣堂安置的神农雕像的由来究明也有关系。也有一说汤岛圣堂的神农像是入宋的奝然[1]带回的。根据斯文会（汤岛圣堂）的解说，为了确认这个说法，矢数道明寄了照片给中国有关方面

---

[1] 奝[diāo]然（938—1016），日本僧人，俗姓秦。自云姓藤原氏，出生于京都。幼入东大寺从观理习三论宗，又从石山寺元杲习真言密教。宋太平兴国八年（983年），为弘佛法，在克服了诸僧的反对和老母的支持下，奝然请得东大寺的入宋牒，率领弟子成算、祚壹、嘉因等五六人乘宋商陈仁爽、陈仁满之船入宋求法。（译注）

的专家，寻求调查和意见。其结果是，除了《宋史》列传[1]外，没有关于裔然和神农像带入的记载，另外也很难断定神农像是宋代的作品，但是有暗示在其背门上应该留有记录。于是，矢数在1984年和斯文会一起将神农像的背门打开，从其背面的墨书得知，神农像的制作是因为加光的发愿。在矢数道明《汉方略史年表》里有这样一段记载：

　　昭和五十九年（1984年）八月十一日，受中国广州医学史博物馆宋大仁教授的请求，为了鉴定汤岛圣堂恩赐神农像，在祭祀后，将其前面、后面、侧面、背面的门打开，对其全貌进行了拍摄。

　　也就是说，前述的"中国有关方面的专家"正是宋大仁教授。而真柳诚和小曾户洋，为了两人在这个时期的交流，担起了重要责任。

　　这个时候，虽然关于宋和矢数交流的详细记录还未被发现，但是1983年11月10日，宋大仁赠给矢数道明的三册《中国医药八杰图》现仍存于矢数的书库里。这不正是说明了两人之间的交流吗？而这套《中国医药八杰图》对现在的中国来说，已经是无法得手的珍贵资料。因考虑到今后的研究者需要参考，经矢数芳英的允许进行了复制。

　　为了历史上发生的真实事情不会就此消失，并尽可能正确地将其传承于后世，这正是史学研究者的使命，也是责任。

（吴旻 译）

---

[1]《宋史·列传·日本国》，中华书局标点本第40册，第14131页。（译注）